Marc Helmold, Brian Terry
Lieferantenmanagement in China

Marc Helmold, Brian Terry

Lieferanten-management in China

—

Wettbewerbsfähigkeit durch wertfokussierte
Lieferantenbeziehungen

DE GRUYTER
OLDENBOURG

ISBN 978-3-11-063531-7
e-ISBN (PDF) 978-3-11-049033-6
e-ISBN (EPUB) 978-3-11-048755-8

Library of Congress Cataloging-in-Publication Data
A CIP catalogue record for this book has been applied for at the Library of Congress.

Bibliografische Information der Deutschen Nationalbibliothek
Die Deutsche Nationalbibliothek verzeichnet diese Publikation in der Deutschen Nationalbibliografie;
detaillierte bibliografische Daten sind im Internet über
http://dnb.dnb.de abrufbar.

© 2018 Walter de Gruyter GmbH, Berlin/Boston
Dieser Band ist text- und seitenidentisch mit der 2017 erschienenen gebundenen Ausgabe.
Coverabbildung: XiXinXing/iStock/Thinkstock
Satz: Konvertus, Haarlem
Druck und Bindung: CPI books GmbH, Leck

♾ Gedruckt auf säurefreiem Papier
Printed in Germany

www.degruyter.com

空穴來風，未必無因

Es gibt keinen Grund, vor neuen Dingen Angst zu
haben, man muss sie nur verstehen
(Chinesisches Sprichwort)

Vorwort

Das vorliegende Buch gibt einen Überblick über ein proaktives und innovatives Lieferantenmanagement in China. China ist mit seiner Wirtschaftsleistung noch immer die führende Volkswirtschaft innerhalb Asiens und nimmt in der Welt den zweiten Rang nach den USA ein, wie die deutsche Außenhandelskammer in Shanghai konstatiert (AHK 2016).

China stellt für das Lieferantenmanagement von morgen einen nicht zu ignorierenden Beschaffungsmarkt dar. Das Buch ist im Kontext des Leitbildwandels verfasst worden, wonach das Lieferantenmanagement 2030 präventiv, partnerschaftlich, integrativ, innovativ, digitalisiert und vernetzt sein soll. Es enthält sowohl theoretische Ansätze aus der Forschung von Dr. Helmold als auch viele praktische Erfahrungen von beiden Autoren. Das Buch ist einmalig auf dem Markt, da es praktische und theoretische Interdependenzen integriert und so eine bestehende Lücke in der Literatur schließt. Ein ausführliches Literaturverzeichnis regt zum Weiterlesen an.

Dr. Helmold war von 2002 bis 2006 in Japan/China sowie von 2013 bis 2016 in China als Leiter des Chinabüros von Bombardier beschäftigt. Erkenntnisse und Beispiele aus der Industrie konnten durch Beiträge von Führungskräften namhafter Unternehmen im chinesischen Lieferantenmanagement in dieses Buch integriert werden.

Die erfolgreiche Implementierung von innovativen und schlanken Konzepten des Lieferantenmanagements bei chinesischen Lieferanten war eine der Hauptaufgaben während der Zeit von Dr. Helmold in China. Der Dank der Autoren gilt den vielen Experten in China, die indirekt und direkt mit ihren Erfahrungen dazu beigetragen haben, dieses einmalige Handbuch zu schaffen. Unternehmerpersönlichkeiten wie Herr Sun, Herr Song, Herr Li, Herr Ge, Herr Vance Li, Dr. Lee oder Frau Zhou möchten wir unseren Respekt aussprechen. Ferner gebührt der Dank all den Kollegen im Lieferantenmanagement, die Lieferantennetzwerke als kollaborative und partnerschaftliche Wertschöpfungssysteme ansehen. Zuletzt sprechen wir unseren Dank unseren Familien aus, die uns bei der Erstellung des Buches tatkräftig unterstützt haben.

Das Buch ist zum größten Teil in China, Shanghai, in Japan, Hiroshima, in England, London, und in Deutschland, Berlin, im Jahr des Affen entstanden.

Dr. Marc Helmold und Dr. Brian Terry

Inhalt

Abbildungsverzeichnis

Tabellenverzeichnis

Abkürzungsverzeichnis

AG	Aktiengesellschaft
APQP	Advanced Product and Quality Planning
BCCS	Best Cost Country Sourcing
BIP	Bruttoinlandsprodukt
BMBF	Bundesministerium für Bildung und Forschung
BME	Bundesverband Materialwirtschaft, Einkauf und Logistik
BMW	Bayerische Motorenwerke
BMWi	Bundesministerium für Wirtschaft und Energie
BSC	Balanced Scorecard
BSP	Bruttosozialprodukt
B2B	Business to Business
B2C	Business to Consumer
CFR	Cost and Freight
CIF	Cost, Insurance, Freight
CIP	Carriage, Insurance paid
CIF	Cost, Insurance, Freight
CPT	Carriage paid to
CRRC	China Railway Rolling Stock Corporation Limited
CSR	Corporate Social Compliance
DAP	Delivered at Place
DAT	Delivered at TerminalDAF-Delivered at Frontier
DDP	Duty Delivery Paid
DDU	Duty Delivery Unpaid
DES	Delivered Ex Ship
DEQ	Delivered EX Quay
DTC	Design to Cost
D-FMEA	Design-FMEA
EANCOM	European Article Number and Communications
EBIT	Earnings before income taxes
EDIFACT	United Nations Electronic Data Interchange for Administration, Commerce and Technology
ERP	Enterprise Resource Planning
EU	Europäische Union
EUR	Euro
EXW	Ex Works
FAS	Free Alongside Ship
FCA	Free Carrier
FMEA	Fehlermöglichkeits- und -einflussanalyse
FOB	Free on Board
FOM	Hochschule für Ökonomie und Management
FTA	Free Trade Area
F&E	Forschung und Entwicklung
GmbH	Gesellschaft mit beschränkter Haftung
GWK	Gewährleistungskosten
ICC	International Chamber of Commerce
IPO	International Procurement Organization oder Office
IT	Informationstechnologie

JIS	Just-in-Sequence
JIT	Just-in-Time
KMU	Kleine und mittelständische Unternehmen
LCCS	Low Cost Country Sourcing
OEM	Original Equipment Manufacturer
PEP	Produktentstehungsprozess
PPAP	Production Part Approval Process
P-FMEA	Production-FMEA
QM	Qualitätsmanagement
Q-K-L-E	Qualitäts-, Kosten-, Liefer- und Entwicklungsaspekte
RCA	Root Cause Analysis
SCM	Supply Chain Management
SRM	Supplier Relationship Management
SQC	Statistical Quality Control
TCO	Total Cost of Ownership
TPS	Toyota Production System
USD	US-Dollar
USA	Vereinigte Staaten von Amerika
VDA	Verband der deutschen Automobilindustrie
VW	Volkswagen
5R	Die 5 Rights
7R	Die 7 Rights

1 Einleitung

1.1 Wandel im Lieferantenmanagement in China

Wenn man die Weltkarte anschaut, sieht man die Größe von China (offiziell Volksrepublik China, VR China). China liegt am östlichen Teil Eurasiens und der Westküste des Pazifischen Ozeans. Das Land umfasst 9,6 Mio. Quadratkilometer und ist das drittgrößte Land der Welt nach Russland und Kanada (Helmold und Terry 2016a). Die Reichweite von Ost nach West beträgt 4.500 Kilometer und mehr als 5.000 Kilometer von Süden nach Norden. China hat die Form eines Hahns. Chinas Vergangenheit und Kultur ist mehr als 5.000 Jahre alt. Die Ursprünge kommen vom Gelben Fluss im Osten des Landes (Helmold und Terry 2016b). Abb. 1.1 zeigt die Ausdehnung des Landes und die angrenzenden Länder.

Abb. 1.2 und 1.3 sind Zeugnisse einer Hochkultur in China vor mehr als 2.200 Jahren. Abb. 1.2 zeigt die Terrakotta-Armee des ersten chinesischen Kaisers, Qin Shi Huang Di, in Xian, Abb. 1.3 die Chinesische Mauer.

Abb. 1.1: Landkarte China

DOI 10.1515/9783110490336-001

Abb. 1.2: Terrakotta-Armee in Xian (Foto: Helmold (2015))

Abb. 1.3: Chinesische Mauer (Foto: Helmold (2015))

China kann neben Babylon, dem alten Indien oder dem alten Ägypten als eine der ersten Zivilisationen und Hochkulturen angesehen werden, aus der der Papierdruck, das Schwarzpulver, die chinesische Schrift und zahlreiche Kunstwerke hervorgegangen sind. Diese Bauwerke dieser Hochkulturen sind die Große Mauer in der Nähe von Peking oder die Terrakotta-Armee in Xian. Die erste Dynastie in China war die sogenannte Xia-Dynastie, die ungefähr 2070 bis 1600 vor Christi Geburt begann. Die letzte Dynastie des Kaisers war die Qing-Dynastie von 1644 bis 1912 mit dem Untergang des Kaiserreiches. Die ruhmreichsten Dynastien sind die Qin-Dynastie (221 bis 206 vor Christi Geburt), die Han-Dynastie (206 bis 220 vor Christi Geburt), die Tang-Dynastie (618 bis 807 vor Christi Geburt) und die Ming-Dynastie (1368 bis 1644 vor Christi Geburt). In diesen Feudalzeitepochen hat sich China in den Bereichen wie Wissenschaft, Astronomie, Kunst und Kalligraphie als führende Kultur entwickelt (Helmold und Terry 2016). Als Weltwunder gelten die Große Mauer, die sogar vom Mond aus zu sehen ist, und die Terrakotta-Armee (Abb. 1.2 und 1.3) (Helmold und Terry 2016).

Die kommunistische Einheitspartei wurde 1949 gegründet. China wurde nach Gründung der Kommunisten in Volksrepublik China (VR China) umbenannt. In China leben mehr als 56 Nationen und ethnische Gruppen, in insgesamt 23 Provinzen und fünf autonomen Regionen, wovon vier Städte sind (Beijing, Shanghai, Tianjin, Chongqing) sowie die zwei administrativen Regionen Macau und Honkong. China hat mit einer Bevölkerung von mehr als 1,3 Mrd. Menschen den größten Bevölkerungsanteil in der Welt. Der größte Anteil der Bevölkerung lebt an den Küstengebieten und mehr als 90 % leben im Südosten des Landes. China hat in den letzten Jahren fundamentale ökonomische Reformen durchgeführt, die zu einer Stellung als eine der führenden Wirtschaftsnationen in der Welt geführt hat. China ist nach den USA die zweitgrößte Volkswirtschaft der Welt und wird voraussichtlich die USA in der Wirtschaftsleistung überholen; die Beschaffungsmärkte in China sind groß. Chinesen bezeichnen sich selber als Abkömmlinge des Drachen „Long" (chin. „Long"). Viele westliche Unternehmen beziehen Rohmaterialien, Komponenten, Produkte und Leistungen aus dem Land der Mitte. Jedoch schwächelt die Wirtschaft seit Anfang 2016. Geprägt von einer niedrigen Binnennachfrage sinken seit Anfang 2016 auch die Exporte (Helmold 2016). Mit 6,9 % (im 2. Quartal 2016 sogar 6,7 %: AHK 2016) hatte China in 2016 das niedrigste Wachstum des Bruttosozialproduktes (BSP) seit 25 Jahren. Daher sind die Fragen von Industrieführern und Wirtschaftsexperten berechtigt (AHK 2016):

Geht dem Drachen die Puste aus? Stagniert die Wirtschaft?
Stoppt der chinesische Motor oder verliert er an Leistung?
Ist es noch geeignet, China als Beschaffungsland anzusehen?
Wie wird sich dieser Trend weiter gestalten?

Darüber hinaus spielen Megatrends wie die zunehmende Digitalisierung, Urbanisierung und Globalisierung eine tragende Rolle im Lieferantenmanagement (Dust 2009). Die weltweite Digitalisierung und der Drang nach immer schnelleren und neuen Innovationen zwingen Unternehmen ihre Strategie und traditionellen Leitbilder radikal zu verändern (Helmold und Terry 2016). Die zunehmende globale – und vor allem digitale – Vernetzung von Kunden, Lieferanten und Interessengruppen, der nahezu uneingeschränkte Austausch von Daten und Informationen, sowie die damit einhergehende maximale Transparenz über einen Großteil der wertschöpfenden Aktivitäten innerhalb von weltumspannenden Lieferketten, insbesondere mit einem großen Anteil aus China, wirft die Frage nach der zukünftigen Generierung von Wettbewerbsvorteilen von produzierenden, Handels- aber auch Dienstleistungsunternehmen auf (Helmold und Terry 2016). Laut einer Studie der Vereinten Nationen gibt es momentan 28 Mega-Städte mit mehr als 10 Mio. Einwohnern, davon einen Großteil in China (Esa 2014). Bis 2050 werden mehr als zwei Drittel der Menschen in Städten wohnen. Bis 2030 werden 650 Städte in der Welt mehr als 1 Mio. Einwohner haben und bis 2050 werden 9,5 Mrd. Menschen auf der Erde leben (Esa 2014). In diesem Kontext signifikanter Veränderungen kommt dem Lieferantenmanagement, also die Funktion, die die gesamte Wertekette steuert, über die gesamte Wertschöpfungstiefe hinweg, eine wesentlich wichtigere Bedeutung zu als dies in den vergangenen Jahren der Fall war (Helmold und Terry 2016). Denn erst der integrative Ansatz vom Kundenauftrag über die Planung, Beschaffung, Produktion, Logistik bis hin zum Retourenprozess verschafft Unternehmen die notwendige Entscheidungsgrundlage ihres zukünftigen Handelns. Die Aufgaben haben sich vom reinen Beschaffer und Kostendrücker zu einer wertgestaltenden und wertschöpfenden Funktion gewandelt. Parallel hat sich China von einem reinen Massenhersteller zu einem Spezialisten entwickelt, wie Abb. 1.4 zeigt.

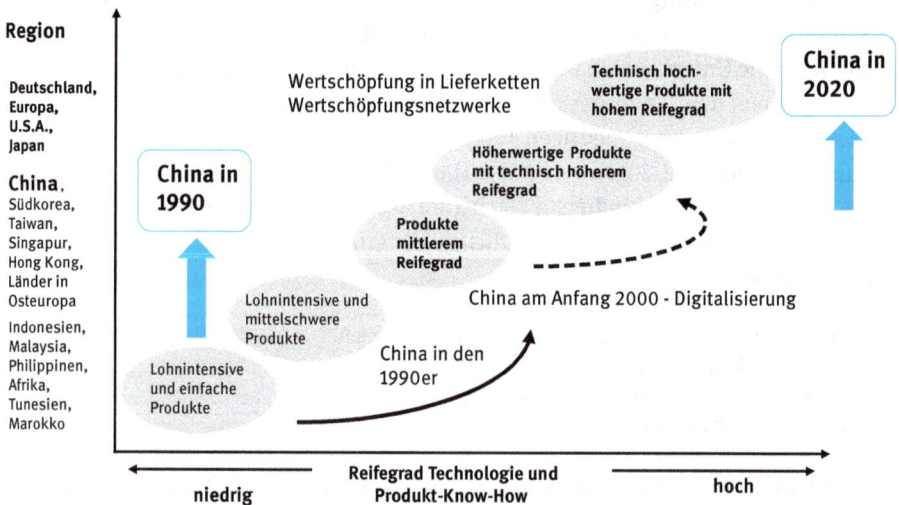

Abb. 1.4: China mit einem hohen Produktreifegrad (In Anlehnung an Helmold und Terry (2016))

China hat sich über die Jahre zu einem Leistungspartner entwickelt, indem hochwertige Produkte mit einem hohen Reifegrad produziert werden, dieses im Vergleich zu anderen Industrieländern aber zu noch wirtschaftlicheren und niedrigeren Kosten (Helmold 2016). Dieser Wandel in der Maturität hat damit konsequenterweise einen direkten Einfluss auf das Lieferantenmanagement von multinationalen Konzernen (Helmold und Terry 2016). Durch Leistungsverlagerungen auf Lieferantennetzwerke, die im Wettbewerb innerhalb der Wertschöpfungskette zueinander stehen, entstehen neue Leitbilder, Strategien und Abläufe, die zu bewältigen sind (Dust 2009). Der Fokus in der Zukunft liegt somit schon lange nicht mehr nur auf der Steigerung unternehmensinterner Kostenvorteile, sondern vielmehr im Informationsaustausch und der Ausschöpfung der globalen unternehmensübergreifenden Potenziale. Das Buch Lieferantenmanagement in China beantwortet diese Fragestellung durch die Darstellung von innovativen, präventiven, digitalen und strategischen Beispielen, wie ein erfolgreiches Lieferantenmanagement in China und mit chinesischen Partnern funktionieren und agieren kann (Helmold und Terry 2016). Die Möglichkeiten der Digitalisierung sind vielversprechend laut Experten im Lieferantenmanagement. „Wir stehen vor einem soziokulturellen, ökonomischen und digitalen Umbruch noch nicht greifbaren Ausmaßes", konstatiert Horst Wiedmann, Vorstand des Bundesverbandes für Materialwirtschaft, Einkauf und Logistik (BME 2016). Dies sei möglich mit einer Reihe von signifikanten Vorteilen für mittelständische und multinationale Unternehmen (BME 2016). Wenn Abnehmer, Distributoren, Logistikdienstleister und Lieferanten noch enger und aktiver zusammenarbeiten, kann die Lieferkette in Echtzeit hinsichtlich Bestände, Kapazitäten, Produktionsplanung oder Terminierung abgefragt und angefordert werden. Endziel der Digitalisierung im Einkauf der Pionierunternehmen ist die vollintegrierte Steuerung der Lieferkette über viele Zulieferer und Kunden hinweg. Am Ende könnte die Digitalisierung im Einkauf es sogar ermöglichen, die Ausrichtung der Produktion je nach Gewinnaussichten und Kostenstrukturen permanent zu wechseln. Das Lieferantenmanagement umfasst in dieser Hinsicht mehrere Teilprozesse, die von der strategischen Ausrichtung bis hin zum Lieferantencontrolling reichen. In diesem Kontext bezeichnet der Begriff „Industrie 4.0" (auch bekannt unter den Schlagwörtern „intelligente Produktion" oder „vierte industrielle Revolution") die Digitalisierung von Produktionsabläufen und Logistikprozessen bei der Maschine-zu-Maschine-Kommunikation. Der Begriff Industrie 4.0 ist eine Wortschöpfung, deren Ursprung auf den gleichnamigen Arbeitskreis eines Forschungsprojektes der Forschungsunion zurückgeht, welcher im Rahmen der Hightech-Strategie des Bundesministeriums für Bildung und Forschung (BMBF) durch die deutsche Bundesregierung gefördert wurde. Der Begriff wurde erstmals 2011 zur Hannover-Messe in die Öffentlichkeit getragen (BME 2016). Im Herbst 2012 wurden der damaligen Bundesregierung Umsetzungsempfehlungen des Arbeitskreises Industrie 4.0 übergeben. Die Empfehlungen wurden von der Arbeitsgruppe Kommunikation und Forschungsunion unter dem Vorsitz von Führungskräften aus der Wirtschaft und Industrie erarbeitet. Im Frühling 2013 wurde auf der Hannover-Messe das Abschlussfazit mit dem Titel „Umsetzungsempfehlungen für das Zukunftsprojekt Industrie 4.0" an die Regierung abgegeben. Die Arbeitsgruppe hat auch nach Abgabe seiner Empfehlungen an dem Projekt Industrie 4.0 weitergearbeitet. Neben der Digitalisierung von Prozessabläufen in der Produktion und der Logistik hat sich die Arbeitsgruppe der Standardisierung im Wissensmanagement gewidmet. Als Ergebnis erhofft man sich eine Stärkung der Wirtschaft in Deutschland und einen Wettbewerbsvorteil zu anderen Ländern. Die Plattform Industrie 4.0 wurde seitdem weiter ausgebaut und steht inzwischen unter der Leitung des Bundesministeriums für Wirtschaft und Energie (BMWi) und des BMBF (Internetseite des BME 2016). Zielsetzung der Plattform ist die fortwährende Weiterentwicklung des Begriffes der Industrie 4.0 im Dialog von Gewerkschaften, Wirtschaftsverbänden, Unternehmen, Wissenschaft und Politik. Aus der Sicht von führenden Managern in der Industrie ist der entscheidende Punkt im Wettbewerb mit den Unternehmen aus dem amerikanischen Silicon Valley (Google, Amazon) oder aus China (Alibaba), die Schnittstellen zwischen Kunden und Lieferanten durch ein digitalisiertes Lieferantenmanagement zu „verteidigen" (BME 2016). Die Einsatzmöglichkeiten im Lieferantenmanagement der Anwendungen von Industrie 4.0 sind mannigfaltig (BME 2016). Das Buch Lieferantenmanagement in China ist von zwei Fachleuten aus Industrie, Wissenschaft und Lehre verfasst worden. Experten, Einkaufsleiter und Vorstände haben mit ihren Beiträgen und Kommentaren dazu beigetragen, die Lücke zwischen Praxis und Theorie im Bereich des Lieferantenmanagements zu schließen. Es kombiniert praktische und theoretische Aspekte gezielt mit Beispielen aus der Industrie. Darüber hinaus verknüpft es taktische und konzeptionelle Erfolgsfaktoren des Lieferantenmanagements. Entlang der Teilprozesse gibt das Buch Empfehlungen zur Etablierung eines wertschöpfenden Lieferantenmanagements und somit zu einem signifikanten Wettbewerbsvorteil (Helmold und Terry 2016).

Abb. 1.5 zeigt die Teilprozesse und Aufgaben des Lieferantenmanagements für ein präventives, innovatives und integratives Lieferantenmanagement in China (Helmold und Terry 2016).

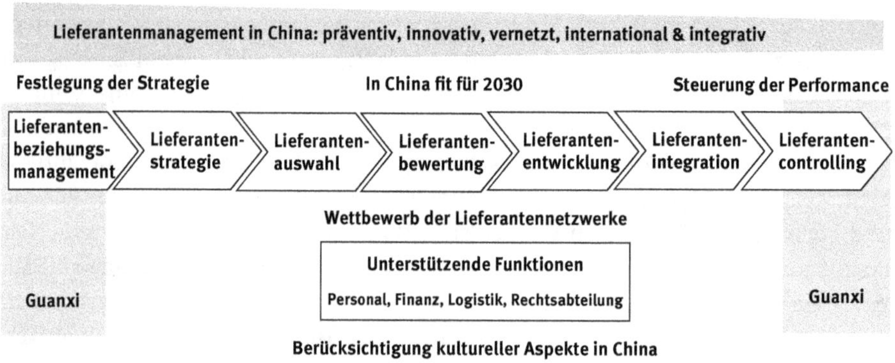

Abb. 1.5: Prozesskette des Lieferantenmanagements in China (Eigene Darstellung in Anlehnung an Helmold und Terry (2016))

Das Buch hat eine klare Ausrichtung auf das neue Leitbild im Lieferantenmanagement, in dem Unternehmen partnerschaftlich mit Lieferantennetzwerken kooperieren müssen (Helmold 2013; Dust 2009; Emmett und Crocker 2009; Hofbauer et al. 2013). Ebenso ist es zwingend notwendig über digitale Medien, die Unterlieferanten in den Beschaffungsprozess zu integrieren, um Kundenwünsche qualitativ, quantitativ und schnell zu befriedigen. Neben den Best-Practices aus verschiedenen Unternehmen aus unterschiedlichen Sektoren befasst sich das Buch mit der Frage, wie das Lieferantenmanagement einen Wettbewerbsvorteil für ein Unternehmen schaffen und sich differenzieren kann. Die Vorschläge zur Differenzierung sind aus zahlreichen Gesprächen mit Experten aus Wissenschaft und Praxis entwickelt worden. Nur Unternehmen, die sich die Vorschläge und Empfehlungen zu Herzen nehmen, werden langfristig in einem stark digitalisierten und hart umkämpften Umfeld überleben. Das Buch beantwortet entlang der Prozesskette die Fragen, wie ein Lieferantenmanagement der Zukunft in China gestaltet werden muss, um sich als Unternehmen am Markt zu behaupten. Dabei werden entlang der sieben Teilprozesse

– Lieferantenbeziehungsmanagement
– Lieferantenstrategie
– Lieferantenauswahl
– Lieferantenbewertung
– Lieferantenentwicklung
– Lieferantenintegration
– Lieferantencontrolling

Best-Practices anhand von Beispielen und Fallstudien aus führenden Industrien dargestellt.

Abb. 1.6: Besuch des Group VP Global Supply Chain in China-Victall (Foto: Helmold (2015))

Abb. 1.6 zeigt den Vice-Präsidenten Global Supply Chain Management Vice-Präsidenten Operations und General Manager der IPO von Bombardier in 2015 mit dem Top-Management des strategischen Lieferanten Victall in Qingdao.

Kapitel 1 beinhaltet den Gegenstand des Lieferantenmanagements und die Veränderung des Leitbildes. Darüber hinaus wird der Wandel im chinesischen Lieferantenmanagement beschrieben sowie auf jetzige und zukünftige wirtschaftliche Faktoren hingewiesen, die für ein Lieferantenmanagement vorteilhaft sind. Zuletzt wird in diesem Kapitel auf Megatrends und die zunehmende Globalisierung von Lieferantennetzwerken eingegangen. Neben diesen Faktoren spielen Digitalisierung und die wachsende Marktmacht von Lieferantennetzwerken eine tragende Rolle in der Gestaltung und Ausrichtung des eigenen Lieferantenmanagements in China. Firmen wir Alibaba sind nicht nur Nachahmer sondern Pioniere im Bereich der Digitalisierung.

Kapitel 2 zeigt auf, dass die Beschaffung in China durchaus lohnenswert ist, wenn bestimmte Regeln und Determinanten eingehalten werden. Diese Empfehlungen und Vorschläge führen mit der richtigen Einkaufsstrategie zu einem Wettbewerbsvorteil, so dass sich Unternehmen von ihren Wettbewerbern differenzieren können (Helmold 2016).

Kapitel 3 beschreibt kulturelle Aspekte wie Guanxi und andere Aspekte im Beziehungsmanagement. Ebenso werden Verhaltensregeln aufgezeigt, die für eine erfolgreiche Geschäftsbeziehung mit chinesischen Geschäftspartnern berücksichtigt und eingehalten werden müssen.

Kapitel 4 beschreibt den Gegenstand des Lieferantenmanagements in China mit Aufbau- und Ablauforganisation und der Notwendigkeit, Prozesse optimal auf die neuen Anforderungen auszurichten. Ebenso werden in diesem Kapitel Aspekte des Risikomanagements und der Risikoprävention beschrieben.

Kapitel 5 handelt über den Aufbau eines Einkaufsbüros in China und den Besonderheiten, die damit verbunden sind.

Kapitel 6 geht auf das strategische Lieferantenmanagement ein. In diesem Kontext wird auf die Funktion des Lieferantenmanagements durch Materialgruppen- und Lieferantenstrategien eingegangen, den Wertbeitrag der Lieferanten weiter zu optimieren. Auch Kompetenzanforderungen der Lieferantenmanager haben sich fundamental verändert, auf die in diesem Kapitel eingegangen wird.

Kapitel 7 stellt das operative Lieferantenmanagement und geeignete Werkzeuge im Lieferantenmanagement dar. Das Lieferantenmanagement wird hier durch geeignete Werkzeuge seiner Verantwortung gerecht, die Lieferantennetzwerke optimal zu steuern und zu verbessern.

Kapitel 8 spiegelt als letztes Kapitel ein Lieferantenmanagement im Zeitalter der Digitalisierung und Industrie 4.0 wider, gefolgt von praktischen Anwendungsbeispielen im gleichen Kapitel. In diesem Kapitel wird insbesondere auf die Anforderungen an ein Lieferantenmanagement in China für die Zukunft sowie Trends im Lieferantenmanagement eingegangen. In der empirischen Studie von Bogaschewsky und Müller ist erkennbar, dass fast die Hälfte aller Unternehmen, insbesondere kleine und mittelständische Unternehmen (KMU), noch über keine Industrie 4.0 Strategie verfügen (Bogaschewsky und Müller 2016). Ebenso ist der Einkauf bzw. das Supply Chain Management (SCM) in den wenigsten Unternehmen in die Strategie mit eingebunden. Außerdem konstatieren beide Autoren, dass die Zielsetzung der befragten Unternehmen nur in ca. 50 % der Fälle zur Verbesserung der Kundenzufriedenheit dienen soll (Bogaschewsky und Müller 2016). Als Schlussfolgerung ist zu erkennen, dass einige Unternehmen (engl. First Movers, Best Practice) den Zögerern (Zauderern oder engl. Laggards) weit voraus sind und sich so einen Wettbewerbsvorteil sichern werden (Bogaschewsky und Müller 2016).

Das Buch bietet zahlreiche Beispiele und Fallstudien und ist aufgrund der Integration theoretischer und praktischer Aspekte für Einkaufsfachleute, Führungskräfte als auch für Studierende und Lehrpersonal geeignet. Beispiele aus innovativen Unternehmen der Automobil-, Luftfahrt- und Bahnindustrie geben einen Ausblick, wie das Lieferantenmanagement der Zukunft in China aussehen muss.

1.2 Wirtschaftliche Randbedingungen und demographischer Wandel

Der demographische Wandel ist auch in China zu erkennen und lässt Vor- und Nachteile beobachten (Helmold und Terry 2016). Die nachfolgende Tab. 1.1 zeigt die Alterspyramide und eine alternde Gesellschaft in China, bedingt durch die Ein-Kind-Politik in den späten 1960er-Jahren (AHK 2016).

Tab. 1.1: Demographischer Wandel in China (AHK China, Worldometers, China Statistical Yearbook (2016))

Alter (Jahre)	Männer (in Mio.)	Frauen (in Mio.)	In %
14 und jünger	124	107	17,1
15–24	106	94	14,7
25–54	327	313	47,2
55–64	75	75	11,3
65 und älter	62	68	9,6

China hat in 2015 noch 1,4 Mrd. Menschen gehabt, jedoch wird die Bevölkerungszahl für 2050 auf ca. 1,3 Mrd. Menschen prognostiziert. Positive Effekte des demographischen Wandels sind dagegen im Vergleich zu anderen Schwellenländern die niedrigste Analphabetenrate unter diesen Ländern sowie eine steigende Anzahl von Hochschulabsolventen mit Bachelorabschluss. Gab es in 2001 ca. 1,1 Mio. Absolventen, so waren es in 2015 mit 7,5 Mio. die fast siebenfache Anzahl (AHK 2016). China ist nach den Vereinigten Staaten von Amerika (USA) die zweitgrößte Volkswirtschaft der Welt, gefolgt von Japan und Deutschland (AHK 2016). Obwohl China noch ein beachtliches Wirtschaftswachstum hat, ist der Anstieg des Bruttoinlandsproduktes (BIP) in 2016 das niedrigste in 25 Jahren (AHK 2016). Aufgrund einer niedrigen Binnennachfrage für Industriegüter sind Schlüsselindustrien wie die Stahlindustrie, der Bahnsektor, die Automobilindustrie oder der Maschinenbau fokussiert, die verfügbaren und freien Kapazitäten für den Export einzusetzen (Helmold 2016). Laut der Außenhandelskammer in Shanghai ist dagegen die Nachfrage nach Konsumgütern noch positiv (AHK 2016). Die wirtschaftliche Entwicklung hat in dem 2. Quartal 2016 positive Signale gezeigt, jedoch konnte der Trend im 3. Quartal 2016 nicht aufrecht gehalten werden (AHK 2016). Nachdem das BIP in den vorherigen Jahren mehr als 7 % expandieren konnte, sind die Aussichten für die nächsten Jahre konservativer. Der Umgang mit einer nicht so stetig und schnell wachsenden Wirtschaft wird für Chinesen eine Gewohnheit und Herausforderung in den nächsten Jahren werden, wie die Auslandshandelskammer konstatiert (AHK 2016). Denn mit dem niedrigen Wachstum werden auch die Einkommenssteigerungen geringer ausfallen (Helmold 2016). Gegenwärtig scheint eher ein milder Abschwung wahrscheinlicher, auch wenn die chinesische Regierung antizyklische Gegenmaßnahmen implementiert (Helmold 2016). Der sekundäre Sektor wuchs überdurchschnittlich mit 6 %, im Gegensatz zum Dienstleistungssektor, der mit 8,4 % überproportional stark anstieg. Dienstleistungen machen bereits mehr als 50 % der chinesischen Wirtschaftsleistung aus. Digitale Dienstleistungen und Online-Dienste machen schon jetzt einen Großteil aller Dienstleistungen aus, dieser Bereich wuchs um mehr als 35 % (Helmold und Terry 2016). Der Einzelhandel ist einer der stabileren Sektoren, der immer noch konstant ist (AHK 2016). Ungewöhnlich ist der noch recht hohe und progressive Anstieg der Einkommen in 2016, obwohl das Wirtschaftswachstum auf einen Niedrigstand fiel (AHK 2016). Daher rührt wahrscheinlich der noch immer hohe Konsumanteil. Die Transformationen, die in einem 5-Jahresplan von dem chinesischen Volkskongress verabschiedet worden sind, greifen laut Aussage von Wirtschaftsexperten langsam. Das Land China bietet jedoch für das Lieferantenmanagement immer noch sehr große Potenziale in der Beschaffung von zahlreichen Gütern und Produkten (Helmold 2016). Das Wachstum ist jedoch regional und sektorenweise begrenzt. Während die Investitionen in der Bahnindustrie gegenüber dem Vorjahr ausgewogen sind, werden Sektoren wie die Stahlindustrie oder der Flugzeugbau weiter stagnieren (AHK 2016). Die niedrige Inflation hielt auch im 3. und 4. Quartal 2016 weiter an. Verbraucherpreiserhöhungen haben nur kurzzeitig die 2%-Marke erreicht. In zahlreichen Industrien gibt es anhaltende Überkapazitäten und eine schwächelnde Nachfrage (AHK 2016), die die Preise der Hersteller seit mehreren Jahren nach unten drücken. Der Außenhandel in China schrumpft laut den Angaben des chinesischen Wirtschaftsministeriums weiter, gemessen in US-Dollar (USD) fielen die Importe in 2015 in den letzten drei Monaten um mehr als 15 %. Exporte gingen ebenso zurück, aber im geringeren Ausmaß wie die Importe (AHK 2016). Die AHK kommentiert den Trend so, dass der Außenhandel nicht mehr als Wachstumsmotor dienen kann. Aufgrund der niedrigen Wachstumszahlen rechnen deutsche Unternehmen in China für die Jahre 2017 bis 2020 mit insgesamt geringeren Lohnzuwächsen und Einkommenssteigerungen (AHK 2016). Der anhaltende Abschwung wichtiger Wirtschaftsindikatoren wie das Ergebnis der Leistungsbilanz, Einkommensanstieg und Konsumgüternachfrage beeinflusst das Geschäfts- und Investitionsklima (AHK 2016). Ebenso wirken sich die veränderten Rahmenbedingungen des Makromanagements auf die eigene Leistungserstellung, dem Mikromanagement, aus (Helmold 2016).

1.3 Einordnung des Lieferantenmanagements

Die betriebliche Leistungserstellung umfasst gemäß Kürble et al. (2016) drei Kernprozesse, die in Abb. 1.7 gezeigt werden. Diese Kernprozesse beinhalten den Einsatz von Mitteln und Produktionsmitteln (Input) durch die Beschaffung von Einsatzfaktoren, die Produktion (Fertigung von Produkten) und das betriebliche Endergebnis (Output) mit der Auslieferung an den Kunden (Helmold und Terry 2016). Die Beschaffung als Teil des Lieferantenmanagements ist die erste Funktion im Betriebsprozess (Helmold und Terry 2016). Sie bildet somit die Schnittstelle des Unternehmens zu seinen Beschaffungsmärkten. Das Lieferantenmanagement verbindet in diesem Sinne die Beschaffung (Input) mit der Produktion des eigenen Unternehmens und der Absatzfunktion (Output), denn letztlich ist jeder Gütertausch sowohl Gegenstand der Absatzwirtschaft als auch der Beschaffungswirtschaft (Kürble et al. 2016). Aufgabe des Lieferantenmanagements ist es, den Bedarf des Unternehmens unter wirtschaftlichen Gesichtspunkten in Hinblick auf Qualität, Kosten und Quantität zum richtigen Zeitpunkt durch die Steuerung und Lenkung von Lieferantennetzwerken zu sichern (Helmold 2016). Diese Aufgabe kann auch als das 7R-Prinzip umschrieben werden (Helmold und Terry 2016). In den folgenden Kapiteln wird auf das 7R-Prinzip und die Zielsetzung im Lieferantenmanagement vertieft eingegangen (Helmold 2011). Dabei gibt es unterschiedlich weit gefasste Begriffe des Unternehmensbedarfs. Im weitesten Sinne wird hierunter jeglicher Bedarf des Unternehmens verstanden. Dies bedeutet, dass neben dem Bedarf an originären Gütern auch der Finanzbedarf und der Personalbedarf Teil der Beschaffungsfunktion eines Unternehmens wären (Kürble et al. 2016). Eine engere Begriffsverwendung beschränkt sich auf den Bedarf an originären Gütern, also den Bedarf an Einsatzgütern, an fremden Dienstleistungen und an Handelswaren (Kürble et al. 2016).

Eine noch enger gefasste Bedarfsdefinition beschränkt sich auf den Unternehmensbedarf von originären Einsatzgütern. Hierzu zählen Betriebsmittel und Werkstoffe. Die engste Begriffsverwendung ist die rein materialwirtschaftliche. Hier beschränkt sich der Bedarfsbegriff lediglich auf die Werkstoffe, d. h. auf Roh-, Hilfs- und Betriebsstoffe sowie auf Zulieferteile. In diesem Kapitel liegt der Fokus auf der Deckung des materialwirtschaftlichen Unternehmensbedarfs (Kürble et al. 2016).

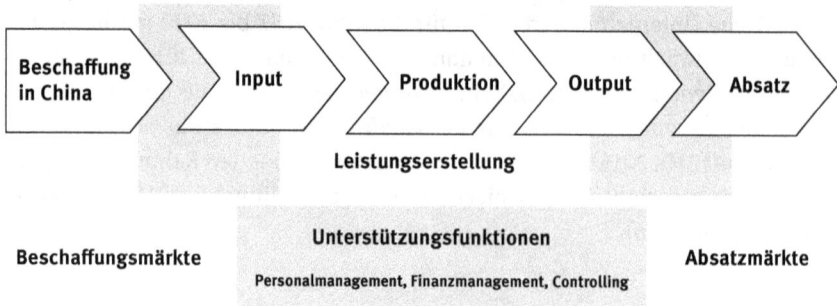

Abb. 1.7: Leistungserstellung mit Input, Produktion und Output (Eigene Darstellung in Anlehnung an Kürble et al. (2016))

Wie schon erwähnt, bildet die Beschaffungsfunktion die Schnittstelle des Unternehmens zu seinen vorgelagerten Märkten. Das Lieferantenmanagement hat hier die tragende Rolle in der Zusammenführung und Synchronisierung der Lieferanten mit dem eigenen Bedarf und der Absatzseite (Helmold 2016). Dabei nimmt das Unternehmen die Funktion eines Nachfragers ein, während die Lieferanten ihre Produkte und Leistungen verkaufen bzw. anbieten. Das Unternehmen steht somit mit den anderen Nachfragern auf einem Beschaffungsmarkt in einem nachfrageseitigen Wettbewerb. In der wettbewerbstheoretischen Literatur steht der angebotsseitige Wettbewerb auf Endkundenmärkten im Vordergrund. Zu berücksichtigen gilt, dass nicht alle Erkenntnisse eins zu eins auf einen nachfrageseitigen Wettbewerb übertragen werden können. Ferner kann das Unternehmen auf den Beschaffungsmärkten auf andere Konkurrenten als auf den Absatzmärkten treffen. So tritt ein Hersteller von Automobilen, der verstärkt leichte Aluminiumteile in seinen Fahrzeugen verbauen möchte nicht alleine in Konkurrenz zu anderen Automobilherstellern, die das gleiche Vorhaben verfolgen. Konkurrenten auf den Beschaffungsmärkten sind auch Unternehmen anderer Branchen, die ebenfalls Aluminium oder Aluminiumteile verbauen möchten. Dies könnten bspw. Hersteller von Eisenbahnen oder anderen Gütern, aber auch Systemlieferanten von Automobilherstellern sein. Somit ergeben sich auf den Beschaffungsmärkten zum Teil völlig abweichende Wettbewerbskonstellationen als auf den Absatzmärkten. Auch die Erkenntnisse aus dem Marketing, das in der Regel Absatzmarketing ist, können nicht uneingeschränkt übernommen werden. Absatzmarketing ist in der Regel auf den Bereich Business to Consumer (B2C) fokussiert. Beschaffungsmarketing wird aber von der Nachfrageseite her betrieben und findet im Bereich Business to Business (B2B) statt. Beschaffungsmarketing ist daher weniger emotional als Absatzmarketing. Eine tragende Rolle hat hier das Lieferantenmanagement. Unter Lieferantenmanagement versteht man die Gestaltung, Lenkung und Entwicklung von allgemeinen Abnehmer-Lieferanten-Beziehungen (Helmold 2010; Dust 2009). Lieferanten werden mittlerweile als konkurrierende und globale Lieferantennetzwerke gesehen, die im Wettbewerb zueinander stehen (Helmold und Terry 2016). Drei Hauptziele des Lieferantenmanagements sind neben der stetigen Verbesserung der Lieferantenleistung der Aufbau langfristiger partnerschaftlicher Beziehungen zu den Lieferanten und die Sicherung von langfristigen Bezugsquellen. Wie relevant die Sicherung von Bezugsquellen sein kann, zeigt sich an der Tatsache, dass zahlreiche Beispiele zeigen, welche Folgen Lieferausfälle haben (Helmold 2013). Hendricks und Singhal (2006) zeigen in Ihrer Analyse auf, dass Störungen in der Lieferkette den Aktienwert des eigenen Unternehmens um bis zu 40 % schwächen können (Hendricks und Singhal 2006). Hier zeigt sich, dass die Globalisierung auch ein wichtiger Aspekt für die Funktion eines effizienten Lieferantenmanagements eines Unternehmens ist (Helmold 2016). Abhängigkeiten von Lieferanten haben durch Fremdvergaben stark zugenommen, nicht nur in der Fertigung sondern auch in der Entwicklungs- und Anlaufphase (Helmold und Terry 2016; Hofbauer et al. 2012). Studien wie die der Mercer Management Consulting unterstützen diese Aussage. Eine Studie der MB Tech beschreibt die Einführung eines gesamtheitlichen Lieferantenmanagements (Prozess- und Kostenpotenziale durch den Ansatz des Total Supplier Management, Dust, 2010) es handelt sich um eine Studie über die Umsetzung und den Beitrag des Lieferantenmanagements zur Sicherstellung der Wettbewerbsfähigkeit und Unternehmenserfolg" von 2009. In dieser Studie beschreibt der Urheber, Dr.-Ing. Dust, Professor an der Technischen Hochschule Berlin, ein Konzept, welches für ein präventiv handelndes Lieferantenmanagement erforderlich ist (Dust 2009). Einerseits ergeben sich hierdurch neue Optionen und Chancen. Andererseits erhöht sich die Komplexität und es treten neue Konkurrenten bspw. aus sich entwickelnden Ländern wie Brasilien, China oder Indien auf. Ein gutes Beispiel, wie globalisiert und komplex das Lieferantenmanagement in der heutigen Zeit ist, ist die Herstellung einer Jeans-Hose, wie Tab. 1.2 und Abb. 1.8 zeigen. Die Grafik zeigt, wie diese „Welthose" durch internationale Arbeitsteilung und internationalen Lieferketten hergestellt wird und letztendlich über die Distributionslogistik sowie Distributionskanäle an die Kunden verkauft wird (Helmold und Terry 2016).

Tab. 1.2: Globalisierung von Lieferantennetzwerken (Uni Berlin, VL Grundlagen des Managements (2008))

Stufe	Material und Ort	Logistische Tätigkeiten
1.	Baumwolle aus Texas (USA)	Transport per LKW von Texas (USA) nach Los Angeles (USA). Per Schiff im Container nach Shanghai (VR China), innerhalb Chinas per LKW.
2.	Stoff und Garn aus China	Konsolidierung durch Logistikdienstleister in China. Transport per Schiff nach Malaysia.
3.	Reißverschlüsse aus Japan	Transport via Flugzeug von Japan nach Malaysia.
4.	Jeans aus Malaysia	Verpackung und Konsolidierung in Malaysia. Transport nach Hamburg.
5.	Endprodukt	Kommissionierung und bedarfsgerechte Distribution in Deutschland.

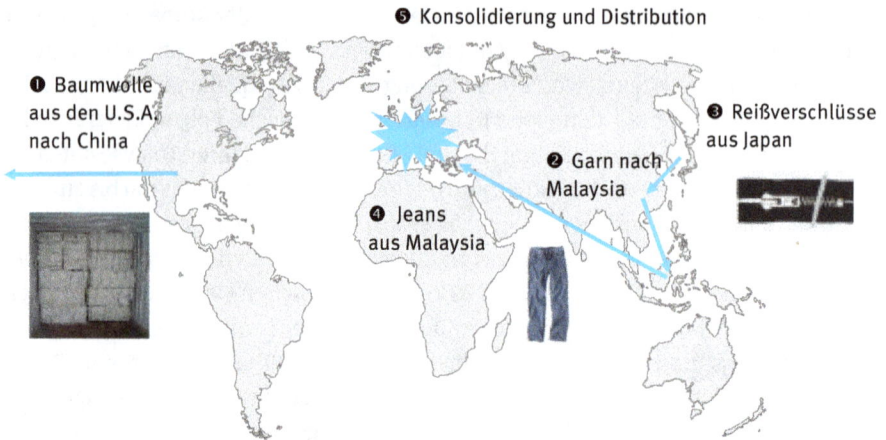

Abb. 1.8: Globalisierung von Lieferantennetzwerken (Quelle: Eigene Darstellung in Anlehnung an Uni Berlin, VL Grundlagen des Managements (2008))

In Zeiten schlanker Produktion, sinkender Lagerhaltung und steigender Materialkosten beeinflusst die Auswahl der Lieferanten immer stärker den Unternehmenserfolg (Emmett und Crocker 2009). So wird es immer wichtiger, verlässliche Partner für eine langfristige, strategische Zusammenarbeit zu finden (Helmold 2011). Aufgabe des Lieferantenmanagements und des Einkaufs ist es dabei, geeignete und innovative Lieferanten auszuwählen und ihre Leistung fortlaufend zu kontrollieren und zu verbessern. Als Ziele stehen dabei eine Qualitätssteigerung sowie die Kostensenkung innerhalb des Kooperationsnetzwerkes zwischen dem Unternehmen und seinen Lieferanten im Vordergrund (Hofbauer et al. 2012). Zudem sollen die Abläufe zwischen den einzelnen Lieferanten und dem Unternehmen synchronisiert und aufeinander abgestimmt werden, um der Forderung nach kürzeren Prozesszeiten gerecht zu werden. Ein optimales Lieferantenmanagement umfasst insbesondere folgende Schritte: Lieferantenbeziehungsmanagement (Supplier Relationship Management), Lieferantenstrategie (Lieferantenklassifizierung), Lieferantenselektion (Auswahl der Lieferanten), Lieferantenbewertung (Erfassung der Leistungsfähigkeit basierend auf einheitlichen Bewertungskriterien), Lieferantenentwicklung (Festlegung von Zielvorgaben für den Lieferanten durch gemeinsame Optimierungsprogramme), Lieferantenintegration (Erweiterung des Aufgabenspektrums für Lieferanten mit dem Ziel der Vorverlagerung von Aktivitäten) und Lieferantencontrolling (kontinuierlicher Abgleich der Zielerfüllungsgrade, Schwächen frühzeitig erkennen und beseitigen).

Abb. 1.9 zeigt die Teilaufgaben und -prozesse des Lieferantenmanagements. Enge und langfristige Lieferantenbeziehungen sind die Basis einer effektiven und erfolgreichen Geschäftsbeziehung in China. Die Lieferantenstrategie beinhaltet die Segmentierung von Lieferanten und Materialgruppen sowie die Definition von strategischen Lieferanten. Im nächsten Schritt folgt die Lieferantenauswahl nach klar definierten

Kriterien. Diese Kriterien umfassen in der Regel Qualitäts-, Kosten-, Liefer- und Entwicklungsaspekte, abgekürzt mit Q-K-L-E (Helmold und Terry, 2016a). In diesem Kontext ist es für in China beschaffende Unternehmen wichtig, dass das Beziehungsmanagement die Schlüsselrolle für den Geschäfts- und Einkaufserfolg darstellt, wie Abb. 1.9 zeigt (Helmold und Terry 2016). Guanxi und die spezifischen Aspekte des Beziehungsmanagements werden im folgenden Kapitel 2 ausführlich beschrieben. Guanxi ist ein für westliche geprägte Länder nur schwer verständlicher Begriff, kann aber bei richtiger Anwendung zu einem Wettbewerbsvorteil führen (Helmold und Terry 2016). In diesem Zusammenhang steht die Gestaltung der Geschäftsbeziehung als vordergründiges Ziel bei der Beschaffung in China (Helmold 2016). Auch sind Compliance-Themen, z. B. Einhaltung von Umweltstandards oder Gesetzen bei der Auswahl von signifikanter Bedeutung (Helmold und Terry 2016).

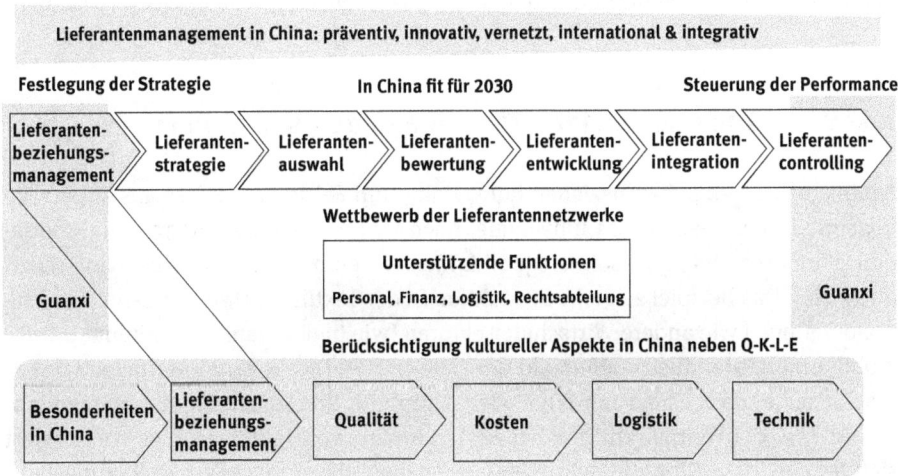

Abb. 1.9: Ausgangsposition: Lieferantenbeziehungsmanagement (Eigene Darstellung in Anlehnung an Helmold (2016))

Nach der Auswahl erfolgt die systematische und periodische Bewertung von Lieferanten anhand von harten und weichen Kriterien (Emmett und Crocker 2009; Hofbauer et al. 2012; Dust 2009). Auf Basis dieser Kriterien werden Lieferantenentwicklungsmaßnahmen ergriffen (Dust 2009). Als letzte Teilprozesse und Schritte erfolgen die Einbindung der Lieferanten sowie die Fortschrittskontrolle durch das Lieferantencontrolling.

Die Aufgaben und Prozesse des Lieferantenmanagements werden in den späteren Kapiteln eingehend beschrieben (Helmold 2016; in Anlehnung an Hofbauer et al. 2012). Ebenso werden in Kapitel 7.2 (Kapitel Kennzahlen) Kennzahlen zur Messung der Leistungsperformance dargestellt. Neben den Empfehlungen für ein proaktives, innovatives und integratives Lieferantenmanagement 2030 gibt es ein ausführliches Literaturverzeichnis, welches zum Weiterlesen anregt. In den Kapiteln 7.2 und 7.3.3 wird eingehend auf die Thematik der Lieferantenbewertung und Balanced Scorecard (BSC) als geeignete Werkzeuge des Lieferantenmanagements eingegangen (Helmold und Terry 2016; Dust 2009; Hofbauer et al. 2012). Jedoch ist in diesem Kontext zu berücksichtigen, dass nur die initiale Berücksichtigung und Gestaltung des Beziehungsmanagements, also dem Guanxi, zu einer erfolgreichen Lieferanteninteraktion führen wird (Helmold 2016). Dieser besondere Aspekt, der in China wahrscheinlich einmalig ist, muss bei einem Markteintritt oder der Beschaffung in China berücksichtigt werden (Helmold 2016). Neben dem Guanxi und den Werkzeugen wird im Schlusskapitel noch detailliert auf Empfehlungen eingegangen, wie ein erfolgreiches Sourcing in China umgesetzt werden kann (Helmold 2016). Kapitel 3 beschreibt die kulturellen Aspekte mit Praxisbeispielen aus den Erfahrungen der Autoren und ist damit einmalig in der Literatur (Helmold und Terry 2016).

1.4 Bedeutung des Lieferantenmanagements in China

Zahlreiche Unternehmen beziehen Roh-, Halb- und Fertigerzeugnisse aus China. Die folgende Tab. 1.3 zeigt, dass China immer noch ein bedeutendes Potenzial als Produktionsstandort bietet, insbesondere für das Lieferantenmanagement (Silk Road Associates 2016). Das Beispiel zeigt die Produktion in der Textilindustrie und zeigt ähnliche Ausprägungen wie andere Wirtschaftssektoren (wie in der Stahl-, Aluminium-, Automobil- und Bahnindustrie; Helmold und Terry 2016). Dieses wird untermauert durch die Tatsache, dass China mit einer Wertschöpfung und einem Exportvolumen von 73 Mrd. USD der Weltmarktführer bei der Produktion von Textilien ist. Es kristallisiert sich heraus, dass China in sehr vielen Bereichen ein attraktives Beschaffungsland ist (Helmold und Terry 2016), was von Unternehmen nicht ignoriert werden kann (Helmold 2016).

Fast alle großen Unternehmen der Luftfahrt-, Automobil- oder Bahnindustrie haben internationale Einkaufsbüros (engl. International Procurement Organization [IPO]), aus denen das Lieferantenmanagement für die Beschaffung von Waren und Produkten aus China gesteuert wird. Abb. 1.10 zeigt die Präsenz von Bombardier Aerospace und Transportation in China mit einer Anzahl von mehr als 6.000 Mitarbeitern. Bombardier hat neben der Produktion von Flugzeugen und Schienenfahrzeugen diverse Komponentenproduktionsstandorte (Bombardier 2016). Darüber hinaus hat der Anbieter für Flugzeuge und Eisenbahnen ein internationales Einkaufsbüro mit einem Anteil von mehr als 20 % der weltweiten Fremdbeschaffung aus China (Helmold 2016). Das Einkaufsbüro der Transportsparte ist in Shanghai angesiedelt, wobei die Mitarbeiter auf insgesamt sechs Lokationen verteilt sind. Das Einkaufsbüro managt ein Einkaufsvolumen in einem hohen dreistelligen Millionenbetrag (Helmold und Terry 2016). Aufgrund der sehr hohen Maturitätsstufen, auf die im Kapitel 5 eingegangen wird, hat China für Schlüsselindustrien hervorragend geeignete Beschaffungsmärkte (Helmold 2016; Lockström und Moser 2016).

Tab. 1.3: China als Motor der Wirtschaftsleistung in Asien (Silkroad Associates (2016))

Rang	Land	Exportvolumen 2014
1.	China	73 Mrd. USD
2.	Bangladesch	14 Mrd. USD
3.	Vietnam	12 Mrd. USD
4.	Indien	3 Mrd. USD
5.	Indonesien	3 Mrd. USD
6.	Pakistan	2 Mrd. USD
7.	Sri Lanka	1 Mrd. USD

Bombardier in China –
Mehr als 6.000 Mitarbeiter

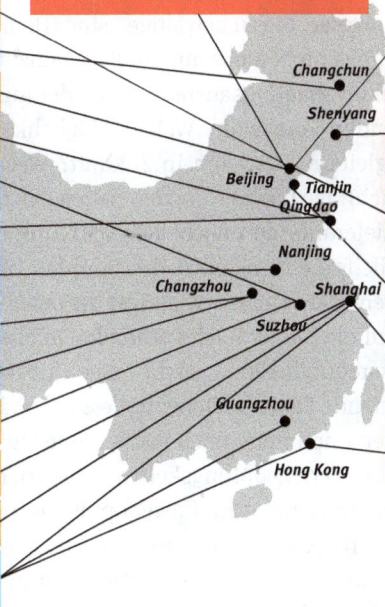

Abb. 1.10: Bombardier Transportation (Eigene Darstellung in Anlehnung an Helmold (2016))

Neben Schienenverkehrsprodukten wie Schnellzüge, Metros, Signaltechnik, Antriebstechnik, und fahrerlosen Schienenfahrzeugen stellt Bombardier in Shenyang Flugzeuge her (Bombardier 2016). Insgesamt arbeiten mehr als 6.000 Mitarbeiter für Bombardier in China, davon sind mehr als 95 % chinesische Mitarbeiter (Bombardier 2016).

1.5 Lieferantenmanagement: Wertschöpfend, digital und vernetzt

Die wachsende globale und digitale Verknüpfung von Informations- und Kommunikationsketten, der nahezu uneingeschränkte Austausch von Daten und Informationen, sowie die damit einhergehende maximale Transparenz über einen Großteil der wertschöpfenden Tätigkeiten und weltumspannenden Lieferketten wirft die Frage nach der zukünftigen Generierung von Wettbewerbsvorteilen von produzierenden, Handels- aber auch Dienstleistungsunternehmen auf (Dust und Wilde 2016; Helmold und Terry 2016). In diesem Kontext kommt dem Management der Lieferkette und dem Management von Wertschöpfungsnetzwerken, dem Lieferantenmanagement, über die gesamte Wertschöpfungstiefe hinweg eine wesentlich wichtigere Bedeutung zu als dies in den vergangenen Jahren der Fall war (Hofbauer et al. 2013; Aberdeen Group 2005; Helmold und Terry 2016). Denn erst der integrative Ansatz von der Bestellung über die Planung, den Einkauf, der Fertigung, dem Vertrieb bis hin zur Reverselogistik verschafft Unternehmen, vor dem Hintergrund der vorliegenden Informationen, die notwendige Entscheidungsgrundlage des zukünftigen Handelns und Tuns (Helmold und Terry 2016). Durch Leistungsverlagerungen und Outsourcing-Aktivitäten (Lieferantenintegration) auf Partner innerhalb der Liefer- und Wertschöpfungskette entstehen auch neue Abläufe und Prozesse, die zu bewältigen sind (Helmold und Terry 2016). Der Fokus liegt somit schon lange nicht mehr nur auf der Reduzierung von Einstandspreisen, sondern viel mehr im Informationsaustausch und der Ausschöpfung der globalen unternehmensübergreifenden Potenziale. Welche Möglichkeiten der Differenzierung gegenüber den Marktbegleitern existieren in Zukunft? Welche Kundenerwartungen werden in Zukunft die Nachfrage nach Produkten neben den ohnehin vorausgesetzten Preis-, Qualitäts- und Lieferanforderungen gefordert und führen wettbewerbsentscheidend durch zusätzliche Leistungen in der Supply Chain zu Differenzierungsmerkmalen? Eine spannende und umso wichtiger zu beantwortende Fragestellung, insbesondere mit Blick auf die immer noch vorhandenen aber schwerer zu hebenden Kostenvorteile in der Volksrepublik China, ist die Frage wie sich die Potenziale langfristig heben lassen. Abnehmende Faktorkostenvorteile aufgrund steigender Lohnkosten, volatile Währungsparitäten und immer noch vorhandene logistische Herausforderungen innerhalb von globalen Wertschöpfungsketten erfordern die Generierung weiterer Stellhebel im Lieferantenmanagement zur Kostenoptimierung entlang der Wertschöpfungskette (Helmold und Terry 2016). Die Grundlagen zum nächsten Schritt sind gelegt: China und andere aufstrebende Länder wie Vietnam und Indien gehören mit zu den Vordenkern der Digitalisierung. Diese Länder setzen verstärkt auf Zukunftstrends und bieten heute für eine Vielzahl von Industrien die notwendige gewachsene und reife Versorgungsbasis (Helmold 2016). Fluch und Segen zu gleich, denn eine zunehmende Vernetzung und Automatisierung schafft auf der einen Seite die geforderten Prozessoptimierungen und Kostenvorteile in Produktionen dieser aufstrebenden Länder, sorgt andererseits für eine Abnahme manueller Produktionsprozesse, die wiederum eine Integration vieler noch nicht am Aufschwung dieser Länder partizipierenden

Bevölkerung erschwert (Helmold und Terry 2016). Diese wegweisenden Herausforderungen zur Erlangung zukünftiger Wettbewerbsvorteile bedingen ein neues Konzept der Gestaltung der wertschöpfenden Lieferkettenbeiträge über alle Wertschöpfungsstufen hinweg, um die immer anspruchsvoller werdenden Kunden bei gleichzeitiger Zunahme an Markttransparenz mit echten Mehrwerten nachhaltig zu überraschen (Helmold und Terry 2016). Wir erkennen seit längerem, dass die stringente Nutzung internetbasierter Lösungsstrategien und neuer Informations- und Kommunikationssysteme eine wesentlich effizientere Verknüpfung aller Anspruchsgruppen entlang der gesamten Wertschöpfungskette ermöglichen. Vorreiterunternehmen der Digitalisierung, wie die Alibaba Gruppe oder auch Amazon setzen die neuen Benchmarks und erziehen die Kunden in Richtung höherer Erwartungen an Lieferzeiten und Verfügbarkeiten der Produkte. Die Praxis zeigt, dass nur in Kombination neuester Produktions- und Abwicklungsverfahren mit einer durchgängigen Logistik Kundenaufträge schnell, termintreu und zufriedenstellend bedient werden können. Daraus folgend sind traditionelle Geschäftspraktiken und -modelle grundlegend zu hinterfragen und neu zu modellieren, um die entscheidenden Erfolgsfaktoren innerhalb der Wertschöpfung, des Wertangebots und des Marktzugangs nutzbar zu machen. Die Zunahme an Wettbewerb verlangt immer mehr nach effizienten und schlanken Abwicklungsformen innerhalb der Wertschöpfungskette. Hierzu gehört auch die Nutzung neuester Informationstechnologien im Rahmen des sogenannten E-Supply Chain Management, um einerseits die Standardisierung in den Prozessen weiter zu optimieren und andererseits den gleichzeitig zunehmenden Kundenforderungen nach höherer Individualisierung gerecht zu werden. Genau dann wird es gelingen den Zugang zum Kunden in Zukunft noch direkter zu gestalten. Aber Achtung: Mehrwerte erodieren heute schneller als in der Vergangenheit. Erfolg motiviert Nachahmer und Nachahmer motivieren die Weiterentwicklung (Hofbauer et al. 2012; Dust 2009). Mit diesen und weiteren zukunftsweisenden Fragestellungen, wie der Widerstandsfähigkeit von Lieferketten in globalen Märkten im Kontext mit dem Ursprung des Lieferantenmanagements in europäischen Unternehmen – der Beschaffung von Produkten für die heimische Fertigung – beschäftigen sich die Experten Dr. Marc Helmold und Dr. Brian Terry in den nachfolgenden Kapiteln. Abb. 1.11 zeigt die Aufgaben des Lieferantenmanagements, nämlich die betriebliche Leistungserstellung von der Beschaffung, über die Produktion bis zum Absatz zu koordinieren. Entgegen traditioneller Ansätze hat das Lieferantenmanagement in diesem Kontext die Aufgabe globale Lieferantennetzwerke so zu steuern, bis die erstellten Produkte und Waren erfolgreich beim Kunden angekommen, veredelt oder konsumiert worden sind. Und das mit innovativen und vernetzten Systemen und Informationssystemen (Helmold und Terry 2016).

Nachhaltige Partnerschaftlichkeit nimmt im Lieferantenmanagement eine wichtige Rolle ein. Gemäß dem Leitbild des Lieferantenmanagements der Zukunft müssen Unternehmen ihre Vergabeentscheidungen nicht nur nach wirtschaftlichen, technischen und prozessualen Kriterien wie Beziehungsfaktoren festlegen, sondern auch weiche Kriterien berücksichtigen (Helmold und Terry 2016). Und dies nicht nur in

China (Helmold und Terry 2016; Hofbauer et al. 2012; Dust 2009). Neben harten und weichen Faktoren spielen auch gesellschaftliche und ökologische Aspekte eine Rolle. Dazu gehören unter anderem der Schutz der Menschenrechte, der Kampf gegen Korruption sowie der Umweltschutz, die Einhaltung von Gesetzen und der Schutz von Markenrechten. Auch für die Sicherstellung dieser Faktoren genießt das Lieferantenmanagement eine besondere Rolle. Nachhaltigkeit ist eine Schlüsselaufgabe des Lieferantenmanagements (Helmold 2011). Jedoch lässt sich noch in vielen Unternehmen beobachten, dass Partnerschaften nur solange gelten, wie der Lieferant den niedrigsten Angebotspreis abgibt (Helmold 2016). Jedoch werden diese Unternehmen sich langfristig nicht behaupten können, wie Liker und Choi konstatieren (2005).

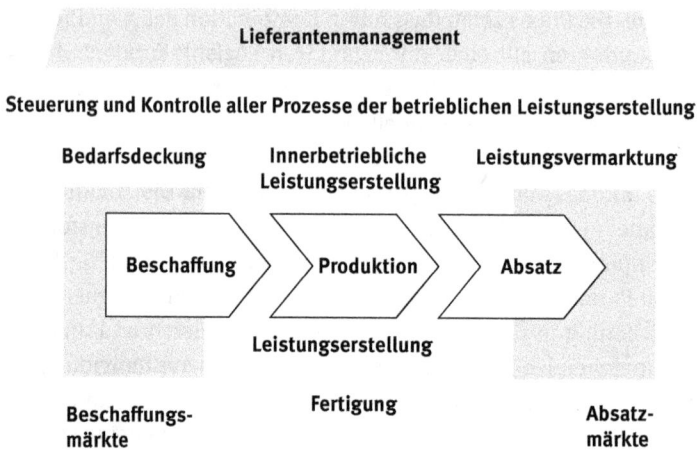

Abb. 1.11: Lieferantenmanagement in der Leistungskette (Eigene Darstellung in Anlehnung an Helmold (2016))

1.6 Megatrends, Digitalisierung und Globalisierung

Auf nahezu allen Märkten sehen sich Unternehmen mehr denn je einem dynamischen, sich schnell änderndem Umfeld ausgesetzt (Helmold und Terry 2016). Ein ständiger Wandel der Lieferantenstrukturen, der Marktstrukturen und Umweltbedingungen stellt eine nicht zu unterschätzende Herausforderung an die Marktteilnehmer und das Lieferantenmanagement. Globalisierung, Digitalisierung, weltweite Trends und andere oft diskutierte Themenbereiche stellen mehr dar, als nur Schlagworte. Soll die Wettbewerbsfähigkeit erhalten oder gar ausgebaut werden, so müssen sich Unternehmen schnell und flexibel an die veränderten Bedingungen und Kundenerwartungen anpassen können (Dust und Wilde 2016). In diesem Zusammenhang gewinnt das Lieferantenmanagement zunehmend an Bedeutung: das Bestreben der einzelnen Unternehmen, sich auf die eigenen Kernkompetenzen zu konzentrieren und die restlichen Geschäftsprozesse in enger Zusammenarbeit mit Partnerunternehmen oder

Lieferantennetzwerken zu bewältigen. Megatrends sind laut diverser Studien und Quellen (MB Tech 2011) langfristige und übergreifende Transformationsprozesse. Megatrends haben laut der Studie der Agentur Z-Punkt (Z-Punkt GmbH Köln 2016) wirkungsmächtige Einflussgrößen, die die Märkte der Zukunft prägen. Sie unterscheiden sich von anderen Trends in dreierlei Hinsicht: 1. Zeithorizont, 2. Reichweite und 3. Wirkungsstärke. Zeithorizont: Megatrends sind über einen Zeitraum von Jahrzehnten beobachtbar. Für die Gegenwart existieren bereits quantitative, empirisch eindeutige Indikatoren. Sie können mit hoher Wahrscheinlichkeit noch über mindestens 15 Jahre in die Zukunft projiziert werden. Reichweite: Megatrends wirken umfassend, ihr Geltungsbereich erstreckt sich auf alle Weltregionen. Dabei bewirken sie mehrdimensionale Umwälzungen aller gesellschaftlichen Teilsysteme – politisch, sozial und wirtschaftlich. Ihre spezifischen Ausprägungen unterscheiden sich von Region zu Region. Wirkungsstärke: Megatrends wirken umfassend und tiefgreifend auf alle Akteure – Regierungen, Individuen und ihr Konsumverhalten, aber auch Unternehmen und ihre Strategien. Geprägt wurde der Begriff des „Megatrends" von John Naisbitt, dessen gleichnamiger Bestseller vor 25 Jahren erschien (Helmold und Terry 2016). Darin zeichnete er ein Bild der Zukunft von der Jahrtausendwende anhand von zehn durchgreifenden Entwicklungen und wurde zu einem Wegbereiter der Trendforschung in Wirtschaft und Gesellschaft. Megatrends beeinflussen nicht nur die Gesellschaft, sondern insbesondere wirtschaftliche Aktivitäten, durch veränderte Kundenwünsche und Kundenerwartungen. Diese wirtschaftlichen Aktivitäten haben wiederum Auswirkungen auf Unternehmen, die eigenen Prozesse in Beschaffung, Produktion, Distribution und die daraus resultierenden Lieferantenbeziehungen. Aus den Ergebnissen der Studie der LOG.Kompass in Abb. 1.12 und der Studie der MB Tech Consulting lassen sich folgende Schlussfolgerungen ziehen. Fast 80 % aller befragten Unternehmen gehen davon aus, dass Megatrends Auswirkungen auf die Anzahl der Kunden und das Variantenmanagement haben. Mehr als 65 % der befragten Unternehmen rechnen mit größeren Marktschwankungen aufgrund von saisonalen oder absatzabhängigen Gründen. Als Resultat geht die Mehrheit der befragten Unternehmen davon aus, dass die veränderten Rahmenbedingungen Auswirkungen auf die eigenen Produktionsstandorte und die Distribution haben werden (Dust 2009). Damit beeinflussen diese Trends automatisch die Beschaffungsseite, die Lieferantenkette und das Lieferantenmanagement (Dust 2009).

Die globalen Liefer- und Lieferantenketten (engl. Supply Chains) bringen aufgrund ihrer Komplexität und der wachsenden Herausforderungen Probleme mit sich. Aber es ist auch zu betonen, dass steigende Anforderungen, Reaktionszeiten, Risikoabsicherung zur Differenzierung von Unternehmen und Wertschöpfungsnetzwerken beitragen (Dust 2009). Nicht nur das eigene Unternehmen, sondern auch seine Lieferantennetzwerke stehen im stetigen Wettbewerb, um die Gunst des Kunden zu erlangen (Hofbauer et al. 2012; Emmett und Crocker 2009; Helmold und Terry 2016). Wertschöpfungsnetzwerke sind im Wettbewerb, agieren global und sind absolut kundenrelevant (Helmold und Terry 2016). Sie ermöglichen den Unternehmen eine überbetrieblich abgestimmte Leistungserstellung und internationale Arbeitsteilung, bei der sich die einzelnen Partner auf ihre Kernkompetenzen fokussieren. Abb. 1.13 zeigt die internationale Arbeitsteilung vom eigenen Unternehmen (Produktionswerk und Entwicklung) und seinen globalen Zulieferern (Helmold und Terry 2016).

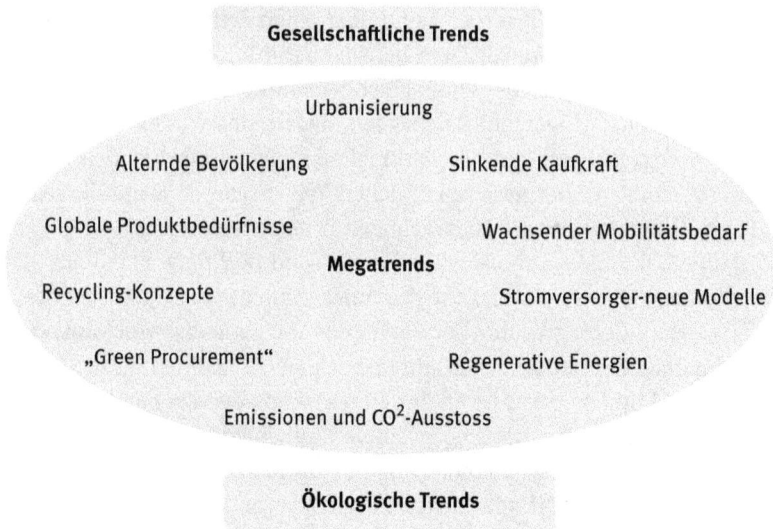

Abb. 1.12: Megatrends (Eigene Darstellung in Anlehnung an Dust (2009), MB Tech Group, LOG. Kompass (2010))

Ziel eines Wertschöpfungsnetzwerks im Lieferantenmanagement (Lieferantennetzwerk) ist schwerpunktmäßig die Realisierung kollaborativer Wettbewerbsvorteile und die Möglichkeit der eigenen Spezialisierung wie Helmold und Terry und andere Autoren konstatieren (Helmold und Terry 2016; Hofbauer et al. 2012). Dadurch, dass jeder beteiligte Partner seine spezifischen Kernkompetenzen in den Netzwerkverbund einbringt, lässt sich der Zielkonflikt zwischen einer hohen Spezialisierung einerseits und einem breiteren, vielfältigeren Leistungsangebot andererseits auflösen (Liker und Choi 2005). Im Netzwerkverbund lassen sich Vorteile der flexibleren Aufgabenverteilung und Kapazitätsauslastung auf Netzwerkebene mit Spezialisierungsvorteilen auf der Ebene der Wertschöpfungseinheiten (Economies of Scale und Economies of Scope) verbinden (Emmett und Crocker 2009). Dies funktioniert umso besser, je stärker die Einzelkompetenzen komplementär zueinander sind. Beispiele für eine erfolgreiche Umsetzung dieser Idee liefern z. B. Produktionsnetzwerke und Fertigungsverbunde (Hofbauer et al. 2012), Beschaffungsnetzwerke oder Wissens- und Kompetenznetzwerke. Die Hybridität des Netzwerks im Vergleich zu Markt und Hierarchie wird vor allem anhand der eingesetzten Koordinationsformen deutlich. Generell werden Preis, Anweisung und Vertrauen unterschieden, die gemäß ihrer Einsatzschwerpunkte den Institutionen Markt, Hierarchie und Netzwerk zugesprochen werden (Hofbauer et al. 2012).

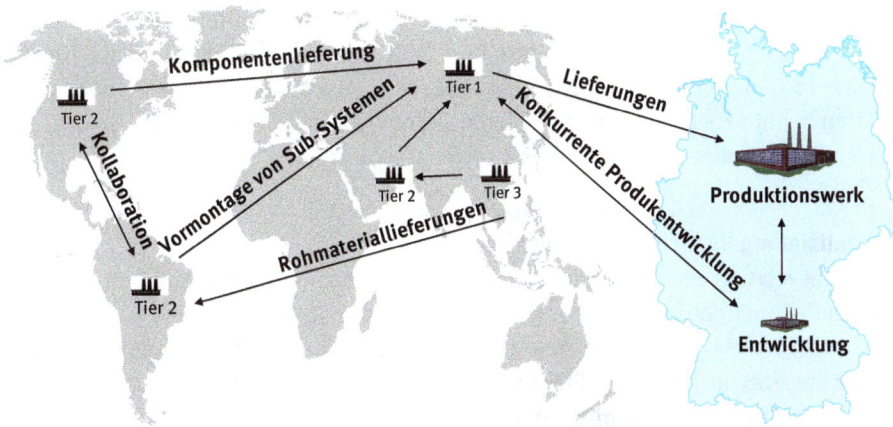

Abb. 1.13: Globale Lieferantennetzwerke (Eigene Darstellung in Anlehnung an Helmold (2016))

Abb. 1.14: Pearltower in Shanghai – Apple-Filiale (Foto: Helmold (2016))

Abb. 1.14 zeigt das-Apple-Zeichen in Shanghai. Apple hat in China nicht nur einen seiner größten Absatzmärkte, sondern lässt auch seine iPhones für seinen weltweiten Absatz in China von Lieferanten herstellen; ebenso werden Zukaufteile wie Leiterplatten in China gefertigt, sodass ein international agierendes, agiles und innovatives Lieferantenmanagement notwendig ist (Helmold und Terry 2016).

Globalisierung über Ländergrenzen hinweg
Abb. 1.13 zeigt an einem Beispiel vereinfacht den globalen Wettbewerb und die internationale Ausrichtung von Lieferantennetzwerken über Landesgrenzen hinweg. In diesem realen Beispiel der Automobilindustrie finden die voneinander räumlich getrennte Entwicklung und Produktion in Deutschland statt (Helmold und Terry 2016). Die Entwicklung bedingt eine Zusammenarbeit der beiden Standorte in Süd- und Norddeutschland. In dieser Konstellation gibt es nationale und internationale Tier-1-, -2- und -3-Lieferanten, die jeweils Rohmaterial, Komponenten oder Systeme in ihrer eigenen Fertigung herstellen und der jeweils nachgelagerten Stufe (Tier-3 und Tier-2 und Tier-1) bereitstellen. Rohmaterial (z. B. Stahl) wird an den Komponentenlieferanten (Tier-2) aus China geliefert. Die Tier-2-Lieferanten befinden sich auf der arabischen Halbinsel und Südamerika, von wo Komponenten an den Tier-1-Systemlieferanten geschickt werden. Dieser Lieferant befindet sich in Russland und liefert die Systeme an den deutschen Endkunden. Vor der Auslieferung findet die Systemprüfung und Homologation bei dem Lieferanten statt. Der Lieferant hat ebenso Mitarbeiter beim Endkunden, die einen reibungslosen Ablauf und die Synchronisierung der Lieferkette sicherstellen. Entwicklung und Tier-1-Lieferant kollaborieren im Produktentstehungsprozess der Entwicklung (konkurrente Entwicklung). So funktioniert eine globale Wertschöpfungskette unter Zuhilfenahme digitaler Medien (Helmold und Terry 2016; Dust und Wilde 2016). Das Beispiel zeigt, dass Lieferantenketten zu globalen Wertschöpfungsnetzwerken transformiert und stark vernetzt sind (Hofbauer et al. 2012; Dust 2009). Diese Vernetzung führt zu unterschiedlichen Anforderungen in der Gegenwart und Zukunft im Vergleich zu traditionellen Leitbildern des Lieferantenmanagements (Hofbauer et al. 2012). Nur Unternehmen, die sich diesem neuen Leitbild verschreiben, werden langfristig erfolgreich sein wie führende Experten im Lieferantenmanagement konstatieren (Emmett und Crocker 2009; Hofbauer et al. 2012; Helmold und Terry 2016; Dust 2009).

1.7 Wandel in China: Spezialisierung und Lieferantenmärkte

Prozesse wie Globalisierung, Digitalisierung, technologische Innovationen sowie steigende Kundenanforderungen und Wettbewerbsdruck, zwingen die Unternehmen traditionelle Lieferantenstrategien aufzugeben und neue Geschäftsstrategien einzuführen (Helmold und Terry 2016). Lieferantenmärkte haben sich gewandelt,

Lieferantennetzwerke sind heutzutage global, digital und haben sich in vielen Industrien durch Spezialisierung zu Oligo-, Duo- oder Monopolen verändert. Um den neuen kompetitiven Herausforderungen erfolgreich und langfristig zu begegnen, verlangt die neue Umgebung von den Unternehmen insbesondere die Fähigkeit zur Zusammenarbeit mit geeigneten Lieferanten auf internationaler Ebene.

Damit können die Unternehmen wesentliche Ressourcen, Fähigkeiten, Kenntnisse, Erfahrungen und Know-how generieren und transferieren. Lieferantenintegration als eine Form der Zusammenarbeit, hat sich erst bei japanischen Autoherstellern wie Honda und Toyota entwickelt (Liker und Choi 2005). Dadurch haben beide Unternehmen bessere Qualität und wettbewerbsfähigere Produkte bekommen. Westliche Unternehmen haben lange Zeit geglaubt, dass diese Keiretsu-Struktur auf ihren Märkten nicht funktionieren würde (Liker und Choi 2005). Tab. 1.4 zeigt den Paradigmenwechsel der traditionellen und der modernen Denkschule mit seinen Ausprägungen. Das Lieferantenmanagement der Zukunft ist vernetzt, digital, agil und reagiert flexibel auf veränderte Rahmenbedingungen (Helmold und Terry 2016), wogegen das „alte bzw. traditionelle" Lieferantenmanagement einen sehr engen Gestaltungsspielraum mit den Zielvorgaben der Kostenoptimierung und der Lieferterminsicherstellung hat (Helmold und Terry 2016).

Abb. 1.15 zeigt gefertigte Hochgeschwindigkeitszüge. Mittlerweile werden alle Schlüsselkomponenten aus China bezogen. Die Entwicklung von Lieferanten dieser hochtechnologischen Systeme und Komponenten zeigt, wie innovativ, agil und flexibel Lieferanten in China sind (Helmold 2016).

Tab. 1.4: Traditionelle und moderne Schule (Eigene Darstellung in Anlehnung an Helmold (2016))

Traditionelle Schule Lieferantenmanagement in China	Moderne Schule Lieferantenmanagement in China
Auswahl der Lieferanten mit dem niedrigsten Preis – „billig" einkaufen	Frühe Einbindung und gemeinsame Produktentwicklung – „intelligent einkaufen"
Verlängerter Arm der Entwicklung und Produktion – „Jeder kann einkaufen"	Partnerschaften mit Schlüssellieferanten. Der Einkauf ist zum Lieferantenmanagement transformiert – „Der Einkauf als Werteschaffer"
Operative Rolle und eindimensionaler Ansatz. Einkauf gehört zur Finanzabteilung oder zu einer anderen Abteilung	Strategische Rolle und Beschaffungsstrategien zwischen 3–5 Jahren
Regional tätig, Chinabüro agiert als Übersetzer und physische Beschaffung	Regional und globale Präsenz, Einkaufsbüros arbeiten unabhängig als Teil des strategischen Lieferantenmanagements
Kein strategischer Fokus, kurzfristige Termineinhaltung und niedriger Preis	Bündelung von Volumen über die gesamte Wertschöpfungskette
Instruktionen aus der Produktionsabteilung zur Materialverfügbarkeit	Strategische Analyse und Marktintelligenz
Optimaler Preis, termingerechte Anlieferung	Präventive Vorgehensweise und Sensorik; Absicherung und Minimierung von Lieferrisiken

Abb. 1.15: Hochgeschwindigkeitszüge bei Bombardier Sifang Transportation (Foto: Helmold (2016))

Das Lieferantenmanagement stellt sicher, das Lieferanten früh in den Prozess integriert werden (Emett und Crocker 2009; Helmold 2013). Bei einer frühzeitigen Einbindung im Bereich der Forschung und Entwicklung (F&E) erfolgt eine Sammlung von Erfahrungen, Einrichtungen und spezialisierten Ingenieuren und Experten (Helmold 2013). Die Vorteile für die Unternehmen umfassen neben Rationalisierungs- und Kostensenkungseffekten die Verminderung des Kapitalrisikos. Durch die Nutzung von Synergieeffekten und Effizienzsteigerungen bietet sich zudem die Chance, bei der Einführung eines Produktes einen zeitlichen Vorsprung gegenüber der Konkurrenz zu gewinnen (engl. Time-to-Market). Darüber hinaus können die Supply Chain Unternehmen zusätzliches Know-how austauschen, das außer in der Entwicklung auch in der eigenen Produktion eingesetzt werden kann (Hofbauer et al. 2012; Helmold und Terry 2016). Es ist wichtig den Zeitpunkt und den Grad der Lieferanteneinbindung zu bestimmen, da ab diesem Punkt der Lieferant die Verantwortung für Entwicklungstätigkeiten mitträgt (Hofbauer et al. 2012). Wie hoch die Verantwortung der Lieferanten ist und wie stark diese integriert werden, hängt davon ab in welcher Forschungs-und-Entwicklungs-Phase (F&E) sie eingebunden werden und wie umfangreich ihr Anteil daran ist. Je früher und je größer ihr Anteil desto größer ist die Verantwortung und desto tiefer ist die Integration (engl. Design to Cost [DTC]). Eine Kollaboration im Lieferantenmanagement realisiert sich in der Regel im Zusammenhang mit Überlegungen zur Reduzierung der Fertigungstiefe oder im Zusammenhang mit Bestrebungen, die Beschaffung zu optimieren bzw. zusätzliche Potenziale und Synergien zu erschließen (Hofbauer et al. 2013). Dieses geschieht durch langfristige und bindende Verträge oder Absichtserklärungen (engl. Global Partnership Agreement oder Long Term Agreement). So werden beispielsweise ausgewählte Fertigungsfunktionen an Kollaborationspartner ausgelagert, die anschließend auch gemeinsam geplant und überwacht werden können. In der Regel geschieht dieses mit der Bündelung und der Zusage von Einkaufsvolumina über einen längerfristigen Zeitraum von drei bis fünf Jahren, in besonderen Fällen sogar zehn Jahre (Helmold 2013). Im auslagernden Unternehmen kommt es dabei zu einer Verlagerung von Aufgaben aus der Produktion (engl. Make) in den Verantwortungsbereich der Beschaffung (engl. Buy). Daher werden strategische Entscheidungen auch oft als „Make or Buy" beschrieben (Helmold und Terry 2016). Die Kollaboration zwischen Lieferanten und Abnehmern im Bereich der Produktion bezieht sich auf ihre Zusammenarbeit bei Produktionsprozessen und die dadurch entstehenden Logistikprozesse, um die Produktionskosten sowie die gesamten Prozesskosten zu reduzieren und die Kapazitätsauslastung zu erhöhen. Aufeinander koordinierte Produktionsprogramme können Inhalt einer Kollaboration sein, innerhalb dieser sich die Partner auf die Fertigung bestimmter Produktgruppen spezialisieren und daraus eine Produktpalette oder durch deren Zusammenbau ein absatzfähiges Produkt entsteht (Helmold 2013). Bombardier Transportation bezieht beispielsweise Wagenkästen mit Isolierung und Kabelkonfektionierung aus China von dem Hersteller Bombardier Sifang, einem Joint Venture in China. Dieser wiederum erhält Teile von anderen Lieferanten aus diversen Orten in China und Europa (Helmold 2013). Daimler hat ein ähnliches Modell für diverse Fahrzeugplattformen (Helmold 2010). Eine zweite Möglichkeit ist die kollaborative Nutzung von Betriebsmitteln und Produktionsanlagen, z. B. bei sehr teuren Produktionsprozessen die für die einzelnen Unternehmen nicht allein getragen werden könnten. Die Verteilung der Aufgaben (Auslagerung von Montageschritten, eine beidseitige Spezialisierung auf jeweils ein Produkt usw.) wird nach Kernkompetenzen unter den Partnern aufgeteilt (Helmold 2011). Dabei spielt die Logistik eine sehr wichtige Rolle, um zeitlich und räumlich verteilte Wertschöpfungsaktivitäten zu verbinden (Helmold und Terry 2016). Es werden z. B. die gemeinsam produzierten Komponenten und Module oder ausgelagerte Teile der verschiedenen Logistikkonzepte benötigt. Dieses geschieht meist durch Just-in-Time (JIT) oder Just-in-Sequence (JIS), Kanban-Prozesse (Helmold und Terry 2016). Dies wiederum erfordert, dass ausgewählte Lieferanten oder Logistikdienstleister in der Nähe von Herstellern angesiedelt sind, um ihre Teile bzw. Module sequenzgenau an die Montagelinien zu liefern (JIT, JIS) oder den kontinuierlichen Ablauf des Kanban-Systems sicherzustellen (Helmold und Terry 2016). Über die Vorteile von Lieferantenintegration gibt es in der Wissenschaft und Praxis viel Literatur, jedoch zeigen die Gespräche mit Führungskräften aus der Industrie, dass dieser Wechsel vom individuellen Arbeiten hin zur Kooperation mit Lieferanten einfacher gesagt als getan ist (Helmold und Terry 2016). Andere Autoren haben ähnliche Beobachtungen gemacht (Hofbauer et al. 2012). In zahlreichen Unternehmen hat das das Lieferantenmanagement noch nicht den Stellenwert, dass andere Funktionen noch primär auf oberflächliche Preisvorteile fokussieren (Helmold und Terry 2016) ohne Aufqualifizierungskosten und Faktoren mit in Betracht zu ziehen Abb. 1.16 (Helmold und Terry 2016). Konsequenterweise gibt es wichtige Faktoren und Informationen, die für eine erfolgreiche Zusammenarbeit und für langfristige Beziehungen zwischen Firmen und ihren Lieferanten notwendig sind (Helmold und Terry 2016). Die Teilung von Informationen muss bi- bzw. multidirektional sein, d. h. beide Seiten müssen ihre Informationen miteinander teilen (Hofbauer et al. 2012; Dust et al. 2010). Dies betrifft allgemeine Informationen wie Lagerbestände, Prognosen, Verkaufs- und Marketing-Strategien um alltägliche Leistungen ausführen zu können. Neben den alltäglichen Informationen können auch strategische Informationen für eine erfolgreiche und langfristige Zusammenarbeit notwendig sein, wie Marktstrategien, Finanz- und Technologieinformationen oder Produktneuheiten. Um alle Informationen schnell und rechtzeitig teilen zu können, spielen Technologien eine große Rolle. Schnellerer Zugriff auf Informationen und damit schnellere Entscheidungen sind insbesondere wichtig, wenn eine Entscheidung von einer Seite die folgenden Entscheidungen der anderen Seite beeinflusst (Hofbauer et al. 2012). Abb. 1.16 zeigt die Evolution des Lieferantenmanagements in China. Der Umfang der Beschaffung hat sich von einem „Low Cost Country Sourcing" (Beschaffung zu den niedrigsten Kosten [LCCS]) zu einem kundenorientierten „Design-to-demand" (Beschaffung von kundenspezifischen Produkten) verändert. Somit haben sich auch die Anforderungen an das Lieferantenmanagement gewandelt (Helmold 2016).

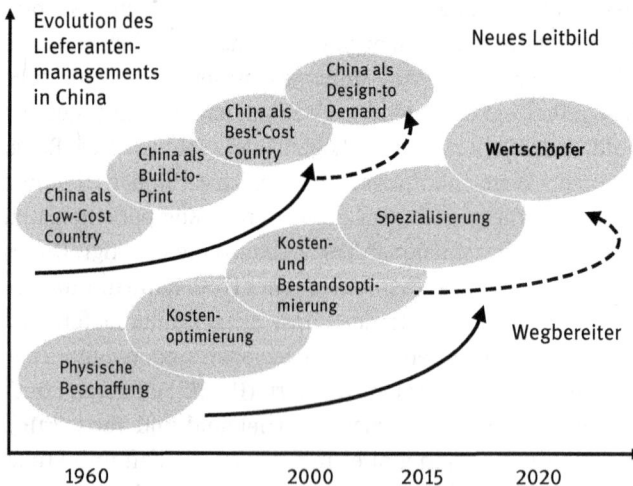

Abb. 1.16: Evolution des Leitbildes im Lieferantenmanagement (Eigene Darstellung in Anlehnung an Helmold (2016))

Zielübereinstimmungen beziehen sich auf Intensität der Zielvereinbarung zwischen den Partnern und wird verwendet um die Qualität zwischen den Beteiligten der Lieferkette zu messen. Die Zielübereinstimmungen beinhalten das Verständnis der Notwendigkeit von gemeinsamen Vereinbarungen entlang der Wertschöpfungskette, um Opportunismus zu verringern, Erwartungen von den Partnern deutlich zu machen und die Ziele von Partnern zu verstehen und zu helfen sie zu erreichen. Ebenfalls Bedürfnisse und Fähigkeiten voneinander zu verstehen, um eine klare Vorstellung der Strategie für die beteiligten zu definieren (Helmold 2013; Liker und Choi 2005).

In der Entscheidungssynchronisierung werden sowohl operative Aktivitäten als auch die gemeinsame Planung von den Partnern koordiniert, um die Vorteile entlang der Wertschöpfungskette zu optimieren. Um eine hochwertige Entscheidung zu treffen, sollten die Unternehmen und deren Lieferanten ihre Pläne und Informationen kombinieren, Konflikte überwinden, Verfahren, Regeln und Abläufe festlegen. Bei der Planung wird festgelegt wie gemeinsame Ressourcen effektiv verwendet werden können, um die Ziele zu erreichen. Dabei müssen Aktivitäten und Kapazitäten von allen Partnern angepasst werden. Ebenso sollten regelmäßig gemeinsame Verbesserungsworkshops durchgeführt werden (Helmold und Terry 2016). Die Anreizausrichtung bezieht sich auf die gleichmäßige Verteilung von Kosten, Risiken und Vorteilen auf die Partner der Lieferkette und umfasst auch die Kalkulation und Entwicklung von Anreizsystemen (Helmold 2013). Ein erfolgreicher Einsatz der Supply Chain Partnerschaft setzt voraus, dass die Verluste und Gewinne, sowie die Ergebnisse der gemeinsamen Arbeit, gerecht auf die Partner verteilt werden (Helmold und Terry 2016). Jedes Mitglied der Kollaboration soll so viel bekommen bzw. geben, wie er beigetragen hat, empfehlen zahlreiche Autoren (Helmold 2013). Diese Verteilung ist Aufgabe des Lieferantenmanagements. Ressourcen-Sharing bezieht sich auf die Prozesse der Hebelwirkung von Vermögen und Zusammensetzung von Vermögensinvestitionen entlang der Wertschöpfungskette. Ausrüstung bzw. Betriebsmittel, Einrichtungen und Technologien gehören zur Hebelwirkung von Vermögen. Ein Lieferant investiert z. B. in Equipment, das für einen bestimmten Kunden benötigt wird oder eine Firma investiert in benötigtes Equipment, das beim Lieferanten benutzt wird. Die Investitionen in Vermögenswerte umfassen sowohl finanzielle als auch nicht finanzielle Investitionen, wie Zeit, Geld, Weiterbildung usw. und sind sehr wichtig für eine erfolgreiche Zusammenarbeit. Eine gemeinsame Generierung von Wissen bezieht sich auf die Prozesse, mit denen die Partner ein besseres Verständnis und eine schnellere Reaktion auf Markt- und Wettbewerbsumfeld bei gemeinsamer Arbeit entwickeln. Das Generieren und Transferieren von Wissen zwischen Unternehmen und Lieferanten ermöglicht neue Produktentwicklungen, bessere und schnellere Reaktion auf Kundenwünsche und die Schaffung von Innovationen. Gemeinsame Lehreinrichtungen und die Verfolgung von gleichen Zielen sind hier eine der Schlüsselvoraussetzungen für die Kollaboration (Helmold und Terry 2016; Liker und Choi 2005; Colicchia und Strozzi 2012). Unter gemeinsamer Kommunikation versteht man die Informationsübermittlung entlang der Supply Chain Partner in Hinsicht auf Frequenz, Richtung, Methode und

Einflussart. Die gemeinsame Kommunikation kann man sich als Übertragungskanal vorstellen, in dem Informationen geteilt, Ziele abgestimmt, Entscheidungen synchronisiert, Anreize ausgerichtet, Ressourcen koordiniert und gemeinsames Wissen erzeugt wird . Im Kapitel 5 wird detailliert auf die Digitalisierung im Lieferantenmanagement und Industrie 4.0 eingegangen. In diesem Kontext wird das digitale Netzwerk SupplyOn vorgestellt (SupplyOn 2016). Industrie 4.0 und SupplyOn stellen eine digitale Vernetzung von Wertschöpfungspartnern innerhalb der Lieferkette sicher (Dust 2009; Helmold und Terry 2016). Diese Vernetzung startet beim Endkunden und reicht bis über Distributoren, Frachtführer, Läger und Lieferanten bis hin zum Rohmaterialienlieferanten (Logistikverband Deutschland 2010; SupplyOn 2016; Helmold und Terry 2016).

2 Wettbewerbsvorteile durch Sourcing in China

2.1 Die richtige Einkaufsstrategie in China

Bei der Auswahl der richtigen Beschaffungsstrategie in China sind einige Determinanten und Aspekte zu berücksichtigen (Helmold 2013). In Anlehnung an Löckstrom und Moser (2014) gibt es mehrere Möglichkeiten der Beschaffung in China über die direkte oder indirekte Beschaffung (Löckstrom und Moser 2009). Direkte Beschaffung beinhaltet die unmittelbare Einschaltung des Lieferantenmanagements und den direkten Kontakt mit dem Lieferanten (Helmold und Terry, 2016a). Bei der indirekten Beschaffung werden Zwischenstufen und Drittparteien mit eingebunden. Unternehmen und Mittelständler mit fehlender Erfahrung und Infrastruktur tendieren am Anfang der Internationalisierung zum meist indirektem Einkauf (Helmold und Terry 2016), wogegen multinationale Unternehmen wie Daimler, Ford, Siemens, Bombardier oder die Deutsche Bahn ein internationales Einkaufsbüro in China haben (Helmold und Terry 2016).

Direkte Beschaffung als Teilfunktion des strategischen Lieferantenmanagements oder Einkaufs

Die Beschaffung wird durch eine autonome und autarke Einheit des strategischen Einkaufs oder des „Lead-Buyer Netzwerks" mit voller Verantwortung der Auswahl, Qualifizierung und Steuerung der Lieferanten in China vollzogen. Chinesische bzw. lokale Einkäufer sind der alleinige Ansprechpartner für die Lieferanten in China, übergreifend für alle anderen Organisationseinheiten (Helmold und Terry 2016). In zahlreichen Einkaufsbüros ist nur das Management aus Nicht-Chinesen besetzt, um eine Gewährleistung der Schnittstelle zu der Heimatorganisation zu gewährleisten (Helmold und Terry 2016). Oft werden auch Controlling-Funktionen aus der Heimatorganisation besetzt, um eine transparente Kosten- und Leistungsrechnung zu gewährleisten.

Direkte Beschaffung über ein Einkaufsbüro in China (engl. International Procurement Organization oder China Sourcing Office)

Bei technisch anspruchsvollen Produkten lohnt sich hier die Integration der Entwicklungs-, Logistik- und Qualitätsfunktionen in die Einkaufsorganisation. Einkaufsbüros wie das von Siemens, der Deutschen Bahn oder von Bombardier Aerospace oder Transportation berichten an den strategischen Einkauf der jeweiligen Unternehmen und Zentralen in Europa (Helmold und Terry 2016).

DOI 10.1515/9783110490336-002

Direkte Beschaffung durch ein Vertriebsbüro oder eine Filiale
Bei einem anderen Prinzip der direkten Beschaffung erfolgt die Beschaffung durch eine Filiale in China oder einen Kooperationspartner (z. B. Joint Venture). Teilweise kann die Beschaffung auch durch ein Vertriebsbüro getätigt werden, die kleinere Umfänge in China einkaufen. Aufgrund der fehlenden Erfahrung werden meist einfache Artikel oder Katalogprodukte durch diese Art der Beschaffung bezogen (Helmold und Terry 2016).

Direkte oder indirekte Beschaffung
Beschaffung in einem kleinen Umfang kann auch durch Vertriebsfilialen und Verkaufsbüros getätigt werden. Hier bezieht sich die Beschaffung meist auf einfache Produkte oder Katalogumfänge. Ebenso können Partnerunternehmen oder sogar Zulieferer, die den lokalen Markt kennen, in kleinen Umfängen Beschaffungen für die Kunden übernehmen.

Indirekte Beschaffung durch Drittpartei
Beschaffung durch eine dritte Partei (engl. 3rd Party Sourcing). Dienstleiter und Einkaufsprofis bieten diese Leistungen für Unternehmen an, die noch keinerlei Erfahrungen mit China haben. Die „German Centre" in China bieten in ihrem Portfolio Beschaffungsdienstleistungen, insbesondere für Mittelständler für chinesische Produkte an (Helmold und Terry 2016). Ebenso bieten sie Arbeitsleistungen und Maschinenparks für deutsche Unternehmen an, die in China fertigen wollen, aber aufgrund der hohen Investitionen keinen eigenen Standort aufbauen können oder wollen. Abb. 2.1 zeigt die direkten und indirekten Beschaffungsmöglichkeiten in China (Helmold und Terry 2016). Die direkte Beschaffung ist gekennzeichnet durch hohe Fixkosten durch die Etablierung einer funktionsfähigen Organisation. Im späteren Verlauf des Buches in Kapitel 5 wird detailliert auf das Thema Einkaufsbüro in China eingegangen.

2.2 TCO und Aufqualifizierungskosten

Im Zeitalter globalisierter und digitaler Beschaffungsmärkte wird seit geraumer Zeit im Lieferantenmanagement größerer und mittelständischer Unternehmen der Ansatz der Gesamtkostenbetrachtung (engl. Total Cost of Ownership [TCO]) zunehmend thematisiert. TCO im Lieferantenmanagement beschreibt dabei alle Kosten, die mit der Entwicklung der Produkte, der Lieferantenauswahl, der Bestellung, der Beschaffung, der Lagerhaltung, der Weiterverarbeitung und dem „After Sales Service" von Einkaufsteilen verbunden sind (in Anlehnung an Hofbauer et al. 2012). Das TCO-Prinzip betrachtet Gesamt- und Prozesskosten zweidimensional. Bei der

Beschaffung in China sind hier insbesondere Aufqualifizerungs- und Logistikkosten zu betrachten (Helmold und Terry 2016). Aufqualifizierungskosten sind die Kosten, die ein Unternehmen hat, um einen Lieferanten zu qualifizieren oder zu entwickeln. Erfahrungsgemäß haben chinesische Unternehmen neben der sprachlichen Barriere einen höheren Aufwand an Ressourcen, um Kundenanforderungen, Qualitätsstandards oder Produktspezifika zu verstehen. Die Logistikkosten umfassen Verpackung, Transport, Lagerung oder Verzollung. Abb. 2.2 zeigt, dass viele Kosten im Lieferantenmanagement nicht direkt sichtbar sind, aber unter Gesamtkostengesichtspunkten mit in die Analyse oder Lieferantenauswahl einfließen müssen (Helmold und Terry 2016; Hofbauer et al. 2012). Für ein optimales Lieferantenmanagement der Zukunft und unter Berücksichtigung der langfristigen Wettbewerbsfähigkeit ist es zwingend notwendig, dass Unternehmen einen TCO-Ansatz in ihr Lieferantenmanagement einführen. Noch immer werden Lieferantenentscheidungen vornehmlich auf Basis niedriger Einstandspreise getätigt, ohne dabei Mehrkosten für Nacharbeit, Lieferantenentwicklung und internen Aufwand zu berücksichtigen (Helmold und Terry 2016). Hofbauer et al. (2012) betonen, dass Preis und Qualifizierungskosten nur die Spitze des Eisberges sind.

Abb. 2.1: Beschaffungsstrategien in China (Eigene Darstellung in Anlehnung an Helmold (2016))

Abb. 2.2 zeigt, dass wie bei einem Eisberg zahlreiche Kosten auf den ersten Blick nicht sichtbar und transparent sind (Helmold und Terry 2016). Neben dem Preis sind dies Aufwände für Übersetzer, Nacharbeitungskosten, Mehraufwand für Qualifizierungsmaßnahmen, Rückrufmaßnahmen oder Audits. Qualifizierungskosten sind Kosten, die für eine stabile und robuste Entwicklung des Lieferanten hinsichtlich der Qualitäts- und Logistikleistung unternommen werden müssen. Das vordringliche Ziel ist die Niedrighaltung der Aufqualifizierungskosten. Aufqualifizierungskosten sind Lieferantenauditkosten, Aufwendungen für Audits und Lieferantenentwicklungsmaßnahmen oder Kosten durch hohe Ausschussraten (Helmold und Terry 2016). Empirische Studien zeigen, dass Lieferantenentwicklungskosten bis zu 40 % des Stückpreises ausmachen können.

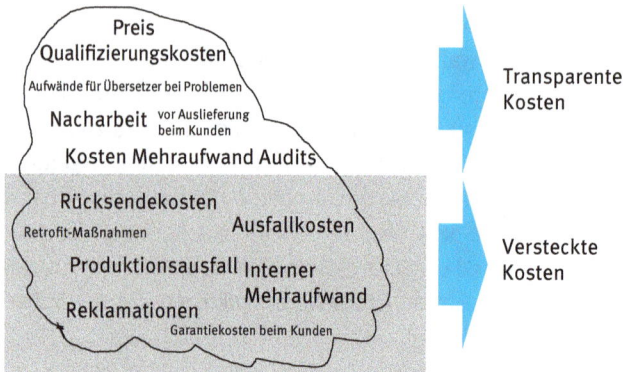

Abb. 2.2: Gesamtkostenbetrachtung (Eigene Darstellung in Anlehnung an Helmold und Terry (2016))

Abb. 2.3 zeigt exemplarisch die Gesamtkostenbetrachtung dreier Lieferanten. Vereinfacht bestehen die Gesamtkosten (TCO) aus
- dem Angebotspreis ab Werk,
- dem Transport (Logistik) und der Verpackung sowie
- den (Auf)qualifizierungskosten

in den Farben rot, grün und orange. Alle Lieferanten haben innerhalb der gleichen Spezifikation, also zu gleichen Bedingungen und Anforderungen, angeboten (Helmold und Terry 2016). Obwohl Lieferant 3 den niedrigsten Angebotspreis hat und die Elemente Transport/Verpackung kostengünstig sind, sind die Qualifizierungskosten so hoch, dass unter der Betrachtung der Gesamtkosten der Lieferant 3 nicht den Auftrag erhalten darf (Helmold und Terry 2016).

Bei näherer Betrachtung und Analyse wird ersichtlich, dass Lieferant 1 durch niedrige Aufqualifizierungskosten am kostengünstigsten ist. Die Lieferantenauswahl muss unter der Gesamtkostenbetrachtung bei Lieferant 1 liegen.

Jedoch zeigt die Erfahrung aus der Automobil- oder Bahnindustrie, dass chinesische Lieferanten flexibel sind und schnell lernen, kundenspezifische Anforderungen für ausländische Kunden nachhaltig umzusetzen (Helmold 2016). Abb. 2.4 zeigt ein konkretes Fallbeispiel aus China, in dem sich die Beschaffung unter Erwägung der Gesamtkosten in diesem Fall doch lohnen kann. Der Kunde sitzt in Deutschland im Rhein-Main-Gebiet. Im Vergleich stehen fünf Lieferanten. Zwei Lieferanten kommen aus Mitteleuropa, Deutschland und Frankreich. Die anderen Lieferanten sind in den sogenannten Low Cost Countries (Niedrigkostenländer) oder Best Cost Countries ansässig und haben ihre Produktionswerke in Osteuropa und China. Die europäischen Lieferanten in den Hochlohnländern sind teurer im direkten Vergleich der Stückkosten, wie Abb. 2.4 zeigt (Helmold und Terry 2016). Volkswirtschaftlich gesehen sind Löhne, Gehälter und andere Faktorkosten wie Energie höher in Deutschland als in osteuropäischen Ländern oder China (Helmold und Terry 2016). Das zweite Kostenelement in der Betrachtung sind die Logistikkosten, die aus China im Vergleich zu den heimischen Lieferanten in Deutschland/Osteuropa natürlich höher sind. Logistikkosten sind normalerweise Kosten für Verpackung, Transport, Verzollung, Umschlag, Distribution oder Lagerung (Helmold 2016). Unter diesen Gesichtspunkten ist eine Sourcing-Entscheidung nach kaufmännischen und betriebswirtschaftlichen Regeln für den Lieferant 4 oder Lieferanten 5 aus China durchaus sinnvoll (Helmold und Terry 2016). Jedoch müssen noch weitere Aspekte und Determinanten, z. B. Aufqualifizierungskosten, in den Angebotsvergleich mit einbezogen werden (Helmold und Terry 2016; Hofbauer et al. 2012).

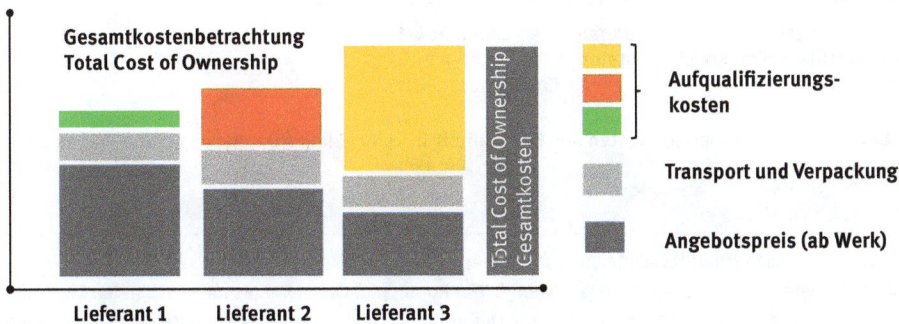

Abb. 2.3: Gesamtkostenbetrachtung mit Qualifizierungskosten (Eigene Darstellung in Anlehnung an Helmold (2016))

Spätestens ab hier sind das Lieferantenmanagement und das Lieferantencontrolling gefragt, eine realistische Aussage über die Qualifizierungskosten zu machen (Helmold und Terry 2016). Bei einer proaktiven Lieferantenentwicklung sind bis zu 40 % Einsparungen möglich, bei Neulieferanten ohne jegliche Erfahrung werden jedoch i. d. R. in dieser Höhe Aufqualifizierungskosten anfallen (Helmold 2010). In dem konkreten Fall ist die Entscheidung für den chinesischen Lieferanten gefallen, da vorherige Lieferungen und Projekte anhand von Kriterien aus dem Lieferantencontrolling und der Lieferantenbewertung vorbildlich abgearbeitet worden sind (Helmold 2013). Durch gemeinsame Workshops in den Bereichen schlanke Fertigung, Preis-Wert-Analysen und gemeinsame Qualitätsworkshops konnten die Aufqualifizierungskosten niedrig gehalten werden, so dass sich unter TCO-Gesichtspunkten die

Entscheidung für den chinesischen Lieferanten gelohnt hat (Helmold und Terry 2016; Helmold 2016). Auch heute besteht eine tiefe Partnerschaft mit dem Lieferanten aus Changzhou und Ningbo (Helmold und Terry 2016).

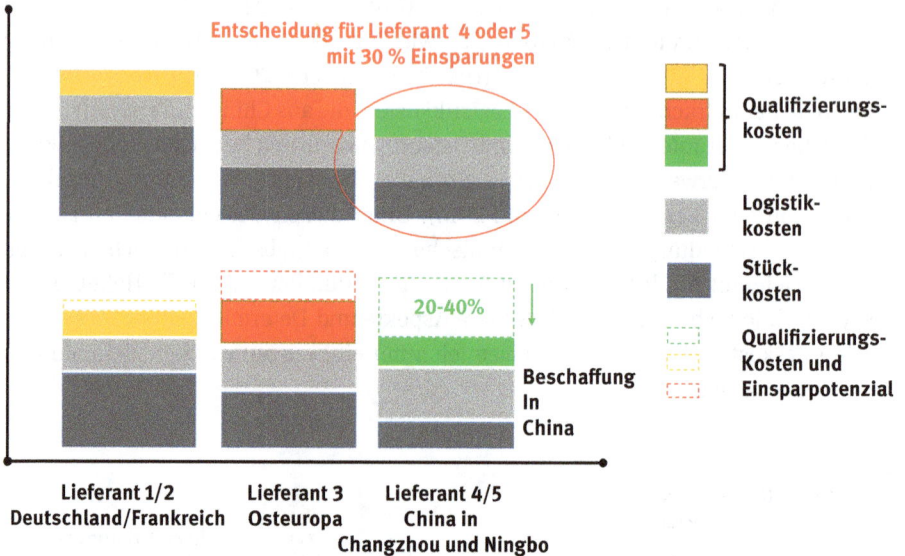

Abb. 2.4: Aufqualifizierungskosten und Beschaffung in China (Eigene Darstellung in Anlehnung an Helmold und Terry (2016))

Fallstudie: Geschäftsprozessanalyse von Siemens (Prozess-Strukturanalyse)

Abb. 2.5 zeigt den Visualisierungsraum (engl. War Room; jap. Obeya) eines internationalen Einkaufsbüros in China. Die Visualisierung sowie die Definition sinnvoller Strategien und Kennzahlen sind ein geeignetes Werkzeug im Lieferantenmanagement. Insbesondere durch die Größe des Landes kann eine Karte mit den strategischen Lieferanten als sinnvoll betrachtet werden (Helmold und Terry 2016).

Stephan Blank und Christian Seider haben im Rahmen einer Studie von Siemens ein Modell der Geschäftsprozessanalyse entwickelt (Blank und Seider 2016; die genaue Studie ist im Magazin des BME, Beschaffung aktuell, abrufbar). Das Modell zielt auf die Identifikation von wertschöpfenden und nicht-wertschöpfenden (Verschwendung, die in offener und versteckter Verschwendung unterteilt werden kann) Prozessen innerhalb einer breiten Prozessanalyse des Lieferanten. Die Autoren erwähnen, dass es grundsätzlich zwei Möglichkeiten gibt, die Prozesse und Organisation eines Unternehmens darzustellen. Controller unterscheiden zwischen einer funktionalen und einer prozessualen Analyse (Helmold und Terry 2016). Die funktionale Sichtweise stützt sich auf das Organigramm als das bevorzugte Abbild des Unternehmens. Die prozessuale Sichtweise hingegen fokussiert sich auf die Arbeit an sich anstatt auf Organisationsstrukturen. Die Prozesssicht identifiziert auf mehreren Ebenen die Hauptelemente der Arbeit, welche die Mitarbeiter verrichten müssen, damit der betriebliche Ablauf funktioniert. Prozesse werden auf mehrere Ebenen heruntergebrochen (Prozesse auf Ebene 1, 2, ..., Aktivitäten). Die Sammlung der Aktivitäten, die einen Prozess bilden, ist der eigentliche Fokus dieser Analysen. In der Praxis unterscheidet man zweierlei Gründe, um eine Geschäftsprozessanalyse durchzuführen (Blank und Seider 2016).

Abb. 2.5: Visualisierungsraum Bombardier China (Foto: Helmold (2016))

– Eine Geschäftsprozessanalyse untersucht alle Teilprozesse nach Wertschöpfung und Verschwendung.
– Eine Geschäftsprozessanalyse bewertet Prozesse monetär.
– Eine Geschäftsprozessanalyse hat das Ziel im Lieferantenmanagement, Transparenz innerhalb der Geschäftsprozesse von Lieferanten zu schaffen und so Prozesse und Durchlaufzeiten zu optimieren.
– Eine Prozessanalyse unterstützt die Transparenzmachung von Aufqualifizierungskosten bei der Auswahl der Lieferanten.
– Ebenso dient die Geschäftsprozessanalyse die Prozessqualität oder die betriebliche Leistung zu verbessern. Die Geschäftsprozessanalyse ist eine Coachingmaßnahme im Lieferantenmanagement.
– Eine Geschäftsprozessanalyse kann jederzeit als Präventivmaßnahme herangezogen werden, um eine Prozesskostenrechnung innerhalb von Wertschöpfungsketten, „Performance-Messung" innerhalb der Lieferkette oder gemeinsame Entscheidungsfindungen mit den Lieferanten durchzuführen.

3 Kulturelle Aspekte im Lieferantenmanagement

3.1 Beziehungsmanagement als Erfolgsfaktor in China: Guanxi

In der Forschung wird diskutiert, woher die Ursprünge des Guanxi kommen (ICC Portal 2013). Einige Forscher konstatieren, dass die Anfänge des Guanxi aus dem Konfuzianismus entstanden sind. Andere Denkschulen argumentieren, dass sich das Guanxi durch das kommunistische System stark verbreitet hat (ICC Portal 2013). Guanxi (chin. 關係/关系) bezeichnet Aspekte wie:

- Netzwerk
- Beziehungen
- Kollaboration
- persönliche Beziehung
- Zusammenarbeit
- Vitamin B
- Reziprozität

Abb. 3.1 zeigt den General Manager des Lieferanten Midas, einer der weltweit führenden Produzenten von Aluminiumprodukten, und Dr. Marc Helmold, Leiter des China Einkaufsbüros von Bombardier Transportation von 2013 bis 2016. Das Beziehungsmanagement in China (engl. Supplier Relationship Management) ist der erste Schritt und einer der wichtigsten Teilprozesse im Lieferantenmanagement (Helmold 2016).

Guanxi wird in westlichen Ländern sehr oft mit Korruption verwechselt, hat aber eine ganz andere Bedeutung (Helmold 2016). Guanxi besteht meist aus zwischenmenschlichen Beziehungen und weniger Organisationen oder Gruppen. Die Grundstruktur besteht darin, sich durch Leistungen und Gegenleistungen gegenseitig zu unterstützen (Helmold und Terry, 2016b). Beziehungen werden zu Partnern, Freunden, Geschäftspartnern, Kollegen oder Familienmitgliedern aufgebaut und gepflegt mit dem Ziel sich gegenseitig zu unterstützen. Was einfach klingt, ist leider für Nicht-Chinesen sehr oft schwierig zu verstehen oder umzusetzen (Helmold und Terry 2016). Bestehen gute Guanxi-Beziehungen, so können gemeinsame Pläne oder Geschäfte abgewickelt werden. Bestehen keine oder unzureichende Guanxi-Beziehungen, so wird es i. d. R. nicht zur Geschäftsanbahnung kommen (Helmold und Terry 2016). Im Falle, dass die Beziehungen gut sind, können die Guanxi-Netzwerke auf andere Mitglieder oder Personen ausgeweitet werden. Abb. 3.2 zeigt das Beispiel der Guanxi-Netzwerke. Guanxi-Netzwerke haben meist Ursprünge aus Familie, Freundeskreis, Schule, Universität oder der Arbeit heraus und werden für westliche Ausländer meist unbemerkbar eingesetzt (Helmold und Terry 2016). Wie beschrieben steht Guanxi in einem Reziprozität- oder Gefälligkeitsverhältnis. Wenn eine Gefälligkeit erbracht wird, muss zu einem späteren Zeitpunkt eine adäquate Gegenleistung erbracht werden. Ebenso sind regelmäßige (geringwertige) Geschenke ein wichtiger Faktor, um das Beziehungsnetzwerk aufrechtzuerhalten (Helmold und Terry 2016).

DOI 10.1515/9783110490336-003

Abb. 3.1: Mr. Li, General Manager Midas, und Dr. Marc Helmold (Foto: Helmold (2016))

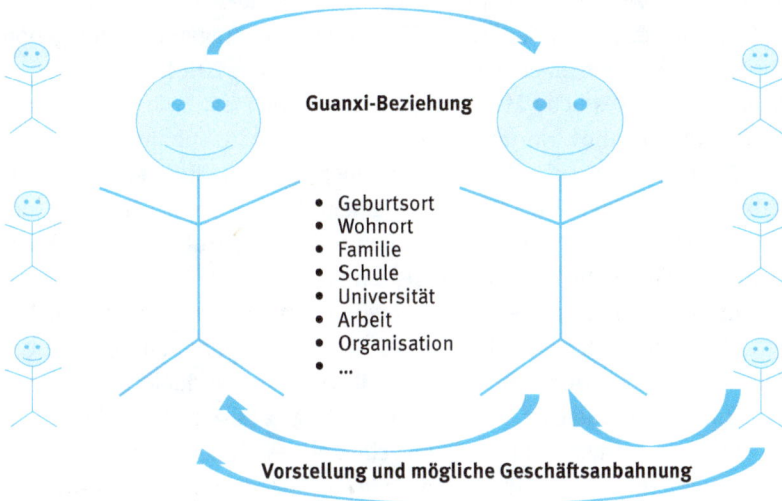

Abb. 3.2: Guanxi-Beziehungen in China (Eigene Darstellung in Anlehnung an Helmold und Terry (2016))

Neben dem Guanxi gibt es noch weitere Begriffe wie: Xing Yong und Mian Zi. Xing Yong (dt. Glaubwürdigkeit oder Kredibilität) bedeutet die Glaubwürdigkeit einer bestimmten Person. Ist eine Person für eine andere Person nicht aufrecht oder glaubwürdig, so wird sich keine Beziehung entwickeln können. Mian Zi (Vertrauen und nicht sein Gesicht zu verlieren) bedeutet, dass man einer anderen Person vertraut. Das Vertrauen beruht darauf, dass man sich stets gegenseitig respektiert und einen Gesichtsverlust vermeidet (Helmold und Terry 2016) Gesichtsverlust ist einer der schwerwiegendsten Fehler, die viele Europäer oder Amerikaner machen können (Helmold und Terry 2016).

3.2 Empfehlungen für den Umgang mit Lieferanten in China

Wenn sich zwei Parteien in China kennenlernen, um ein Geschäft anzubahnen, müssen persönliche Guanxi-Beziehungen aufgebaut werden. Werden diese Guanxi-Beziehungen nicht aufgebaut, wird es keine Geschäftsanbahnung geben (Helmold und Terry 2016). Im Geschäftsverkehr und Lieferantenmanagement ist es daher notwendig, mit der Schlüsselperson (Entscheider) des Lieferanten diese persönliche Beziehung aufzubauen (Helmold und Terry 2016). Bevor die Schlüsselperson jedoch angesprochen wird, ist es zwingend notwendig, den sogenannten Türöffner bzw. Wegbereiter zu identifizieren (Helmold und Terry 2016). Wegbereiter können Universitätsfreunde, Familienmitglieder oder Geschäftspartner sein. Oft findet das erste Treffen nicht im Unternehmen, sondern auf dem Golfplatz, auf dem Tennisplatz oder im Restaurant statt (Helmold, 2016). Durch Geschenke oder Gefälligkeiten kann man dem Wegbereiter seinen Respekt zeigen, um den ersten Kontakt anzubahnen. Bei dem ersten Treffen werden die Aufrichtigkeit und die Vertrauenswürdigkeit geprüft (Xing Yong). Sehr oft werden vor dem ersten Treffen Erkundigungen in dem eigenen Netzwerk über die andere Person eingeholt (Helmold und Terry 2016).

Die Frage, die sich westliche Manager in China stellen ist, „wie man Guanxi aufbauen und gestalten kann". Normalerweise finden Geschäftsanbahnungen beim Essen statt, ggf. auch bei Veranstaltungen (Fußballspiel, Vorstellung etc.) oder auf dem Golfplatz (Helmold und Terry 2016). Bei einem Geschäftsessen hat man die beste Möglichkeit, sich gegenseitig zu beobachten und kennenzulernen. Hier kann man sehen, ob die Kriterien für Guanxi von beiden Seiten erfüllt werden oder nicht. Die Esskultur in China ist fundamental verschieden von westlichen Kulturen. Die Sitzordnung spielt eine entscheidende Rolle in der Geschäftsanbahnung, wie die Abb. 3.3 (Helmold) und 3.4 (Helmold und Terry 2016) zeigen. Normalerweise sitzen die wichtigsten Gäste neben dem Entscheider (der wichtigste Gast, z. B. der Geschäftsleiter einer Firma, sitzt immer rechts vom Entscheider des chinesischen Unternehmens). Daneben können enge Mitarbeiter oder die Übersetzer sitzen. Links sitzt der zweitwichtigste Gast, ggf. der Stellvertreter des Geschäftsleiters. Nach alter Tradition in China wird man immer entgegen der Tür sitzen, meist in südlicher Richtung. Gegenüber vom Entscheider sitzt die Person, die die Bewirtung begleichen wird, meist der Stellvertreter des Entscheiders der chinesischen Firma (Helmold und Terry 2016). Gastfreundschaft wird in China sehr groß geschrieben, so dass alle Beteiligten warten, bis der Gast anfängt zu essen. Er wird ebenso als erster bedient.

Abb. 3.3: Lieferant in Changzhou – Sitzordnung in China (Foto: Helmold (2016))

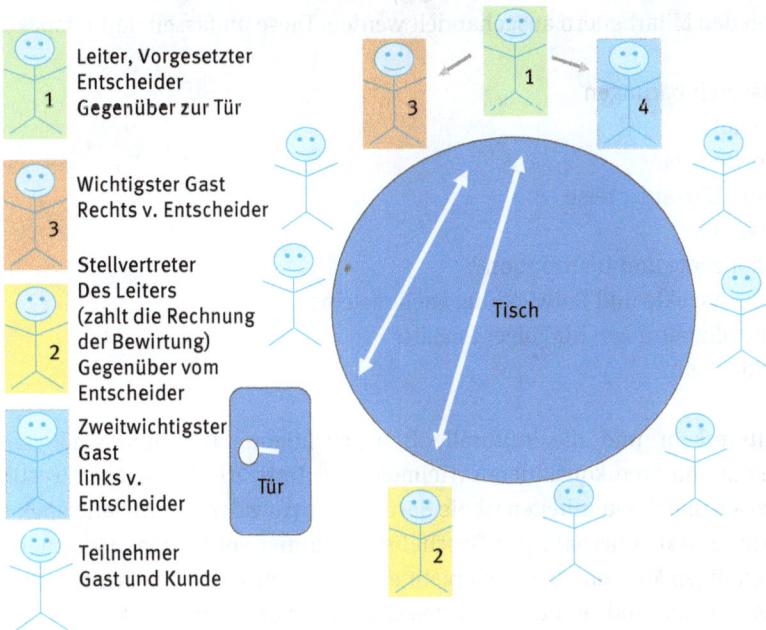

Leiter, Vorgesetzter Entscheider
Gegenüber zur Tür

Wichtigster Gast
Rechts v. Entscheider

Stellvertreter
Des Leiters
(zahlt die Rechnung
der Bewirtung)
Gegenüber vom
Entscheider

Zweitwichtigster
Gast
links v.
Entscheider

Teilnehmer
Gast und Kunde

Tisch

Tür

Abb. 3.4: Sitzordnung – Wo sitzen die Entscheider? (Eigene Darstellung in Anlehnung an Helmold und Terry (2016))

Alkoholverzehr von Wein, Bier oder chinesischem Reiswein ist gerade in ländlicheren Gebieten eine Notwendigkeit, die den meisten Europäern widerstrebt, aber notwendig ist, um das Vertrauen des chinesischen Partners zu erlangen. Hier empfiehlt sich, eine starke lokale Person auszuwählen, die diese Gepflogenheiten kennt und umsetzen kann (Helmold und Terry 2016). Trinken und das Glas in einem Zug zu leeren bedeutet in der chinesischen Kultur den „Respekt zu erweisen". Oft wird dieses mit einem „Gambei" (dt. Prost) getan. Man sollte bei dem Anstoßen der Gläser stets berücksichtigen, dass das eigene Glas unter dem Glas des Entscheiders angestoßen wird. Auch diese Geste bekundet den Respekt für die andere Seite (Helmold und Terry 2016). Westliche Firmen machen sehr oft den Fehler, diese Spielregel nicht einzuhalten, so dass eine Geschäftsanbahnung nicht zustande kommen wird. Ebenso sollten geschäftliche Themen nur am Ende und in Metaphern angesprochen werden. Es ist üblich für Chinesen, auch Familienmitglieder und Freunde einzuladen, die mit der eigentlichen Sache nichts zu tun haben. Gerne wird über Ehepartner, Ehefrau und Kinder gesprochen. Meist benötigt es mehrere Anläufe und Geschäftsessen oder Anlässe mit Freunden oder der Familie, damit ein „geeignetes" und „nachhaltiges" Guanxi aufgebaut werden kann (Helmold und Terry 2016). Nachdem das Guanxi entwickelt worden ist, kann über das Geschäft gesprochen und über die Transaktion verhandelt werden. Die Verhandlungen funktionieren nach dem gleichen Prinzip wie die Geschäftsanbahnung und können sich im Vergleich zu Verhandlungen in Europa über Wochen und Monate hinziehen (Helmold und Terry 2016). Sobald eine adäquate Beziehung zwischen den Entscheidern aufgebaut worden ist, können andere Kriterien zwischen den Mitarbeitern ausgehandelt werden. Diese umfassen dann Aspekte wie:
- Qualitätsvereinbarungen
- Qualitätsziele
- Projektmeilensteine
- Kosten und Einkaufspreise
- Zahlungsziele
- Logistikkonzepte und Distribution
- technische Aspekte und Entwicklungsmeilensteine
- Rahmenvereinbarungen für Folgegeschäfte
- Vertragsklauseln

Der Geschäftsverkehr und die kulturelle Berücksichtigung in China sind sehr komplex, wie die Autoren konstatieren (Helmold und Terry 2016). Entgegen westlicher Denkweisen und Gewohnheiten ist die Berücksichtigung der kulturellen Aspekte der wichtigste Aspekt innerhalb der Geschäftsanbahnung von Geschäftspartnern. Guanxi-Beziehungen können aber auch nicht entstehen, wenn der Partner zu allem Zugeständnisse macht und sein chinesisches Gegenüber der Meinung ist, dass sein Geschäft für beide Seiten nicht gewinnträchtig oder vorteilhaft ist. In diesem Fall würde der Partner sein Gesicht verlieren (chin. diulian, 丢脸).

4 Gegenstand des Lieferantenmanagements in China

4.1 Aufbauorganisation und globale Lieferantenmanagementnetzwerke

Die Aufbauorganisation des Lieferantenmanagements bildet das hierarchische und organisatorische Gerüst einer Organisation und Unternehmung (Emmett und Crocker 2009; Helmold und Terry 2016). Wogegen die Aufbauorganisation die Struktur des Lieferantenmanagements zugrunde legt, bezieht sich die Ablauforganisation auf Prozesse und Aktivitäten (Helmold und Terry 2016). Die Aufbauorganisation legt die organisatorischen Rahmenbedingungen fest, d. h. welche Aufgaben von welchen Funktionseinheiten und Unterabteilungen zu bewältigen sind (Hofbauer et al. 2012). Dagegen regelt die Ablauforganisation die innerhalb dieses Rahmens ablaufenden Arbeits- und Informationsprozesse im Lieferantenmanagement. Unternehmen haben in der Regel eine Linienorganisation oder eine Projektmatrixorganisation. In vielen Fällen gibt es eine Kombination von beiden Organisationsformen (Helmold und Terry 2016). Abb. 4.1 zeigt die Projektmatrixorganisation und die jeweiligen Funktionen.

Funktion	Projekt 1	Projekt 2	Projekt 3	Projekt 4
Projektmanagement				
Forschung und Entwicklung (F&E)				
Qualitätsmanagement				
Lieferantenmanagement Global Regional **China**				
Personal				
Finanz				
Rechtsabteilung				

Abb. 4.1: Projektmatrixorganisation (Eigene Darstellung in Anlehnung an Helmold und Terry (2016))

In der Aufbauorganisation einer Projektmatrixorganisation gibt es für jedes Projekt ein abteilungs- und funktionsübergreifendes (oder crossfunktionales) Team, welches aus den verschiedenen Abteilungen wie Projektmanagement, F&E, Qualitätsmanagement, Logistik und Lieferantenmanagement besteht. Ebenso sind die unterstützenden Abteilungen wie die Finanzabteilung und Controlling oder die Personalabteilung in den meisten Projektteams mit vertreten. In vielen Organisationen hat sich der Begriff

DOI 10.1515/9783110490336-004

„Kernteam" oder „Projektteam" durchgesetzt, in der Luftfahrt oder Automobilindustrie spricht man von sogenannten „Programmteams" (Helmold 2013). Sind in einem Projekt hohe Beschaffungsumfänge aus China gegeben, so macht es Sinn, Projektmitglieder in China in das Projektteam zu integrieren (Helmold 2016). Diese Einbindung führt so zu einer direkten Schnittstelle zu den Lieferanten in China. Die Vorteile einer Projektmatrixorganisation liegen in den kurzen Entscheidungswegen innerhalb des Projektes und lassen sich wie folgt klassifizieren (Helmold und Terry 2016):

– kurze Entscheidungswege durch (meist Koallokation und) gemeinsame Organisationsform;
– Projektorganisationen führen zu integrativen Prozessen: Teambuilding und Gruppenkohäsion führen zu einem „Wir-Gefühl";
– operative Ausrichtung führt zu schnellen Entscheidungen zur Umsetzung von Maßnahmen;
– projektspezifische Materialbudgets schaffen Transparenz über die realen Einkaufskosten für alle Produkte;
– Zusammenarbeit und Lernen voneinander und miteinander aller Bereiche (kein „Silodenken" bzw. autonomes Denken von Abteilungen oder Funktionen, sondern gemeinsames Projektdenken);
– ein Projektteam wird immer Kundenanforderungen und Kundenwünsche in den Vordergrund stellen.

Nachteile einer Projektmatrixorganisation sind:

– mehrere Ansprechpartner für die gleichen Lieferanten bei mehreren Projekten, d.h. es ist kein zentraler Ansprechpartner für Lieferanten vorhanden (engl. Single Point of Contact);
– Volumenbündelung über mehrere Projekte hin schwierig (keine Skaleneffekte), wenn es keine übergreifende Institution gibt, die Volumen durch geeignete Materialgruppenstrategien bündelt;
– Projektausrichtung meist operativ kurzfristig und taktisch orientiert, weniger strategisch und langfristig;
– Projektorganisation meist auf Exekution ausgerichtet, Entscheidungen können nicht im Rahmen eines strategischen Lieferantenmanagements liegen;
– Ressourcen: jedes Projekt hat seinen eigenen Lieferantenmanager;
– kurzfristigere Ausrichtungen bei Lieferantenentscheidungen;
– Lieferantenmanager berichten an Projektmanager und nicht an den Leiter Lieferantenmanagement;
– Entwicklungsmaßnahmen können nicht Experten übergreifend durchgeführt werden, sondern werden aus dem Projekt heraus durchgeführt;
– ökonomische oder andere Risiken bei Engpassmaterialien können aufgrund der operativen Ausrichtung meist nicht strategisch abgedeckt werden;
– präventives Lieferantenmanagement bzw. Risikofilter schwierig auf Projektebene umzusetzen.

Für eine Projektmatrixorganisation und die Sicherstellung einer homogenen Strategieausrichtung im Lieferantenmanagement ist es notwendig, ein Lenkungsgremium (Lenkungsausschuss) einzusetzen (Helmold 2010). Beim Lieferantenmanagement bezeichnet der Begriff Lenkungsausschuss das oberste beschlussfassende Gremium einer Projektorganisation (Aufbauorganisation), welches die Vertreter möglichst aller Beteiligten am Projekt (Interessenvertreter) – zumindest jedoch den Projektleiter und die Funktionsverantwortlichen – umfasst. Alternative Bezeichnungen sind „Steering Committee, Steering Board, Steuerungsausschuss, Lenkungskreis, Steuerungskreis, Control Board oder auch Entscheidungsgremium" (Helmold und Terry 2016). Unternehmen, die ein Lieferantenmanagement der Exzellenz anstreben, müssen regelmäßige Lieferantenlenkungskreise auf höherer Management-Ebene einsetzen, in denen übergeordnete Lieferantenstrategien definiert und umgesetzt werden (Helmold 2009). Aufgrund der Tatsache, dass häufig bereichsübergreifende Entscheidungen getroffen werden müssen, sind im Lenkungsausschuss Mitarbeiter der hierarchischen Spitze anzutreffen. Die Aufgaben sind nachfolgend aufgeführt:
- Definition der Projektaufgabe inklusive Zielsetzungen und geforderter Randbedingungen zur Projektdurchführung;
- Ernennen des Lieferantenmanagers;
- Ressourcenzuteilung;
- Projektstopp bzw. -unterbrechung;
- Budgetfreigabe und -zuweisung;
- Freigabe von Projektphasen im Lieferantenentwicklungsprojekt;
- Festlegen des Beratungsausschusses;
- Einordnen des Projektes in die Unternehmensorganisation sowie Vergabe der Leitungsbefugnis an den Projektleiter;
- Bestimmung nötiger Projektstufen sowie Zwischenentscheidung beim Erreichen dieser Stufen;
- Treffen von Entscheidungen, die außerhalb der Kompetenz des Lieferantenmanagers liegen;
- Setzen von Prioritäten;
- Unterstützung des Lieferantenmanagers;
- Durchsetzen übergeordneter Unternehmensinteressen;
- Entscheidung über das Einsetzen von Experten.

Aufgrund der strategischen Ausrichtung ist es jedoch ratsam für Unternehmen mit einem exzellenten Lieferantenmanagement für strategische Lieferanten und strategische Materialgruppen, die in den späteren Kapiteln behandelt werden, eine Segmentierung und Klassifizierung vorzunehmen, um eine Hebelwirkung zu haben. Ebenso sollten zentral agierende Lieferantenmanager alle Projektbelange übergreifend übernehmen. Im Falle, dass Störungen in der Lieferkette auftreten, berät der Lenkungskreis über die Einbindung des Lieferantenmanagements und die Initiierung eines Lieferantenentwicklungsprojektes. Während des Projektes wird der Lenkungskreis über den Fortgang regelmäßig vom Lieferantenmanager und dem eingesetzten Expertenkreis informiert. Dieser bestimmt ebenso, wann das Lieferantenmanagement entlastet werden kann und das Gesamtprojekt oder das Lieferantenentwicklungsprojekt beendet wird. Neben der Projektmatrixorganisation gibt es die Linienorganisation. Die Linienorganisation berichtet an den Leiter Lieferantenmanagement. Dieser kann auch der „Chief Procurement Officer, Einkaufsvorstand" oder „Ressortleiter Lieferantenmanagement" sein. Abb. 4.2 zeigt eine Linienaufbauorganisation als Beispiel (Helmold und Terry 2016) mit zentraler und dezentraler (regionaler) Ausrichtung. Die Abbildung zeigt die Unterteilung auf globaler und regionaler Ebene in Unterfunktionen wie Angebotsmanagement, indirekter Einkauf, direkter Einkauf, Projekteinkauf und internationale Einkaufsbüros. Zahlreiche Unternehmen haben eine Mischform der Organisationseinheiten (Helmold und Terry 2016). So ist innerhalb Bombardier Transportation das Lieferantenmanagement als Linienorganisation aufgebaut, und das parallel zu Projektorganisationen mit Vertretern des Einkaufs und des Lieferantenmanagements (Helmold und Terry 2016; Helmold 2010). Die projektzugeordneten Projekteinkäufer (engl. Project Procurement Manager) agieren als Bindeglied und Austauschfunktion zwischen dem Projekt und der Linienorganisation (Helmold und Terry 2016). Auch Siemens oder Firmen wie Porsche haben eine ähnliche Mischform der Aufbauorganisation zwischen Linien- und Projektorganisation (Helmold und Terry 2016).

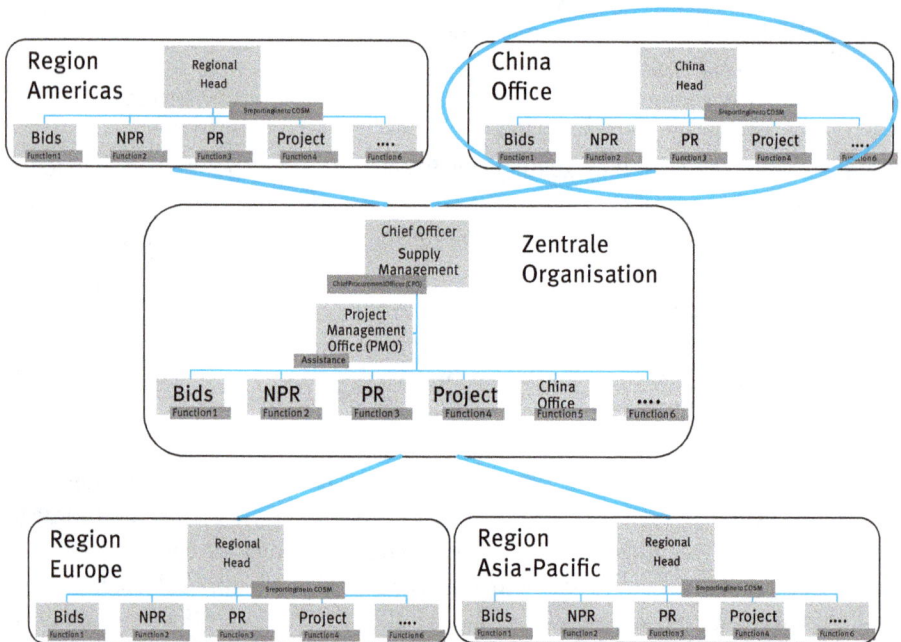

Abb. 4.2: Linienorganisation im Lieferantenmanagement (Eigene Darstellung in Anlehnung an Helmold (2016))

Steuerung von virtuellen und globalen Netzwerken unter Einbindung der Regionen und China

Die Ausrichtung einer Organisation, die den Herausforderungen 2030 gewachsen sind, sind vielfältig (Helmold und Terry 2016). Um neben den Kompetenzen der Lieferantenmanager im globalen und digitalen Umfeld bestehen zu können, müssen Lieferantenmanager von morgen agil, flexibel und international vernetzt sein (Hofbauer et al. 2012). Lieferantenmanager müssen als interne Ansprechpartner und externe Kontaktpersonen alle Belange des Lieferantenmanagements ausfüllen können. Die Aufbauorganisation wird daher, um die Anforderungen zu erfüllen, eine netzwerkorientierte Struktur darstellen. Viele Organisationen haben eine Kombination aus Projekt- und Linienorganisation (Hybridorganisation), aus zentraler und dezentraler Struktur. Die Anforderungen der Aufbau(linien-) Organisation im Lieferantenmanagement lassen sich wie folgt beschreiben:

– Key Account Manager als zentraler Ansprechpartner der Lieferanten für strategische Lieferanten;
– agile Struktur mit schnellen Entscheidungswegen;
– digitale Vernetzung der Lieferantenmanager;
– Projektverständnis;
– Materialgruppenerfahrung;
– ökonomisches Verstehen in einer globalisierten Welt;
– internationale Einkaufsbüros;
– weltweite Vernetzung von Unterexperten in Bereichen wie schlanke Methoden, Logistik, Vertragsrecht, Qualitätsmethoden.

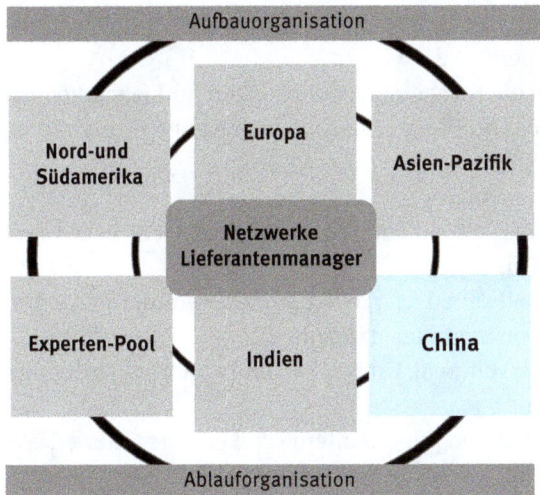

Abb. 4.3: Agile und flexible Matrixorganisation (Netzwerke) (Eigene Darstellung in Anlehnung an Helmold (2016))

Abb. 4.3 zeigt die Vernetzung der Lieferantenmanager über Ländergrenzen und kulturelle Grenzen hinweg (Helmold und Terry 2016). Insbesondere bei unterschiedlichen Zeitzonen zeigt die Praxis, dass die Vernetzung im digitalen Zeitalter kein Problem mehr darstellt. Informationen sind in Echtzeit über Sharepoints oder Portale abrufbar. Videokonferenzen, elektronische Nachrichten und virtuelle Treffpunkte helfen den Lieferantenmanager Informationen zentral zu bündeln. Lieferantenmanager müssen sich turnusmäßig treffen, ebenso müssen Lieferantenbesuche als Teil der Aufgabe des Lieferantenmanagers verstanden werden. Lieferantenbesuche dienen zum einen der Begutachtung des Lieferanten hinsichtlich Produktionsbereichen wie Qualität, Logistik und Distributionslogistik, zum anderen der Verbesserung des SRM (engl. Supplier Relationship Management), also der Kunden- und Lieferantenbeziehung.

Darüber hinaus sollten alle Unternehmungen ihre Partner in regelmäßigen Abständen treffen. Fast alle Lieferanten haben regelmäßige Lieferantentage. Porsche und Siemens verleihen regelmäßig Preise für die besten Lieferanten hinsichtlich Qualität, Flexibilität oder Nachhaltigkeit. Japanische Unternehmen haben meist zwei- bis viermal im Jahr ein Treffen aller unternehmenseigenen Mitarbeiter sowie ein Treffen mit Lieferanten, ein sogenanntes „Yokokai", d. h. einen Lieferantentag, an dem Lieferanten sich mit der Geschäftsführung von Mazda treffen, um über Trends, Innovationen und Entwicklungen zu sprechen. Auch andere japanische OEMs (Original Equipment Manufacturer) pflegen diese engen Beziehungen mit ihren Lieferanten auf bilateraler und multilateraler Ebene. Panasonic hat ebenso mehrere Lieferantentage in Japan und den Regionen, zu denen die TOP 50 Lieferanten eingeladen werden. Die Firma Porsche hält einmal im Jahr den Lieferantentag, wo der Lieferant des Jahres ausgezeichnet wird. Die Auszeichnung erfolgt auf Basis der Erreichung der Kosten-, Qualitäts- und Logistikziele. In 2015 hat die PAG die zehn besten Lieferanten ausgewählt und am Lieferantentag prämiert.

Zusammenfassend lassen sich die Kompetenzanforderungen für Lieferantenmanager in China wie folgt beschreiben (Hofbauer et al. 2012; Emmett und Crocker 2009; Dust 2016; Helmold und Terry 2016):

– Lieferantenmanager sind Risikomanager;
– Lieferantenmanager müssen Risiken anhand von geeigneten Werkzeugen und Kennzahlen antizipieren können;
– Lieferantenmanager werden weltweite Lieferketten modellieren und präventive Maßnahmen zur Vermeidung von Störfällen definieren;
– Lieferantenmanager haben interkulturelle Fähigkeiten und Erfahrung, insbesondere mit der chinesischen Kultur;
– Lieferantenmanager sind vernetzt und pflegen interne und externe Netzwerke;
– Lieferantenmanager sind Generalisten, die neben den Einkaufskompetenzen auch benachbarte Disziplinen (Projektmanagement, Produktion, Qualitätsmanagement, Finanzkennzahlen) beherrschen;
– Lieferantenmanager agieren langfristig und sind nachhaltig;

- Lieferantenmanager sollten mindestens zwei Fremdsprachen beherrschen und Auslandserfahrung haben.

Unternehmen wie Siemens, Porsche oder BMW versuchen durch den Einsatz ehemaliger und erfahrener Führungskräfte aus den zuvor genannten Abteilungen die Erfahrungen auf die chinesischen Lieferanten zu übertragen (Helmold und Terry 2016). Siemens hat in seinem Bereich Mobilität darüber hinaus eine spezielle Projektgruppe geschaffen, die das Ziel hat, das Chinageschäft auszubauen (Helmold und Terry 2016).

4.2 Ablauforganisation des Lieferantenmanagements

Die Ablauforganisation im Lieferantenmanagement bezeichnet in der Organisationstheorie das Beschreiben von dynamischen und systematischen Arbeitsprozessen unter Berücksichtigung der Steuerung, Lenkung und Kontrolle von Lieferantennetzwerken. Wogegen sich die Aufbauorganisation hauptsächlich mit dem statischen Strukturieren einer Unternehmung in organisatorische Einheiten – Stellen und Abteilungen – beschäftigt (Hofbauer et al. 2012). Insbesondere wird das Definieren und Modellieren von Prozessabläufen als wissenschaftlich gestütztes Vorgehen verstanden. Das Arbeiten in einem verketteten Prozess folgt einer Steuermethode für einen Ablauf, wie Abb. 4.4 zeigt. Die Hauptprozesse im Lieferantenmanagement können wie folgt definiert werden: Lieferantenbeziehungsmanagement (Supplier Relationship Management), Lieferantenstrategie, Lieferantenselektion (Auswahl), Lieferantenbeurteilung (Bewertung), Lieferantenertüchtigung (Entwicklung), Integration und Controlling. Die Aufbau- und Ablauforganisation betrachten meist gleiche Objekte unter verschiedenen Aspekten; die Beschreibungen und die zugrunde gelegten Strukturen hängen wechselseitig voneinander ab (Interdependenz). Die Aufbauorganisation betrachtet organisatorische Ressourcen, die Ablauforganisation beschäftigt sich mit der (temporalen oder finalen) Kette einzelner Arbeitsschritte unter Nutzung dieser Ressourcen (Hofbauer et al. 2012).

Im Gegensatz zu westlichen Kulturen ist die Grundlage aller Beschaffungsaktivitäten in China die Generierung eines geeigneten Guanxi wie im vorherigen Kapitel 3 beschrieben. Außerdem sind Nachhaltigkeitsaspekte (engl. Compliance) und demographische Effekte innerhalb der Prozesse des Lieferantenmanagements in China zu berücksichtigen (Helmold und Terry 2016).

Wobei sich Nachhaltigkeitsaspekte auf die Einhaltung von Gesetzen, die Achtung von Menschenrechten, den Umweltschutz oder den Schutz von Eigentumsrechten beziehen, sind demographische Faktoren zu berücksichtigen. Demographische Faktoren beinhalten z. B. ökonomische und soziokulturelle Faktoren (z. B. Unterstützung von Regionen und Wirtschaftsförderung durch die zentrale oder dezentrale Regierung). China ist durch seine Ein-Partei-Politik gesellschaftlich, politisch und wirtschaftlich verknüpft, so dass diese Aspekte zu berücksichtigen sind. Zahlreiche Firmen haben Parteifunktionäre, die für einige Jahre eine Führungsposition innehaben.

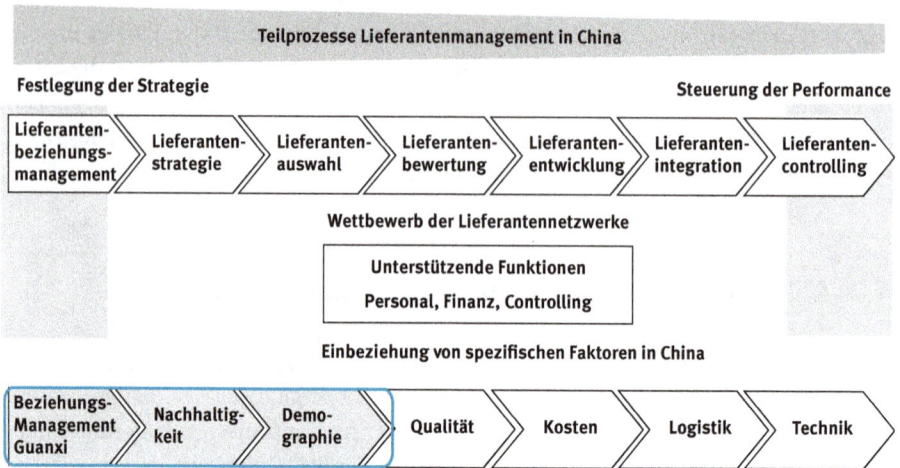

Abb. 4.4: Teilprozesse im Lieferantenmanagement in China (Eigene Darstellung in Anlehnung an Helmold (2016))

4.3 Neuausrichtung und chinaspezifische Aspekte

Im Rahmen der Neuausrichtung des Lieferantenmanagements in Richtung „Wertschöpfer" ist eine Überprüfung der bestehenden Prozesse sowie deren Neugestaltung unabdingbar (Helmold und Terry 2016). Die Neuausrichtung muss parallel die Aufbau- und Ablauforganisation des Lieferantenmanagements anpassen und Aspekte des neuen Leitbildes berücksichtigen. Dazu müssen die Verantwortlichkeiten im gruppenweiten Lieferantenmanagement neu und effizient geregelt und die Materialgruppen strategisch ausgerichtet und den jeweiligen Lieferantenmanagern richtig zugeordnet werden. Materialgruppen (engl. Commodity oder Category) sind Zusammenschlüsse von Produktgruppen oder Kategorien mit gleichen Eigenschaften. Verantwortlichkeiten und Materialgruppeneinteilungen sind Teil der Aufbauorganisation, die Abläufe und Prozesse sind Teil der Ablauforganisation. Insbesondere durch die Globalisierung und Digitalisierung muss die Neuausrichtung virtuell und über regionale Grenzen hinaus durchgeführt werden. Erfahrungsgemäß ist es sinnvoll die Lieferantenmanager so zu positionieren, dass die Lieferantenmanager für die Materialgruppe Innenteile mit dem weltweiten Entwickler und Qualitätsverantwortlichen in dieser Materialgruppe räumlich oder virtuell verbunden sind (Netzwerke). Automobilfirmen haben Plattformen, Cluster oder Produktgruppen, in denen der Entwickler, der Qualitätsverantwortliche und der Lieferantenmanager physisch koallokiert sind und kollaborieren. Innerhalb dieser Cluster gibt es einheitliche Ziele und crossfunktional definierte Strategien. Für die Aufgaben des Lieferantenmanagementcontrollings müssen Instrumente entwickelt werden, die sowohl den Leiter im Lieferantenmanagement als auch die strategischen und operativen Einkäufer bei der täglichen Arbeit unterstützen. Die Palette der angebotenen Werkzeuge reicht von der Standardisierung der Anfrageunterlagen für Entwicklungsteile, über Benchmarking-Tabellen für Commodities bis hin zu Rentabilitätsrechnungen als Entscheidungsgrundlagen vor Lieferantenwechsel. Die entwickelten Werkzeuge helfen den Lieferantenmanagern, die Einkaufsprozesse strukturiert und effizient abzuwickeln. So dient die Standardisierung der Anfrageunterlagen für Entwicklungsteile dazu, zunächst eine Prüfung aller erforderlichen Unterlagen durchzuführen, damit der Lieferant nicht zusätzliche Nachfragen zu den Teilen vornehmen muss. Weiterhin sind durch dieses Hilfsmittel alle Unterlagen aus Entwicklung und Konstruktion mit klaren Zuordnungen zu verantwortlichen Personen versehen, damit bei Rückfragen des Klärungsprozesses möglichst einfach und schnell verläuft und der Lieferantenmanager den zentralen Kontaktpunkt zum Lieferanten bilden kann. Die Einteilung in eine Commodity-Struktur ist ein weiterer Punkt zur verbesserten Zuordnung von Verantwortlichkeiten und somit klareren und effizienteren Beschaffungsstruktur. Das Benchmarking für die einzelnen Commodities dient der schnellen Erkennung von Einsparungspotenzialen. Dazu werden die Teile einer Commodity-Gruppe gegeneinander unter Berücksichtigung bestimmter Merkmale abgeglichen. Dies ist bereits mit Hilfe einfacher, die Teile beschreibender Benchmarking-Tabellen für die einzelnen Commodities möglich. Mit Hilfe dieser Tabellen können so gezielt Einkaufspotenziale identifiziert werden sowie ein einfaches Controlling der Preise, z. B. als Auswirkungen bei Veränderungen von Aluminium-Weltmarktpreisen durchgeführt werden. Auch die Rentabilitätsrechnung dient der gezielten Verringerung der Gesamtkosten des Einkaufs. Sie wird nur für Teile durchgeführt, die nach bestimmten Kriterien ausgewählt wurden. In die Berechnung gehen die Restlaufzeit der Teile, die Einsparung durch den Lieferantenwechsel und die dem gegenüberstehenden Kosten für diesen ein. Daraus können dann die entsprechenden Schlüsse über die Fokussierung der Aktivitäten hinsichtlich der anvisierten Einsparungen gezogen werden.

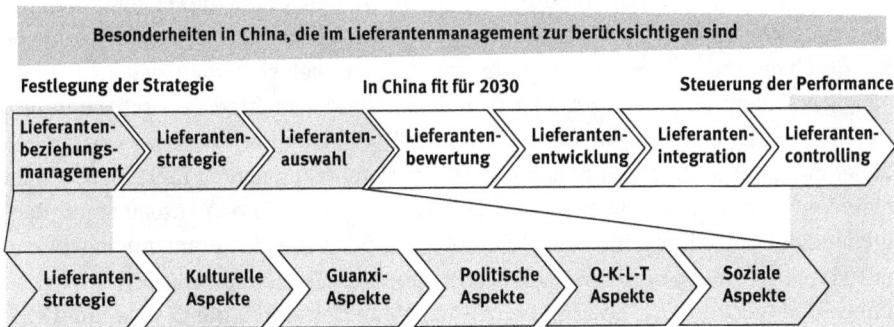

Abb. 4.5: Lieferantenstrategie und Lieferantenauswahl (Eigene Darstellung in Anlehnung an Helmold (2016))

Abb. 4.5 zeigt die Teilprozesse des Lieferantenmanagements unter Berücksichtigung besonderer Anforderungen in China (Helmold 2016). Das Beziehungsmanagement ist der erste und der wichtigste Schritt bei der Geschäftsanbahnung in China (Helmold und Terry 2016). Neben Beziehungsaspekten müssen in China auch kulturelle Aspekte mit in das Lieferantenmanagement sowie die Lieferanten-Strategie einbezogen werden (Helmold 2016).

Das Lieferantenmanagement ist eine Schnittstellenfunktion zwischen Lieferanten und den Abteilungen Entwicklung, Logistik oder Qualitätsmanagement. Im Rahmen dieser Funktion muss das Lieferantenmanagement kundenspezifische Anforderungen oder entwicklungstechnische Angelegenheiten und die Lieferanten kommunizieren. Durch die Neupositionierung als Schnittstelle sind auch Anpassungen beim Produktentwicklungsprozess zwischen der eigenen Organisation und den Lieferanten notwendig (Helmold und Terry, 2016b). Um die Ziele der Neupositionierung abzusichern, müssen durch den Leitbildwechsel langfristige Entwicklungs- und Lieferantenpartnerschaften mit zukünftigen Lieferanten innerhalb der Teilprozesse Lieferantenstrategie und Lieferantenauswahl aufgebaut werden (siehe vorherige Kapitel). Ein aufzubauendes Lieferantenmanagement verlangt genauso wie bei der Neugestaltung der Beschaffungsprozesse nach einer Überarbeitung der dafür benötigten Prozessschritte und Regeln mit einer begleitenden Erstellung entsprechender Hilfsmittel wie z. B. Ablaufdiagramme, Flussdiagrammen, Lieferantenprofilen. Nachdem Lieferanten ausgewählt wurden, folgt die Lieferantenbewertung. Der Prozess der Lieferantenbewertung ist ebenso auf Wirksamkeit zu überprüfen und neu auszurichten. Im Kapitel 4 wird auf die Lieferantenbewertung als Sensorikwerkzeug gezielt eingegangen. Ebenso werden in diesem Kapitel Kennzahlen und die BSC thematisiert. Als Teilprozess der Lieferantenstrategie und Lieferantenauswahl empfehlen Firmen wie BMW oder Porsche eine Lieferantenbroschüre an die Lieferanten zu vergeben, in der die Philosophie zum Lieferantenmanagement transparent gemacht wird (Helmold 2011). So können sich die Lieferanten auf die Vorgehensweise des einkaufenden Unternehmens einstellen und Reibungsverluste verringert werden. Letztlich muss eine digitale Vernetzung sichergestellt werden, damit diese Lieferantenmanagementnetzwerke vernünftig funktionieren. Langfristig kann eine solche Aufgabe nur durch ein innovatives IT- und Datenmanagement gelöst werden, welches durchgängig als Klammer für den strategischen Einkauf und auch für die operativen dezentralen Abteilungen dient. Im Kapitel 5 werden Digitalisierung, Industrie 4.0 und das Lieferantenportal SupplyOn behandelt. Dieses Datenmanagement führt nicht nur zu einer Verbesserung der Transparenz. Es ist Voraussetzung für den Aufbau eines übergreifenden Controllings und ermöglicht ein gruppenweites Lieferantenmanagement mit klarer Trennung der dezentralen und zentralen Verantwortung für die Datenpflege und -auswertung. So konnten zusätzlich zu den durch die Commodity-Organisation entstehenden Synergien Einsparungspotenziale im Gesamteinkauf erkannt und realisiert werden. Neben den zuvor genannten Teilprozessen ist eine Analyse und Justierung der Prozesse und Werkzeuge innerhalb der Lieferantenentwicklung und Integration zwingend notwendig. Aufgrund von veränderten Determinanten wie verringerte Wertschöpfung, Digitalisierung oder Globalisierung stehen diese Bereiche auf dem Prüfstein. Das Lieferantencontrolling dient der Sicherstellung, dass die Neuausrichtung erfolgreich ist.

Lieferantenmanagement in China: Fit für 2030
Die Ergebnisse der Neuausrichtung der Ablauforganisation und Aufbauorganisation werden schon im ersten Jahr nach Anlauf ertragswirksam (Höbig 2016). Aus der Sicht des externen Beschaffungsspezialisten ist dies kein Einzelfall. Lieferantenmanagement und Einkaufsorganisationen müssen den Spagat zwischen operativer Notwendigkeit zur Sicherstellung der Materialversorgung und strategischer Neuorientierung vollziehen. Qualitative und quantitative Engpässe der Einkaufsabteilungen verhindern es, die interne Organisation den Veränderungen des Umfelds bedarfs- und zeitnah anzupassen. Oftmals steht das Lieferantenmanagement vor dem Problem, nicht ausreichend Zugriff auf die erforderliche Ressourcen zu haben, um fristgerecht alle Beschaffungsmöglichkeiten zu nutzen. Die heutige Wettbewerbslandschaft vor allem in der Automobilindustrie und die Notwendigkeit, in Lieferketten zu denken und danach zu handeln, stellen hohe Anforderungen an die Teambereitschaft und die Integration der Zulieferer. Wie im Staffellauf ist nicht nur die eigene Leistungsfähigkeit, sondern auch die perfekte Übergabe an die anderen Mitglieder des Teams entscheidend.

4.4 Ansatzpunkte des Lieferantenmanagements in China

Viele Unternehmen betrachten Lieferantenmanagement noch immer unter den Aspekten von kurzfristigen Einsparungen und Liefertreue wie zahlreiche Autoren beobachten (Hofbauer et al. 2012; Helmold und Terry 2016; Emmett and Crocker 2009). Hofbauer et al. (2012) erwähnen, dass zahlreiche Unternehmen den Einkauf als Kostendrücker und Terminjäger sehen, wogegen innovative Unternehmen das Lieferantenmanagement von morgen als Wettbewerbsvorteil sehen (Helmold und Terry 2016). Damit gibt es konsequenterweise signifikante Unterschiede in den Ansatzpunkten des Lieferantenmanagements. Wogegen im traditionellen Modell ein Lieferantenmanagement vorwiegend operativ tätig ist, sind die Ansatzpunkte im Lieferantenmanagement der Zukunft holistischer und weitreichender (Helmold und Terry 2016). Daher müssen bei der Neuausrichtung des Lieferantenmanagements 10 Punkte berücksichtigt werden, wie die Tab. 4.1 zeigt. Das neue Leitbild des Lieferantenmanagements 2030 ist in der Unternehmenskultur und -vision verankert. Innovative Firmen wie BMW oder ZF Friedrichshafen verankern ihre Leitbilder sogar in der Mission und Vision der Firma (Helmold 2013). In der Aufbauorganisation ist das Lieferantenmanagement zentral in einer Organisationseinheit aufgebaut und mit anderen Funktionen und Regionen vernetzt (Helmold und Terry 2016). Im Lieferantenmanagement werden Prozesse und

Lieferketten modelliert und aufgesetzt und stetig verbessert. Dazu dienen digitale und virtuelle Werkzeuge oder Portale, um die Kommunikation und den Austausch zu steuern. Lieferantenmanager haben so die Möglichkeit, eine ständige Messung der Performance durchzuführen und Abweichungen früh zu erkennen (Helmold und Terry 2016; Emmett und Crocker 2009). Verbesserungen werden über die gesamte Kette hinweg implementiert, und das geschieht mit den Methoden der schlanken Produktion und mit standardisierten und modernen Werkzeugen (Helmold 2013; Hofbauer et al. 2012). Alle Aktivitäten werden partnerschaftlich und kollaborativ mit den Lieferanten durchgeführt, so dass Ergebnisse und Einsparungen gemeinsam geteilt werden können (Helmold und Terry 2016). Im Lieferantenmanagement von morgen wandeln sich auch die Kompetenzanforderungen an Lieferantenmanager signifikant. Im Leitbildwandel sind Einkaufsmanager der Vergangenheit, die nur auf kurzfristige Kostenreduktionen und den Vorteil der eigenen Organisation aus sind obsolet (Hofbauer et al. 2012). Ein Lieferantenmanager der Zukunft ist ein Risikomanager, der Risiken objektiv bewerten muss und daraus die richtigen Schlüsse ableiten muss (Helmold und Terry 2016). Die Bewertung der Risiken umfasst harte und weiche Kriterien (Helmold und Terry 2016). Darüber hinaus agieren Lieferantenmanager weltumspannend, so dass Vernetzung, Internationalität und kulturelles Verständnis einige der Kernkompetenzen darstellen werden. Insbesondere in China sind darüber hinaus noch länderspezifische Kenntnisse zu beachten (Helmold und Terry 2016).

Tab. 4.1: Ansatzpunkte im Lieferantenmanagement (In Anlehnung an Helmold (2013))

Nr.	Ansatzpunkte im Lieferantenmanagement
1.	Das neue Leitbild des Lieferantenmanagements 2030 ist in der Unternehmenskultur und -vision verankert
2.	Das Lieferantenmanagement ist in einer zentralen Einheit aufgestellt und verantwortet die Steuerung aller Lieferanten-Aktivitäten
3.	Das Lieferantenmanagement übernimmt die Modellierung, Lenkung und Verbesserung von Wertschöpfungssystemen
4.	Das Lieferantenmanagement setzt virtuelle und digitale Plattformen zur Messung der Performance ein
5.	Das Lieferantenmanagement von morgen nutzt moderne Werkzeuge und bedient sich schlanker Prinzipien
6.	Das Lieferantenmanagement von morgen ist über die gesamte Liefer- und Wertschöpfungskette hinweg aktiv
7.	Das Lieferantenmanagement ist präventiv tätig und entwickelt Trend- und Sensorikmodelle gemeinsam mit den Lieferanten
8.	Das Anforderungsprofil der Lieferantenmanager spiegelt die Kompetenzen in einer vernetzten, globalen und digitalen Welt wider
9.	Digitale Vernetzung der Lieferantenmanager mit Lieferantennetzwerken durch innovative Werkzeuge und Lieferantenportale
10.	Stetige Verbesserung und Reflektion der eigenen Organisation und der Performance der Lieferanten

In der Studie der MB Tech Consulting von 2009 ist sichtbar, dass die größten Einsparungen im Risikopräventionsmanagement liegen (Dust 2009). Noch immer haben zahlreiche Unternehmen keine standardisierten Werkzeuge eingesetzt, die proaktiv gegen Risiken vorbeugen (Helmold und Terry 2016). Im folgenden Kapitel 4.5 wird detailliert auf die Sensorik und die Vermeidung von Risiken mittels eines Filters eingegangen. Neben den Störfällen haben die meisten Unternehmen noch kein abteilungsübergreifendes Gremium zum Management der Lieferkette in ihrer Aufbauorganisation etabliert. Das Kapitel Aufbauorganisation betont hier die zentrale Organisation aller strategischen Lieferantenentwicklungsmaßnahmen.

4.5 Risikomanagement und -absicherung in China

Die Beschaffung von Unternehmen ist vielen internen und externen Risikofaktoren ausgesetzt, die den wirtschaftlichen Erfolg und unter Umständen sogar die Existenz gefährden können. Hendricks und Singhal (2006) weisen darauf hin, dass Lieferausfälle zu signifikanten Einbußen im Image oder der wirtschaftlichen Situation führen kann. In ihrer Studie weisen sie darauf hin, dass der Unternehmenswert bis zu 40 % sinken kann, wenn das Lieferantenmanagement nicht funktioniert (Hendricks und Singhal 2006).

Andere Autoren konstatieren, dass die robuste Lieferkette (engl. Resilient Supply Chain) eines der Hauptziele jeden Lieferantenmanagements sein muss (Helmold 2011). Aufgrund des sich weltweit verschärfenden Wettbewerbs, sich ändernden Rahmenbedingungen und immer volatileren Märkte, gewinnt Risikomanagement im Lieferantenmanagement zusehends an Bedeutung.

Jedoch gibt es bei der Klassifizierung von Risikoarten keine eindeutige Definition. Neben internen und externen Risiken wird in der Literatur nach Mikro- und Makrorisikoausprägungen unterteilt (Helmold 2013). Zum einen ist – wie bereits erläutert – das Einkaufsvolumen gemessen am Umsatz stetig gestiegen und erreicht bei einigen Industrien einen Wert von 70 % bis 90 %. Die Verlagerung von Entwicklungs- und Führungsverantwortung auf Zulieferer zeigt die Wichtigkeit, dass auch Risikoaspekte bei der Lieferantenbeurteilung und -auswahl eine immer bedeutendere Rolle spielen, um Wertschöpfungspartnerschaften beispielsweise in keine "Abhängigkeits- und Lieferantenpartnerschaften" degenerieren zu lassen. Zum anderen bringt die Nutzung von weltweiten Beschaffungsmärkten zwar Kostenvorteile, aber die Risiken, denen das Unternehmen bei „Global Sourcing" Aktivitäten ausgesetzt ist, erhöhen sich sehr stark (Währungsrisiken, Lieferrisiken, Qualitätsrisiken, Insolvenzrisiken, etc.). Ein weiterer Trend, der die Wichtigkeit eines risikoorientierten Lieferantenmanagements verdeutlicht, wird durch den Gesetzgeber maßgeblich beeinflusst. Basel-II beispielsweise ist nur der erste Schritt, auch leistungswirtschaftliche Risiken zu bewerten und transparent zu machen. Allerdings stellt das Eingehen von Beschaffungsrisiken an sich kein Problem dar (teilweise ist ohne Risiko kein Gewinn erzielbar), sondern vielmehr das unzureichende und unkontrollierte Vorhandensein bzw. Beherrschen von Risiken. Bei den meisten Unternehmen wird unter Lieferantenmanagement die Gestaltung, Lenkung und Entwicklung von Lieferantenbeziehungen verstanden. Dabei ist das Management der Lieferantenbasis, die Lieferantenbewertung und -entwicklung sowie die Lieferantenintegration gemeint. Risiko kann definiert werden als die Gefahr, dass Ereignisse ein Unternehmen daran hindern, seine Ziele zu erreichen bzw. seine Strategien erfolgreich umzusetzen. Somit umfasst Risikomanagement alle notwendigen Maßnahmen zur Identifikation, Bewertung und Beherrschung von Risiken. Das Problem der meisten Unternehmen ist darin zu sehen, dass Risiken in der Beschaffung lediglich unter dem Versorgungsrisiko subsumiert werden. Dieser Ansatz greift aber zu kurz, da das Versorgungsrisiko meistens materialgruppenorientiert betrachtet wird und lieferantenbezogene Risiken, wenn überhaupt, nur unzureichend bewertet werden. Die Risiken in der Beschaffung sind aber wie ihre potenziellen Auswirkungen viel weiter zu definieren (es kann beispielsweise nach Preis-, Qualitäts-, Technologie- und Lieferzeitrisiken unterschieden werden und den Perspektiven Markt, Lieferant, Prozess und Produkt systematisch zugeordnet werden).

Aufgrund der Wichtigkeit des Lieferantenmanagements ist es für Unternehmen lebenswichtig geworden, Risiken durch ein Frühwarnsystem rechtzeitig zu erkennen, da sich diese beim Eintreten negativ auf die Erreichung vorgegebener Ziele (z. B. Bestandsreduzierung durch Kanban) oder auf die Umsetzung von Beschaffungsstrategien (z. B. Einstandspreisreduzierung durch Global Sourcing) auswirken würden. Die steigende Anzahl von Insolvenzen und die zunehmende Volatilität der Märkte sind zwei Beispiele dafür, dass lieferanten- und marktbezogene Risiken oft nur reaktiv gehandhabt werden. Des Weiteren ist es besonders wichtig herauszustellen, dass die Risikoarten und das Ausmaß des Risikoeintritts stark von der Sourcing-Strategie abhängen. Aus diesem Grund ist ein effizientes Risiko-Management-System in der Beschaffung zu implementieren, um potentielle Beschaffungsrisiken zu identifizieren, zu bewerten und geeignete Handhabungsstrategien zu definieren. Die Vorteile eines Risikomanagement-Systems in der Beschaffung liegen auf der Hand:

- Vermeidung von Risiken und Minderung von Auswirkungen bei Eintritt durch präventive Risikohandhabungsmaßnahmen (z. B. durch proaktive Maßnahmen, Dual Sourcing etc.);
- Vermeidung von Imageschäden bei Risikoeintritt (z. B. bei Rückrufaktionen und Reklamationen);
- Optimierung der Lieferantenbasis und Sourcing-Strategien durch mehrdimensionale Bewertungskriterien;
- konsequentes Ausschöpfen von Marktpotenzialen durch eine Risikobetrachtung und unter Berücksichtigung von Eintrittswahrscheinlichkeiten (Sensorikmodell);
- Reduzierung der Total Cost of Ownership durch Alternativenbewertung;
- Optimierung der globalen Beschaffungsprozesse und Erhöhung der Prozesssicherheit;

- Reduzierung von Kosten bzw. Fehlleistungen und Erhöhung der Wirtschaftlichkeit;
- Erzeugung von Risikobewusstsein und -transparenz;
- Vermeidung von „Trouble-Shooting" durch Definition klarer Vorgaben;
- Vermeidung von zivil- und strafrechtlicher Haftung von Führungskräften bei entsprechenden Schadensereignissen.

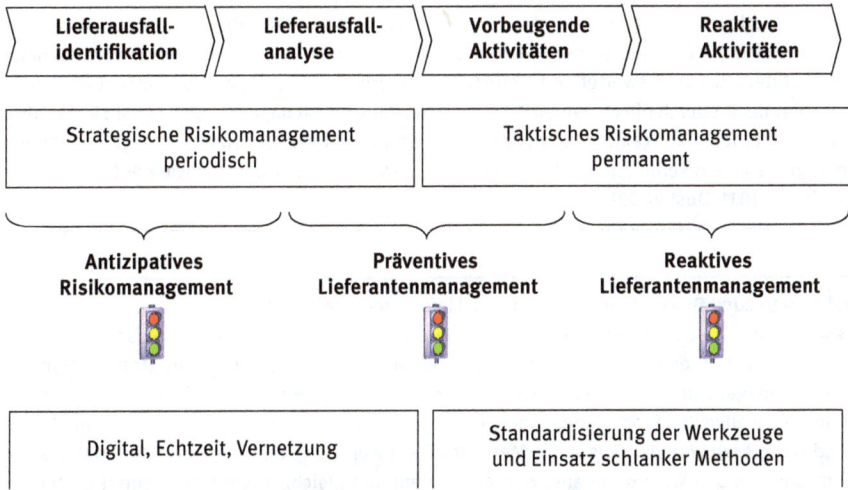

Abb. 4.6: Präventive Modellierung von Risiken und Risikoanalyse (In Anlehnung an Gürtler und Spinler (2013) sowie Helmold und Terry (2016))

Bei der Konzepterstellung und Implementierung eines Risikomanagement-Systems im Lieferantenmanagement sind zahlreiche Anforderungen zu erfüllen. Zum einen muss ein systematisches und einheitliches Vorgehen, das alle beschaffungsrelevanten Aktivitäten im In- und Ausland umfasst, beim Risikomanagementprozess definiert und implementiert werden. Grundvoraussetzung ist das frühzeitige und vollständige Erkennen aller wesentlichen Beschaffungsrisiken.

Abb. 4.6 zeigt das Risikomodell von Gürtler und Spinler (2012). Gürtler hat in seiner Doktorarbeit ein Modell entwickelt, welches das strategische und das taktische Risikomanagement umfasst (Gürtler und Spinler 2012). Vorherrschendes Ziel ist die Vermeidung von Lieferausfällen, egal ob durch Makrofaktoren (höhere Gewalt, Krieg oder andere Naturkatastrophen wie der Atomunfall in Fukushima) oder Mikrofaktoren (operative Gründe des Unternehmens wie Ausfälle durch Unterlieferanten etc.) (Helmold 2013). Im nächsten Schritt ist die Analyse und Untersuchung von Lieferausfallmöglichkeiten und die Wahrscheinlichkeiten zu quantifizieren und zu qualifizieren (Helmold 2013). So können anhand von harten und weichen Kriterien Trends und Ausfallrisiken dargestellt werden und transparent gemacht werden (Helmold 2013). Insbesondere durch meist lange Logistikketten in China ist diese Vorgehensweise eine Grundvoraussetzung für ein proaktives Lieferantenmanagement (Helmold und Terry 2016). Sollte es aber doch zu Ausfällen kommen, so werden unter Anwendung standardisierter Werkzeuge und Verbesserungsmaßnahmen diese Lieferausfälle umgehend mitigiert (Helmold 2013).

Fallstudie: Risikomodellierung bei Daimler und Risikofilter

Daimler benutzt für die Prävention von Lieferausfällen verschiedene und crossfunktionale Werkzeuge und Watchlisten (Dust 2009). Neben der Anlaufsupport-Lieferantenliste aus den Bereichen Einkauf, Logistik, Qualität und Technik in den Prozessen, dienen weitere Faktoren aus den Teilprozessen Auslaufsupport, Werkzeugmanagement und Verlagerungssupport als Risikofilter und Risikosensor. Im direkten Vergleich mit Daimler ist ersichtlich, dass BMW ein ähnliches Konzept verfolgt und anhand eines Risikofilters Risiken bewertet und Trendmodelle erarbeitet. Das Risikomanagement ist jedoch dezentral organisiert durch die einzelnen Kernbereiche. Porsche hat dagegen noch keinen Risikofilter in seinem Lieferantenmanagement. Obwohl Porsche ein innovatives Lieferantenmanagement eingeführt hat, gibt es noch keine antizipative (vorausschauende) Risikobewertung wie bei Daimler oder BMW (Helmold 2011; Dust 2009).

Fallstudie: Mercedes-Benz – Neuausrichtung im Lieferantenmanagement

Das Geschäftsfeld Mercedes-Benz Cars vollzieht den nächsten Schritt seiner strategischen Neuausrichtung und investiert einen hohen dreistelligen Millionen-Betrag in die weltweite Organisation des Lieferantenmanagements. Im Zuge der Wachstumsstrategie „Mercedes-Benz 2020" baut Mercedes-Benz Cars sein weltweites Produktions- und Lieferantennetzwerk kunden- und marktnah aus. Die zunehmend komplexen Warenströme in die Mercedes-Benz Werke und die Transporte der produzierten Neufahrzeuge aus den Werken heraus, werden effizient und gleichzeitig flexibel zentral gesteuert. „Ein maßgeblicher Faktor für unseren Unternehmenserfolg ist die Logistik. Wir richten unsere Supply Chain Management Organisation auf Wachstum sowie eine höhere Effizienz und Flexibilität aus. Das ist der nächste konsequente Schritt in unserer weltweiten Produktionsstrategie", sagt Markus Schäfer, Mitglied des Bereichsvorstands Mercedes-Benz Cars, Produktion und Supply Chain Management. Im Fokus stehen dabei die Absicherung der Materialversorgung im globalen Produktionsnetzwerk, die Senkung von Lagerbeständen, die termingerechte Auslieferung von Neufahrzeugen an die weltweiten Kunden sowie die frühzeitige Einbindung der Logistik bei der kontinuierlichen Weiterentwicklung des globalen Produktionsnetzwerks (Helmold 2013).

---

5 Internationale Einkaufsbüros in China

5.1 Aufbau eines IPO und Beschaffungsregionen

Abb. 5.1 zeigt das internationale Einkaufsbüro von Bombardier Transportation in Shanghai. Mehr als 15 % bis 20 % der externen Wertschöpfung im Bereich Transportation (Zukaufanteil) werden aus China bezogen. Das Einkaufsbüro in China mit seinen sechs Außenstellen und abteilungsübergreifenden Funktionen ist dabei für das Lieferantenmanagement in China verantwortlich.

Abb. 5.1: IPO in Shanghai (Foto: Helmold (2016))

Internationale Einkaufsbüros oder Lieferantenmanagementzentren sind Teil der Internationalisierung und des Leitbildwandels im Lieferantenmanagement. Multinationale Konzerne wie Volkswagen, Daimler, Siemens, Bosch oder Bombardier haben Einkaufsbüros in Regionen wie China, Indien oder Osteuropa, die Einsparungspotenziale bieten oder geographisch weit entfernt von dem Mutterunternehmen sind. Mittelständische Partner expandieren durch kleinere Büros oder durch Kollaboration mit Partnern, Einkaufsbüros oder Institutionen wie den deutschen Zentren (German Centres) in den Ballungsgebieten in China (Helmold und Terry 2016). Die deutschen Zentren bieten neben Büros auch Kontakte zu Regierungsvertretern oder chinesischen Lieferanten, um Einkaufsleistungen aus China zu tätigen (Helmold und Terry 2016). In 2015 hat die deutsche Bahn ein internationales Einkaufsbüro eröffnet, zuvor hat sich über Jahre hinweg die Logistiksparte, DB Schenker, an vielen Orten erfolgreich etabliert (Helmold und Terry 2016). In 2005 öffneten Firmen wie Bombardier

DOI 10.1515/9783110490336-005

Transportation oder IBM ein internationales Einkaufsbüro in Shanghai, China. (Bombardier Transportation 2016). Die Deutsche Bahn hat sich in 2015 entscheiden, ein Einkaufsbüro an dem gleichen Ort zu eröffnen (Helmold 2016). Entwicklungen zeigen, dass es ratsam ist, ein internationales Einkaufsbüro in China zu etablieren (Lockström und Moser 2016). Helmold und Terry sowie Lockström und Moser konstatieren, dass ein Einkaufsbüro in China zahlreiche Vorteile hat (Helmold und Terry 2016; Lockström und Moser 2016):

– Nähe zu Märkten mit einem hohen Produkt- und Know-how-Reifegrad, z. B. Automobilindustrie oder Bahnindustrie;
– Aufbau von Beziehungen mit chinesischen Herstellern und Sicherstellung der Einhaltung von Qualitätsanforderungen;
– Übertragung der kunden- und fertigungstechnischen Anforderungen auf die Lieferanten;
– frühe Einbindung von Lieferanten in den Produktentstehungsprozess sowie gemeinsame Entwicklung;
– Ausschöpfung von Einsparungen durch Direktbezug sowie durch den Einsatz von lokalen Vor- und Halbprodukten in dem Produktionsprozess der Zulieferer;
– Akquisition von Aufträgen der eigenen Endprodukte auf den heimischen Märkten;
– Nähe zu anderen asiatischen Märkten mit einem hohen Reifegrad, z. B. Japan oder Südkorea.

Abb. 5.2: China-Landkarte und Provinzen (Foto: Helmold (2016))

Abb. 5.2 zeigt die Komplexität und Streuung der Lieferantenbasis in China. Durch die Streuung der Lieferanten ist eine geeignete Strategie bei der Positionierung von Ressourcen ein entscheidener Erfolgsfaktor für Einkaufsbüros in China.

China verändert sich von einem reinen Beschaffungsmarkt zu einem Konsummarkt, ebenso von einem „Low Cost Country" zu einem „Best Cost Country", d. h. einem Beschaffungsort mit idealen Kosten, wenn einige Determinanten berücksichtigt werden (Helmold 2016). Entscheidend ist jedoch, dass innerhalb der jeweiligen Strategie einer Unternehmung die Vorteile des chinesischen Marktes berücksichtigt und integriert werden (Helmold und Terry 2016). Unternehmen müssen im Rahmen ihrer Ansätze zur Lieferantenreduzierung, Lieferantenentwicklung, Lieferantenintegration und dem Lieferantencontrolling besondere kulturelle Aspekte zu Grunde legen. Ein internationales Einkaufsbüro ist mit relativ hohen Gemein- und Fixkosten verbunden. Die Generierung eines Büros in Shanghai kann mit ca. 50.000 EUR bis 100.000 EUR pro Mitarbeiter beziffert werden gemäß der Erfahrungen der Autoren in China. Ein Einkaufsbüro in China lohnt sich bei einem Umsatz von 10 Mio. EUR Beschaffungsvolumen bei 20 % bis 30 % Einsparungen (Helmold und Terry 2016).

Bei der Etablierung eines Einkaufsbüros gibt es besondere Aspekte, die berücksichtigt werden müssen:

- Wo sollte das Einkaufsbüro sein? Welche Schwerpunkte hat es?
- Wo befinden sich die Beschaffungsmärkte?
- Wie bekomme ich adäquate Mitarbeiter?
- Wo habe ich Partner aus Industrie und Forschung, z. B. Universitäten oder Forschungseinrichtungen?
- Wo sind adäquate Partner vorhanden, z. B. die deutschen Zentren in Shanghai und China (engl. German Centres)?
- Wie ist das Einkaufsbüro in die Unternehmensstrategie integriert?

Das Einkaufsbüro sollte dort sein, wo die Lieferanten sind, bzw. wo ein guter Zugang zu den Lieferanten besteht. Ebenso sollte die Anbindung eine Rolle spielen (Helmold 2016). Viele Unternehmen haben aufgrund der Zugänglichkeit zu den Regionen ihre Einkaufsbüros in Shanghai etabliert (Helmold 2016). So z. B. Bombardier Transportation, Bombardier Aerospace, Siemens, Ford, Porsche, Deutsche Bahn und viele andere Unternehmen. Die Beschaffungsmärkte lassen sich in drei bis fünf Regionen unterteilen.

1. **Yangtze River Delta und Jiangsu-Provinz**
   Das Yangtze River Delta sowie die Region um Changzhou, Suzhou und Nanjing umfasst mehr als 20 Städte um Shanghai und ist geprägt von zahlreichen Industrien wie Automobil-, Bahn-, Luftfahrt-, Elektronik- oder Maschinenbauindustrie. Shanghai stellt hier einen Knotenpunkt dar, von dem fast alle Orte binnen weniger Stunden erreicht werden können (Helmold 2016). Regionen um Städte wie Suzhou oder Changzho haben sich auf Elektronik spezialisiert mit Herstellern wie Bosch, Siemens, Yazaki, Mitsubishi etc. Neben dieser Spezialisierung haben sich in dieser Region zahlreiche Stahlhersteller und Stahlservice-Zentren angesiedelt (Helmold und Terry 2016).

2. **Pearl River Delta**

   Das Pearl River Delta ist der wirtschaftliche Motor Chinas mit den Regionen Guangz-
   hou, Shenzhen, Dongguan, Foshan, Thongshan, Zhuhai, Jiangmen und Teilen von
   Huizhou und Zhaoqing. Industrien und Sektoren wie die Textil- oder Automobilindustrie haben dazu geführt, dass sich die Region zu einen der dynamischsten
   Bereiche in China entwickelt hat. Gefördert durch staatliche Maßnahmen haben
   ebenso andere Industrien den Anschluss zur Weltspitze erreicht. Neben dem Fahr-
   zeugsektor und der Bekleidungsindustrie gibt es spezialisierte Unternehmen in den
   Bereichen Chemie, Uhren, Plastik und Elektroartikel (Helmold und Terry 2016).

3. **Bohai und Beijing**

   In der Bohai-Region bei Beijing gibt es eine Konzentration der Luftfahrt-, Schiff-
   fahrts-, Automobil-, und Elektronikindustrie. Aufgrund der Nähe zur Hauptstadt
   expandiert diese Region durch staatliche Förderungen. Neben diesen drei Hauptregionen, den wichtigsten wirtschaftlichen Gebieten in China, entwickeln sich
   drei weitere Regionen. Der Chinesische Staat verfolgt eine „Wirtschaftsentwick-
   lungspolitik", um die nordöstlichen Regionen zu unterstützen und ihr indus-
   trielles Fundament wieder herzustellen, aber auch um den wirtschaftlichen
   Fortschritt in westlichen Provinzen wieder aufzubauen und den Aufschwung von
   Zentral-China zu beschleunigen. Der Plan des chinesischen Staates ist es, dass
   diese Regionen Chinas Hauptregionen für Getreide, Produktion von Rohmaterialien und Energieressourcen, Herstellung von modernen Gerätschaften und flä-
   chendeckender Transportsysteme werden, so der chinesische Premier Wen Jiabao
   auf einem Treffen des Parlaments. Trotz niedrigerer Kosten...ist diese Region eher
   weniger interessant für westliche Firmen. Kosten ist West- und Zentral-China eher
   weniger interessant für IPOs auf Grund der langen Lieferzeiten. Diese Region
   beherbergt das Unternehmen der Welt im Schienenverkehr, CRRC. Die China
   Railway Rolling Stock Corporation Limited (CRRC) ist der größte Schienenfahr-
   zeughersteller und einer der größten Industriekonzerne der Welt; er hat seinen
   Hauptsitz in Peking in der Volksrepublik China. Der Konzern entstand durch
   den Ende 2014 angekündigten und per 1. Juni 2015 komplettierten, mittels Akti-
   entausch durchgeführten Zusammenschluss der beiden staatseigenen Unternehmen China CNR Corporation (früherer Name: China North Locomotive & Rolling
   Stock Industry [Group] Corporation) und CSR Corporation (früherer Name: China
   South Locomotive & Rolling Stock [Group] Corporation). Die beiden Teile waren,
   bis zu einer zwecks Stärkung des Wettbewerbs vorgenommenen Auftrennung im
   Jahr 2000, bereits früher einmal ein gemeinsames Unternehmen.

4. **Shandong-Provinz (Qingdao)**

   Die Shandong-Provinz um Qingdao ist berühmt für Hersteller der Schienenindus-
   trie (Helmold und Terry 2016). Qingdao befindet sich zwischen Bergen und dem
   Gelben Meer. Das Klima ist angenehm und die Landschaft sehr reizend. Qingdao
   ist eine berühmte Gartenstadt in China. Ebenso ist Qingdao bekannt für sein Bier,
   was mittlerweile weltweit anerkannt ist (Helmold und Terry 2016). Neben Sifang

(CRRC), Siemens und Bombardier haben sich in dieser Gegend zahlreiche Unternehmen und Lieferanten für Schienenverkehrsprodukte angesiedelt und etabliert (Helmold und Terry 2016). CSR Sifang Co Ltd. (CSR Qingdao Sifang Locomotive & Rolling Stock Co., Ltd.), früher auch bekannt als CSR Sifang Locomotive & Rolling Stock Co., Ltd. ist ein chinesischer Anbieter und Hersteller für Schienenverkehrsfahrzeuge. Es wurde im Dezember 2009 umbenannt. Das Unternehmen wurde 1900 gegründet und hat zwei Joint Ventures, Bombardier Sifang Transportation (BST) and Kawasaki Heavy Industries (KHI). Neben Schienenverkehrprodukten sind auch viele koreanische und japanische Unternehmen in Qingdao aufgrund der geographischen Nähe zu beiden Ländern ansässig (Helmold und Terry 2016).

5. **Hunan-Provinz und die Hauptstadt Changsha**
   In der Hauptstadt Changsha in der Provinz Hunan, sind Firmen wie Volkswagen oder Fiat ansässig. Daneben sind die großen Anbieter für Schienenverkehrprodukte wie CRRC hier ebenso ansässig.

Durch ein nachhaltiges, langfristiges und stabiles Wachstum können in China aus Sicht des Lieferantenmanagements noch sehr viele Potenziale erschöpft werden (Helmold 2016). Die folgende Abb. 5.3 zeigt auf Basis von empirischen Beispielen von multinationalen Unternehmen aus China, dass der Chinaanteil signifikant sein kann (Helmold 2016). Bei einem voll funktionierenden Einkaufsbüro kann der Chinaanteil mehr als 20 % ausmachen (Helmold und Terry 2016).

Maturitätsstufen für die Beschaffung aus China

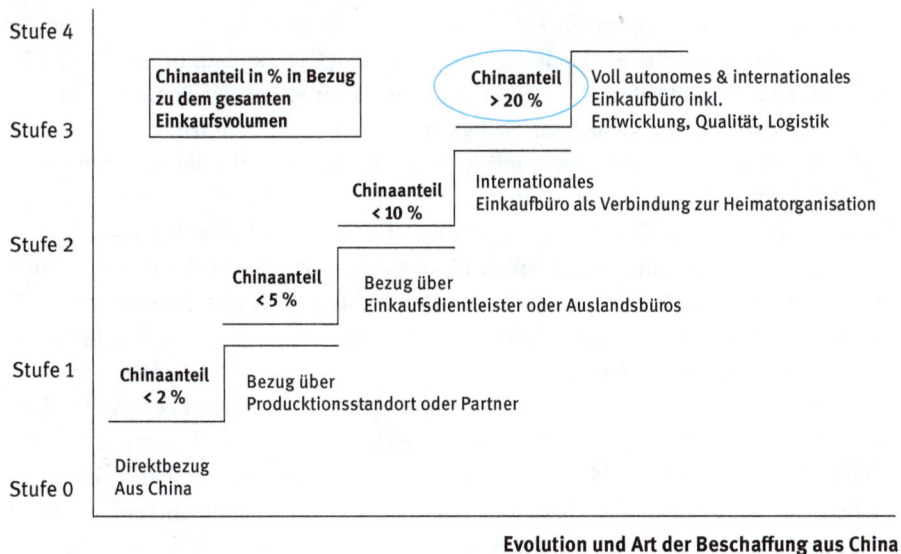

Abb. 5.3: Chinaanteil für die Beschaffung (Eigene Darstellung, Helmold (2016))

Bei der Internationalisierung im Lieferantenmanagement sind vier Trends sichtbar:
- Trend 1: Lokalisierung der Lieferantenmanager;
- Trend 2: Trend hin zu mehr wertschöpfenden Produkten;
- Trend 3: Frühe Einbindung in den Produktentwicklungsprozess;
- Trend 4: Lokalisierung von chinesischen Produzenten über Distributionszentren, Produktion oder verlängerten Lieferketten.

Bei der Internationalisierung des Beschaffungsmarktes ist in vielen Firmen ersichtlich, dass lokale Lieferantenmanager ausgebildet werden. Im Beispiel von Bombardier haben die Hälfte der Mitarbeiter eine Betriebszugehörigkeit von mehr als sieben Jahren (Helmold und Terry 2016). Der zweite Trend geht hin zu Produkten mit einem großen Wertschöpfungsanteil. Als dritter Trend ist zu erkennen, dass die Lieferanten früher in den Produktentstehungsprozess eingebunden werden, um so konkurrent das kostengünstigste und geeignetste Produkt zu produzieren. Als letzter Trend ist zu beobachten, dass Vormaterialien immer mehr lokal bezogen werden. So sind auch Kostenvorteile erreichbar, die durch den Import von Produkten außerhalb Chinas nicht erreicht werden können (Helmold 2016).

5.2 Lokalisierung und Qualifikationen der internationalen Mitarbeiter

Qualifikationen und Kernkompetenzen der Mitarbeiter im internationalen Einkaufsbüro sind Schlüsselfaktoren für jedes einkaufende Unternehmen, wenn es um die Beschaffung in aufstrebenden Märkten wie China geht (Helmold und Terry 2016). Einkaufs-Know-how und internationale Erfahrungen kombiniert mit Englischkenntnissen sind notwendig, um die Lokalisierungsstrategie erfolgreich umzusetzen (Helmold 2016). Städte wie Shanghai bieten mittlerweile einige Kurse für die Spezialisierung von Einkäufern wie das European Institute for Purchasing Management (EIPM), das Chartered Institute for Purchasing Specialists (CIPS), den BME oder andere Dienstleister im Bereich Schulungen. Darüber hinaus gibt es zahlreiche Anbieter für MBA-Programme wie die Mannheim Business School, die FOM Hochschule (Hochschule für Ökonomie und Management) oder die Manchester Business School. Intelligente Beschaffung und innovatives Lieferantenmanagement bedeutet zu wissen, wo man was wie zu optimalen Gesamtkosten beschaffen kann (Helmold und Terry 2016). Und dieses unter Zugrundelegung von kundenspezifischen Anforderungen. Einer der Schlüsselfaktoren, um ein IPO zu führen ist, auf dem lokalen Arbeitsmarkt Talente zu suchen, um deren kulturelles Verständnis, sprachliche Fähigkeiten und einheimische Erfahrungen zu nutzen. Auf diesem Wege ist es möglich, eine Brücke zwischen den chinesischen Lieferanten und der eigenen Firma zu errichten. Eine große Herausforderung für frisch in China etablierte Firmen ist jedoch, motivierte und qualifizierte

Mitarbeiter zu finden und auch zu halten. Während die Firmen in Europa sich über die Starrheit des Arbeitsmarktes beschweren, ist in China die Situation genau umgekehrt: Die Fluktuation der Mitarbeiter ist meist sehr hoch, oft bis zu 35 % pro Jahr mit einem Durchschnitt von rund 13 % pro Jahr. Die richtige Belegschaft für ein IPO zu finden scheint aufgrund dessen kritisch. Die Wahl des richtigen Managers des IPO sollte hier aber keineswegs vernachlässigt werden. Zahlreiche Gesichtspunkte sollten dabei beachtet werden: Obwohl die meisten Unternehmen planen, ihr Management zum größtmöglichen Ausmaß örtlich festzulegen, verlassen sie sich doch meist auf Expatriates, welche sich mit den Produkten, Strategien und Prozessen der eigenen Firma gut auskennen. Mit einem jährlichen Gehaltsanstieg von 10 % bis 20 % Prozent in den letzten Jahren schien die chinesische Wirtschaft im Aufschwung zu sein. Ab 2016 werden sich aber die Einkommenssteigerungen grundlegend ändern und dem Anstieg des BIPs anpassen (AHK 2016). Dieses ist makroökonomisch noch nicht negativ, da vor allem die noch relativ hohen Produktivitätssteigerungen die Inflation kompensieren (ca. 11 % vs. 7 %). Es scheint einen Käufer- bzw. Arbeitgebermarkt für gering qualifiziertes Personal in Tier-2- und Tier-3-Städten zu geben, wo das Preislevel immer noch vergleichsweise niedrig ist. Ganz im Gegensatz dazu scheint man genau das Gegenteil in Tier-1-Städten wie Shanghai und Beijing vorzufinden, wo die Beschaffung von Top Sourcing Professionals erschreckend teuer wird. Zu viele der IPOs von westlichen Unternehmen haben sich eine HR-Strategie angewöhnt die kontinuierliche Überbietungen für talentierte Mitarbeiter beinhaltet. Dies führt nun zu einem dramatischen Anstieg von Gehältern, der fast schon an ein EU- oder US-Niveau heranreicht. Ein regionaler Einkaufsleiter in Hong Kong, Shanghai oder Peking hat ein monatliches Einkommen zwischen 4.000 EUR bis 7.000 EUR. Darüber hinaus steigen die Einkommen überproportional zu dem BIP (AHK 2016). Firmen wie Bombardier Transportation oder Siemens haben in den Jahren 2015 und 2016 Anstiege der Einkommen von 8 % bis 10 % verzeichnet, obwohl die Wirtschaftskraft, also das BIP, nur bei einem Anstieg von unter 8 % lag (Helmold und Terry 2016). Ein anderes Beispiel ist ein mittelgroßes, europäisches Produktionsunternehmen für den Maschinenbau, welches dem einheimischen Leiter des Einkaufsbüros ein Gehalt von umgerechnet 400.000 EUR zahlt. In China gelten darüber hinaus extrinsische Werte (materielle Werte) als wichtiger im Vergleich zu intrinsischen Werten. Oft sind Gehälter mit Anreizen wie Parkplatz, einem Urlaub oder anderen Geschenken verbunden. Dieser Sachverhalt ist für westliche Personaler meist schwer verständlich (Helmold und Terry 2016). Wenn man Fachkräfte einstellen und auch im Unternehmen langfristig halten möchte, sind diese Tatsachen zu berücksichtigen.

Sich für ein IPO zu entscheiden ist größtenteils eine strategische Entscheidung, die die meisten Teile der Firmenorganisation betrifft. Sorgfältiger Aufbau, Standortwahl und Personalbesetzung des IPOs hat einen entscheidenden Einfluss auf dessen Erfolg. China ist einer der größten Schlüssel-Beschaffungsmärkte weltweit, aus diesem Grund hat es sich zu einem der global interessantesten Beschaffungsziele entwickelt. Neben wachsenden Fixkostenstrukturen, rechtfertigt eine wachsende inländische

Konsumentennachfrage die Ausweitung von Beschaffungsaktivitäten in China, ratsamer Weise gekoppelt mit Beschaffung von komplexeren Gütern und Diensten. Da die Innovationsebene, wie auch die Qualitätsebene und die Herstellungsmöglichkeiten sich ständig weiterentwickeln, ist der Ausbau von weiteren Sourcing-Aktivitäten berechtigt. Zahlreiche Organisationen wie die französischen, deutschen oder schweizerischen Außenhandelskammern bieten Lehrgänge zur Kompetenzgewinnung oder Seminare für chinaspezifische Themen an (Helmold und Terry 2016). Ebenso lassen sich durch diverse Portale mikro- und makroökonomische Daten abrufen, die für eine Beschaffung in China zwingend notwendig sind (Helmold und Terry 2016; AHK 2016).

6 Strategische Ausrichtung in China

6.1 Strategische Ziele im Lieferantenmanagement

Generell wird mit Lieferantenmanagement das langfristige und strategische Ziel verfolgt, eine einheitliche Methodik für die Analyse potentieller und bestehender Lieferanten bereitzustellen, um basierend auf den Ergebnissen strategische und langfristige Entscheidungen zu treffen (Helmold und Terry 2016). Auf operativer Ebene bedeutet dies, die Leistung der Lieferanten vergleichbar zu machen, Optimierungspotentiale aufzudecken und Beschaffungskosten zu senken. Die strategische Dimension des Lieferantenmanagements zielt dagegen vor allem darauf ab, basierend auf einer transparenten Entscheidungsgrundlage geeignete Beschaffungsstrategien zu definieren, um Versorgungsrisiken und Abhängigkeiten zu senken und die Beschaffungsqualität zu erhöhen. Tab. 6.1 zeigt die Ausrichtung und Differenz von strategischen und operativen Zielen.

Tab. 6.1: Strategische Ziele im Lieferantenmanagement (Eigene Darstellung in Anlehnung an Helmold (2016))

Strategische Ziele in China	Operative Umsetzung in China
Schlanke, effiziente und kompetente China-organisation sowie die Einbindung in globale Lieferantenmanagementnetzwerke (Schlanke Strategien)	Lokales Talentmanagement durch Aufbau einer Einkaufsorganisation in China
Aufbau Partnerschaften und strategische Allianzen mit Lieferanten (Normstrategien)	Key Account Management und Pflege zu chinesischen Lieferanten durch Kollaboration und frühe Einbindung
Weltweite Bündelung von Volumina (Economies of Scale)	Bündelung und Konzentration von 20 % bis 40 % der externen Wertschöpfung auf Wertschöpfungsnetzwerke in China, Japan und Asien
Globale und regionale Strategien (Global + Local = Glocal)	Umsetzung der strategischen Ziele durch Transformation der Ziele in operative und taktische Größen; stetige Messung der Leistungsperformance
Stetige Analyse von Beschaffungsmärkten (PEST-Analyse)	Stetige Betrachtung von makroökonomischen Faktoren wie Löhne, Einkommen, Verbraucherindex, Rohmaterialindizes etc.
Langfristige Prävention von Lieferausfällen und Minimierung von Risiken in der Lieferkette (SWOT-Analyse)	Überwachung und proaktive Steuerung von Lieferketten unter Einsatz von Spezialisten
Langfristige Ausschöpfung von Potenzialen (Portfolio-Analyse)	Ausschöpfung von Einsparungen und „Cost Savings"

DOI 10.1515/9783110490336-006

Die strategischen Ziele des Lieferantenmanagements befassen sich mit der mittel- bis langfristigen Optimierung der Lieferantenbasis des Unternehmens. Ausgehend von kategorie- oder materialgruppenspezifischen Beschaffungsstrategien gilt es, präzise Entwicklungsmaßnahmen zu definieren, die eine kontinuierliche Erhöhung der Lieferqualität oder eine Senkung der Beschaffungskosten ermöglichen. Das Versorgungsrisiko kann beispielsweise durch die kollaborative Optimierung unternehmensübergreifender Prozesse nachhaltig reduziert werden. Der frühzeitige Aufbau von möglichen Alternativlieferanten und die gezielte Steuerung der Beschaffungsvolumen beugen Abhängigkeiten des Unternehmens vor. Zudem sollte die Beziehung zu strategisch wichtigen und zu schwer substituierbaren Lieferanten durch kooperative und integrative Maßnahmen gestärkt werden. Somit sichert man die Wettbewerbsfähigkeit des eigenen Unternehmens. Aufgrund der langfristigen Ausrichtung sollten alle Maßnahmen zur Erreichung der strategischen Ziele im Rahmen eines kontinuierlichen Prozesses regelmäßig überprüft und gegebenenfalls angepasst werden. Operative Ziele leiten sich von den strategischen Stellgrößen ab und müssen durch das Lieferantenmanagement in China umgesetzt werden. Hier sind die wichtigsten Aspekte aus Tab. 6.1:

- Lieferantenmanagement in China muss von einheimischen Experten unter Anleitung der Zentrale umgesetzt werden. Lokales Talentmanagement durch Aufbau einer Einkaufsorganisation in China ist daher eine der Hauptaufgaben bei dem Markteintritt in China.
- Key Account Management und Pflege zu chinesischen Lieferanten durch Kollaboration und frühe Einbindung kann Einsparungen von mehr als 40 % bringen, so dass das Lieferantenmanagement hier die Brücke zu der einheimischen Entwicklung darstellt.
- Skaleneffekte führen ökonomisch zu einer Fixkostendegression und somit zu Einsparungen. Die Bündelung und Konzentration von 20 % bis 40 % der externen Wertschöpfung auf Wertschöpfungsnetzwerke in China, Japan und Asien ist deshalb eine Kernaufgabe im operative Lieferantenmanagement.
- Umsetzung der strategischen Ziele durch Transformation der Ziele in operative und taktische Größen. Die stetige Messung der Leistungsperformance ist daher ein Teilprozess der Lieferantenbewertung sowie des Lieferantencontrollings.
- Das operative Lieferantenmanagement muss stetig Markttransparenz haben von Faktoren, die sich auf das Lieferantenmanagement auswirken. Die stetige Betrachtung von makroökonomischen Faktoren wie Löhne, Einkommen, Verbraucherindex, Rohmaterialindizes ist daher eine der Schlüsselaufgaben im operative Lieferantenmanagement.
- Lieferketten müssen stabil und robust sein (engl. Resilient Supply Chain). Dieses taktische Ziel umfasst nicht nur die pünktliche Anlieferung, sondern auch Faktoren wie Logistikkonzept, Transport, Bestandsführung, Losgrößenoptimierung. Überwachung und proaktive Steuerung von Lieferketten unter Einsatz von Spezialisten.

– Jährliche Umsetzung von Kostenreduktionen durch Produktivitätsverbesserungen in Höhe von 3 % bis 5 % können durch das Lieferantenmanagement erreicht werden.

Abb. 6.1 zeigt den Teilprozess der Definition der Lieferantenstrategien im Lieferantenmanagement. Neben dem Beziehungsmanagement ist die richtige Strategie eine wichtige Grundlage im Geschäftsverkehr mit chinesischen Lieferanten (Helmold und Terry 2016).

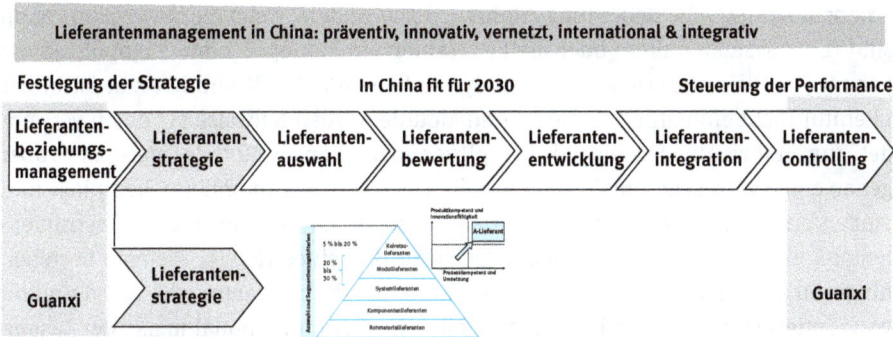

Abb. 6.1: Strategieableitung im Lieferantenmanagement (Eigene Darstellung in Anlehnung an Helmold und Terry (2016))

6.2 Lieferantenklassifizierung und -segmentierung

Die Lieferantensegmentierung dient dem Management, der Steuerung und Kontrolle der Wertschöpfungsnetzwerke sowie den damit verbundenen Materialien, Komponenten, Systemen oder Modulen (Helmold und Terry 2016). Klassifizierungen von Lieferanten sind eine der Hauptaufgaben im Lieferantenmanagement (Helmold 2013; Hofbauer et al. 2012). Klassifizierungsmerkmale und -ausprägungen konzentrieren sich normalerweise auf eindimensionale Größen wie:

– Beschaffungsvolumen in EUR
– Leistungsfähigkeit bezüglich Q-K-L-E-Aspekten
– Entwicklungs- und Fertigungskompetenz
– Stellung am Markt, Polypol, Oligopol, Duopol oder Monopol
– Strategische Bedeutung
– Wertschöpfungstiefe
– Prozesskapazität
– Innovationsfähigkeit

Bezogen auf den Funktionsumfang und die Wertschöpfungstiefe der Lieferanten unterscheiden und segmentieren Helmold und Terry nach Rohmaterial-, Komponenten-, System-, Modul- und Keiretsu-Lieferanten (Integrativer), wie die

Lieferantenpyramide in Abb. 6.2 zeigt (Helmold und Terry 2016). Unter Funktionsumfang wird die Wertschöpfungsleistung verstanden, die ein Unternehmen auf seine Lieferanten überträgt. Die Lieferanten im Rohmaterial- oder Komponentenbereich haben den geringsten Funktionsumfang. Sie liefern Rohmaterial (Stahl, Aluminium, Lacke, Klebstoffe) einfache Teile und Komponenten mit geringem Komplexitätsgrad. Meist handelt es sich hier um Standardprodukte. Somit haben diese Lieferanten nur geringe Differenzierungspotentiale und sind häufig Sublieferanten von System- oder Modullieferanten. Es können aber auch Rohmaterial- und Komponentenlieferanten eine sehr strategische Bedeutung erfahren, insbesondere, wenn die Materialen knapp sind (Engpassmaterialien) oder die Lieferanten ein Monopol- oder Oligopolstellung haben. Die Differenzierung zwischen Systemlieferant und Modullieferant ist in der Literatur nicht einheitlich. Systeme und Module werden teilweise synonym verwendet. Zum Teil werden Systeme als komplexer angesehen als Module, meist ist es aber genau entgegengesetzt. Im Folgenden sollen Module als vormontierte, komplexe und einbaufertige Einheiten definiert werden. Beispiele für Module sind die Instrumententafel eines Autos und die Nasszellen beim Bau eines Hotels. Systeme bestehen hingegen aus mehreren Teilen. Sie sind häufig physisch zusammenhängend und oft vormontiert (bspw. Fahrradbremsen), stehen in einem funktional-logischen Zusammenhang (bspw. unterschiedliche Korrosionsschutzmittel) oder stellen eine Kombination aus physischen und funktionalen Zusammenhängen dar.

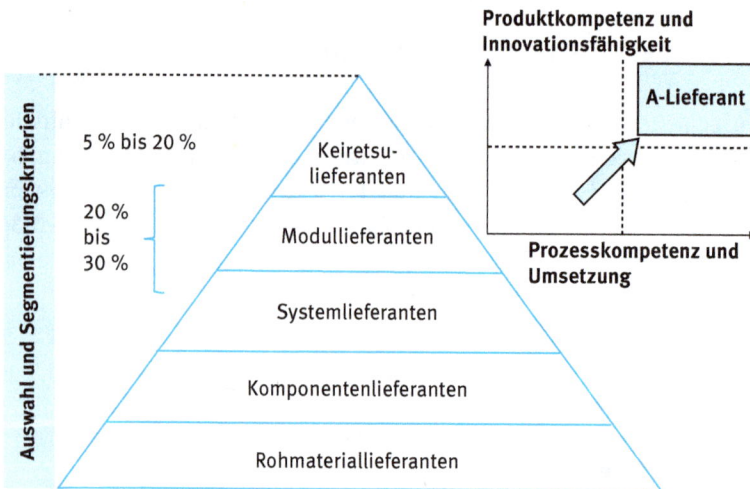

Abb. 6.2: Lieferantenpyramide (Eigene Darstellung in Anlehnung an Helmold (2016))

Keiretsu oder integrierte Lieferanten sind die höchste Stufe in der Einbindung zum Kunden. In Unternehmen wie Bombardier Transportation spricht man auch von Partnern, die durch eine frühe Einbindung in den Entwicklungsprozess mit eingebunden werden sollen (Helmold und Terry 2016). Wogegen Bombardier sehr lose Partnerschaften hat, haben zahlreiche japanische Unternehmen engere Verbindungen, insbesondere in den Bereichen Logistik, Produktionsplanung, Produktionssteuerung, Absatzwirtschaft etc. (Helmold und Terry 2016). Sehr oft gibt es hier auch organisatorische oder EDV-seitige Zusammenarbeit bei der Beschaffung von Materialien. Keiretsu (jap. 系列, wörtlich: Reihe, Linie) bezeichnet eigentlich „japanische Verbundgruppen" von Kunden und Lieferanten. Die Unternehmen sind rechtlich selbständig, aber wirtschaftlich und partnerschaftlich in enger Kooperation voneinander abhängig. Vertikale Keiretsu können Endhersteller und deren Zulieferunternehmen (jap. 企業系列, kigyō keiretsu) bezeichnen oder Handelsketten (jap. 流通系列, ryūtsu keiretsu). Anders als bei horizontalen Keiretsu stammen die Firmen hierbei meist aus derselben Industrie. Zusätzlich sind sie oft eingebettet in ein horizontales Keiretsu. Die Ausprägung der Merkmale ist je nach Keiretsu unterschiedlich. In den Produktionsprozess eines Original Equipment Manufacturer (OEM) sind die Tier-1-Lieferanten am tiefsten integriert. Es wird hier von der verlängerten Werkbank oder Partnern gesprochen. Vorteile für den OEM sind die geringe Produktionstiefe und die Nutzung von Kompetenzen und vom Know-how der Modullieferanten. Nachteilig sind der hohe Koordinationsaufwand, das Risiko des Know-how-Transfers zum Lieferanten und die gegenseitige Abhängigkeit. Arbeitet ein OEM in der Regel mit relativ wenigen Tier-1-Lieferanten zusammen, erhöht sich die Zahl der Zulieferer in folgenden Rangstufen deutlich. Als Ergebnis entwickeln sich ganze Lieferantennetzwerke. Auch bei Lieferantennetzwerken übernahm die Automobilindustrie eine Pionierfunktion. In den 90er-Jahren wurde die Zahl der direkten Zulieferer von 30.000 auf 8.000 reduziert (Kürble et al. 2016). Eine mehrdimensionale Segmentierung ist durch Zuhilfenahme von mehreren Kriterien möglich (Hofbauer et al. 2012). Oft wird die Portfolio-Strategie von Krokowski verwandt (Krokowski 2007, in Hofbauer et al. 2012). Diese untergliedert sich nach der Angebotsmacht der Lieferanten und den Entwicklungspotenzialen. In Verbindung mit den spezifischen Kriterien von Materialien kann man hieraus Normstrategien ableiten. So wird empfohlen für Hebel- und strategische Lieferanten mit strategischen oder Engpassmaterialien Wertschöpfungspartnerschaften oder Allianzen einzugehen. Joint Ventures oder gemeinsame Projekte sind hier möglich und geeignet. Bei Hebellieferanten empfehlen Krokowski und Hofbauer et al. (2007; 2012) das volle Marktpotenzial auszunutzen, wogegen bei Engpassmaterialien enge Partnerschaften eingegangen werden sollten. Abb. 6.3 zeigt die Normstrategien nach Krokowski und Eyholzer et al. (2007; 2002). Die aufgezeigten Normstrategien sind nur als Rahmenwerk zu verstehen, da in den jeweiligen Sektoren eigene Determinanten gegeben sein können. Ein Trend ist jedoch zu sehen, dass bei speziellen Technologien, Materialien oder Know-how des Lieferanten Partnerschaften und Allianzen geknüpft werden.

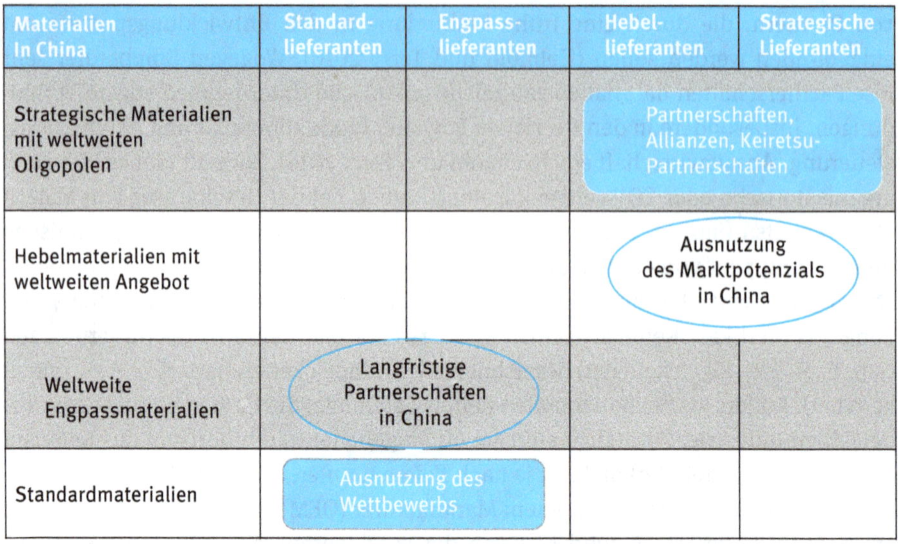

Materialien In China	Standard-lieferanten	Engpass-lieferanten	Hebel-lieferanten	Strategische Lieferanten
Strategische Materialien mit weltweiten Oligopolen			Partnerschaften, Allianzen, Keiretsu-Partnerschaften	
Hebelmaterialien mit weltweiten Angebot			Ausnutzung des Marktpotenzials in China	
Weltweite Engpassmaterialien	Langfristige Partnerschaften in China			
Standardmaterialien	Ausnutzung des Wettbewerbs			

Abb. 6.3: Lieferanten- und Materialgruppenstrategien (In Anlehnung an Hofbauer et al. (2012))

Globale Maturitätsunterschiede der Materialgruppen

Bei der Segmentierung und Einteilung von Materialgruppen und Kategorien, insbesondere bei der mehrdimensionalen Einteilung unter Berücksichtigung von Technologieführerschaften und Innovation, spielen länderspezifische Aspekte eine bedeutende Rolle, wie Abb. 6.4 zeigt.

Europäische, japanische und nordamerikanische Lieferanten haben technische Fertigkeiten und eine Maturität, die Lieferanten aus anderen Ländern noch nicht haben (Helmold und Terry 2016). Dieser Sachverhalt ist insbesondere dann zu berücksichtigen, wenn das eigene Unternehmen einen großen Teil der eigenen Wertschöpfung extern vergibt (Outsourcing). Im Kapitel 3.6 wird detailliert auf die Sourcing-Strategien verwiesen, die im Rahmen der Lieferantensegmentierung und die damit verbundenen Konsequenzen berücksichtigt werden. Helmold und Terry (2016) weisen insbesondere auf Chian hin, wo Schlüsseltechnologien mittlerweile zu Hause sind.

6.3 Materialgruppenstrategien

Eine Material- oder Produktgruppe oder Kategorie (engl. Commodity oder Category) fasst unterschiedliche Einzelteile oder Kategorien in einer Materialgruppe zusammen, die meist aus demselben Grundmaterial bzw. Rohstoff hergestellt oder in eine gleiche Kategorie eingeteilt werden können. Die Unterscheidung von Materialgruppen kann frei festgelegt werden und kann relativ grob oder auch fein sein, dies hängt von dem jeweiligen Zweck ab. Beispiele für Materialgruppen sind: Eisen oder eisenhaltiges Metall, Kupfer, Kunststoff, Gummi, Leder, Holz usw. Andere Aufteilungen erfolgen z. B. nach Elektrik, Mechanik, Aluminium oder Stahl.

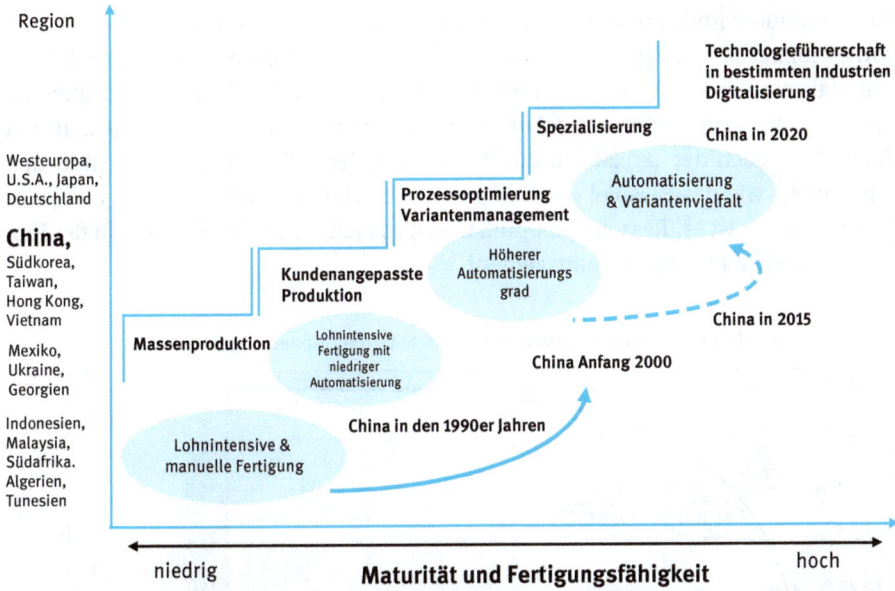

Abb. 6.4: Maturität von Ländermärkten (Eigene Darstellung in Anlehnung an Helmold (2016))

Tab. 6.2: Materialgruppen- und Kategoriemanagement (Eigene Darstellung in Anlehnung an Helmold (2016))

Projekt/Programm	Materialgruppe Innenteile	Materialgruppe Außenteile	Materialgruppe Stahl und Aluminium	Materialgruppe Systeme
Projekt/Programm A				
Projekt/Programm B				
Projekt/Programm C				
Projekt/Programm D				

Materialgruppen	Innenteile	Elektrik	Mechanik	Systeme
Materialgruppe	Schalttafel	Kabelbaum	Aluminium	Bremssystem
Materialgruppe	Sitze	E-Mobilität	Stahl	Getriebe
Materialgruppe	Verkleidungen	Starter	Edelstahl	E-Systeme
Materialgruppe	Andere	Schalttafel	C-Teile	andere

Für international produzierende Unternehmen – wie bspw. die Automobilindustrie, ist es wichtig, die zur Produktion benötigten Ressourcen entsprechend zu bündeln und dadurch besser planen und bewerten zu können. Dadurch soll langfristig die Versorgungssicherheit der Beschaffung bzw. der Einkauf der Materialien für die Produktion sichergestellt sowie Einsparungen bei den Einkaufspreisen erzielt werden. Eine besondere Rolle spielen hierbei in letzter Zeit die seltene Erden, deren Verfügbarkeit immer schwieriger und dadurch auch immer wichtiger wird. Tab. 6.2 zeigt vier Materialgruppen bzw. Kategorien über Innenteile, Außenteile, Stahl/Aluminium und Systeme. Materialgruppenstrategien werden in einem Lieferantenmanagement der Zukunft oft nach der „80:20 Prozent-Regel" bzw. der ABC-Analyse klassifiziert und segmentiert wie das Beispiel der Firma Porsche zeigt (I.O. Abb. 6.5). Das Ziel jedes Unternehmens ist es, Ressourcen optimal zu nutzen. Dies gilt im Vertrieb, in der Produktion und im Lieferantenmanagement.

80% des jährlichen Einkaufsvolumens sind 46 Materialgruppen zugeordnet

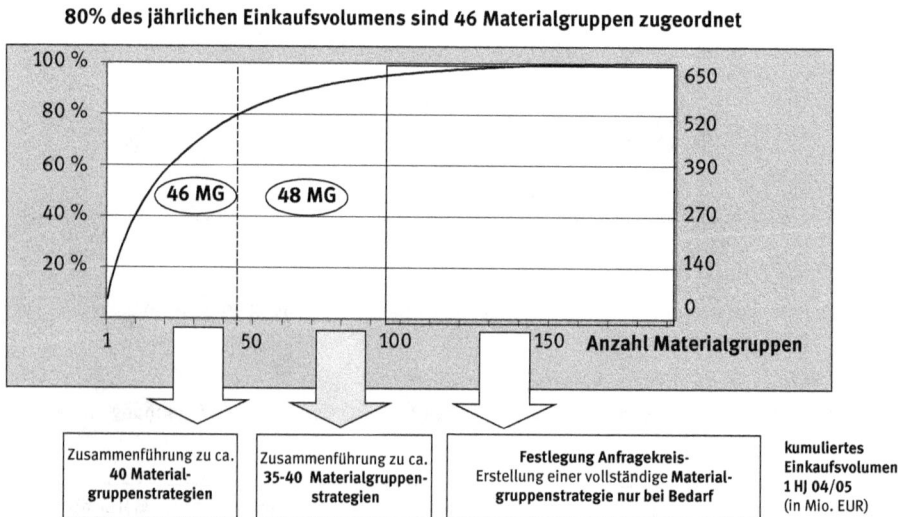

Abb. 6.5: Materialgruppeneinteilung bei Porsche (Porsche Materialgruppeneinteilung, in Anlehnung an Helmold (2011))

Diese 80-zu-20-Regel ist als Pareto-Regel bekannt und lässt sich auch auf die Materialgruppensegmentierung anwenden. Etwa 2% der Lieferanten sorgen für 80% des Einkaufsvolumens mit ca. 46 Materialgruppen (A-Gruppe). Darüber hinaus machen weitere 48 Materialgruppen ca. 15% bis 18% des Gesamteinkaufsvolumens aus (B-Gruppe). Das restliche Einkaufsvolumen von ca. 2% des Gesamtwertes (C-Gruppe) macht die restlichen Materialgruppen aus. Die ABC-Analyse unterstützt die Unternehmensleitung darin, sich über die Ist-Situation des Ressourceneinsatzes und seines Beitrages zum Unternehmensertrag (meist dem Umsatz) ein Bild zu machen. Hierzu wird das Verhältnis von Aufwand und Ertrag in einzelnen, besonders wichtigen

Bereichen untersucht. Untersuchungen haben gezeigt, dass in vielen Fällen mit 20 % der Lieferanten 80 % des Materialeinsatzes erzielt werden.

Materialgruppenstrategie KraussMaffei

Das Einkaufsvolumen innerhalb der KraussMaffei Gruppe verteilt sich auf fünf große Materialgruppen (Internetseite der KraussMaffei Gruppe). Diese fünf Materialgruppen sind die Mechanik, Elektrik, Hydraulik, Anlagen sowie allgemeine Güter und Dienstleistungen. Unter diesen fünf großen Materialgruppen befinden sich eine Reihe von Unter-Materialgruppen. Der Überblick über die wesentlichen Materialgruppen zeigt das Umsatzvolumen oder Einkaufsvolumen der fünf Materialgruppen:

– **Materialgruppe Mechanik:** Das Einkaufsvolumen in der Materialgruppe Mechanik beläuft sich im Jahr auf über 200 Mio. EUR.
– **Materialgruppe Elektrik:** Das Einkaufsvolumen in der Materialgruppe Elektrik beläuft sich im Jahr auf über 120 Mio. EUR.
– **Materialgruppe Hydraulik:** Das Einkaufsvolumen in der Materialgruppe Hydraulik beläuft sich im Jahr auf über 60 Mio. EUR.
– **Materialgruppe Anlagen:** Das Einkaufsvolumen in der Materialgruppe Anlagen beläuft sich im Jahr auf über 130 Mio. EUR.
– **Materialgruppe allgemeine Güter und Dienstleistungen:** Das Einkaufsvolumen in der Materialgruppe allgemeine Güter und Dienstleistungen beläuft sich im Jahr auf über 130 Mio. EUR.

6.4 Kompetenzanforderungen im Lieferantenmanagement

Durch die Fokussierung auf die eigenen Kernkompetenzen und durch die stetig abnehmende Wertschöpfung und das damit verbundene Outsourcing an Lieferanten haben viele Unternehmen verstanden, dass ein Best-in-Class-Lieferantenmanagement für den Unternehmungserfolg von Bedeutung ist (Helmold und Terry 2016). Zahlreiche Unternehmen haben daher in Verbindung mit einer strategischen Beschaffung das Lieferantenmanagement aufgebaut. Aufgrund dieser steigenden Anforderungen innerhalb der Lieferkette zu strategischen und global aufgestellten System-, Modul- oder Komponentenlieferanten hat sich auch das Aufgabengebiet und Kompetenzfeld für die Lieferantenmanager geändert, wie Abb. 6.6 zeigt. Lieferantenmanager benötigen weiche und harte Kompetenzen, da er (oder sie) als interner und externer Verantwortlicher die zentrale Koordinationsstelle für die Gesamtverantwortung der Zuliefererfirmen inne hat, und diese Gesamtverantwortung umfasst neben dem Beziehungsmanagement und kulturellen Aspekten auch Qualitäts-, Vertrags-, Logistik- und Kostenziele (Helmold und Terry 2016).

Weiche
Kompetenzen

Sprachkenntnisse

Kenntnisse über
China

Moderator

Interkulturelle
Kompetenz

Vernetzung

Logistikkonzepte

Nutzung von
digitalen Medien

Vertragswissen

Qualitäts-
werkzeuge

Projekt-
management

Harte
Kompetenzen

Kenntnisse in der
Kalkulation

Methoden der
schlanken Produktion

Abb. 6.6: Kompetenzen der Lieferantenmanager in China (Eigene Darstellung in Anlehnung Helmold und Terry (2016))

Hier obliegt ihm eine regelmäßige Messung der Lieferantenperformance anhand geeigneter Methoden. Lieferantenmanager beraten Zulieferer ganzheitlich im Sinne einer Lieferantenförderung und arbeiten an der Schnittstelle von Qualitätsmanagement, Einkauf, Produktion und Entwicklung eng mit den Lieferanten zusammen und unterstützen diese fachlich bei der Umsetzung und Optimierung qualitativer und logistischer Prozesse. Die Tätigkeit als Lieferantenmanager beinhaltet z. B. die Mitarbeit in Neuproduktprojekten, die Anlaufvorbereitung und die enge Zusammenarbeit mit der Produktion an internationalen Standorten. Lieferantenmanager arbeiten mit Lieferanten zusammen und verantworten den reibungslosen Produktionsbetrieb in der Serienvorbereitung und Serienbelieferung. Außerdem planen und leiten sie eigenverantwortlich Lieferantenfördermaßnahmen im In- und Ausland. Bei dem Auftreten von Störungen wird der Lieferantenmanager von Linienabteilungen Qualitätsvorausplanung, dem Einkauf, der Fertigung und allen relevanten Abteilungen unterstützt. Kontinuierliche Weiterentwicklung der Prozesse und Methoden des gesamten Lieferantenqualitätsmanagements ist ein „Muss" für jeden Lieferantenmanager. Weiterhin obliegt ihm die Festlegung der Lieferanten in enger Zusammenarbeit mit dem Einkauf, der Qualitäts- und der Entwicklungsabteilung anhand von Analysemethoden wie VDA 6.3 (Prozessaudit). Ebenso muss ein Lieferantenmanager crossfunktional und weltweit vernetzt arbeiten können. Ein Lieferantenmanager versteht es, Experten eines global agierenden Netzwerkes in den jeweiligen Teilprojekten einzusetzen, zu steuern und zu „dirigieren". Der Lieferantenmanager sollte ein fundiertes Anwenderwissen im Lieferanten- und Qualitätsmanagement haben. In zahlreichen Firmen kommen

Lieferantenmanager aus den unteren oder mittleren Führungsebenen der Fachabteilungen. Die Kernkompetenzen eines Lieferantenmanagers sehen wie folgt aus:
- Fundierte Ausbildung in den Bereichen Betriebswirtschaftslehre, Ingenieurwesen oder Wirtschaftsingenieurwesen
- Einschlägige Berufserfahrung im Lieferantenmanagement in der jeweiligen Industrie
- Erfahrung in der Durchführung von Audits und Lieferantenentwicklungsmaßnahmen
- Kooperations- und Konfliktlösungskompetenz
- Durchsetzungsvermögen sowie hohe Methodenkompetenz
- Erfahrung im internationalen Einkauf
- Kenntnisse im Produktentstehungsprozess und Technikverständnis

Neben den aktuellen Kernvoraussetzungen muss ein Lieferantenmanager methodensicher sein. Insbesondere bei der Einbringung bzw. dem Ausbau der Prinzipien der schlanken Produktion in die Lieferkette ist Kommunikationsstärke erforderlich. Aufgrund der Notwendigkeit von Coachingmaßnahmen bei Lieferanten müssen ebenso Moderationsfähigkeiten vorhanden sein. Neben den Kernkompetenzen sind auch die nachstehenden Anforderungen unabdingbar:
- Berufserfahrung im Bereich der Qualität und Logistik
- Erfahrung im Projektmanagement
- Erfahrungen in der Preis-Wert-Analyse und Kostenmodellen
- Wissen im Bereich der kontinuierlichen Verbesserungen, der schlanken Produktion und Six Sigma
- Erfahrung im Durchführen von Coachingmaßnahmen
- Kompetenz im Steuern von virtuellen und internationalen Netzwerken

Neben den o. g. Anforderungen muss ein Lieferantenmanager im Rahmen einer 360-Grad-Analyse darüber hinaus Kenntnisse im Finanzwesen und anderen Disziplinen haben, um seine Aufgabe ganzheitlich zu erfüllen. Die zuvor genannten Anforderungen zeigen, dass sich das Anforderungsprofil und die Aufgaben des Lieferantenmanagers radikal geändert haben: vom reinen „Beschaffer" und „Kostendrücker" zum „Wertbringer" und „Wertgestalter". Zahlreiche Unternehmen bilden ihre Lieferantenmanager in der eigenen Akademie aus. Dieser Sachverhalt wird in den späteren Kapiteln thematisiert.

6.5 Sourcing-Strategien

Eine besondere Herausforderung für jedes Unternehmen ist es, die Komplexität im Lieferantenmanagement zu beherrschen (Kürble et al. 2016). Es gilt für die Vielzahl der zu beschaffenden Güter und Dienstleistungen die jeweils beste Lösung unter mehreren Optionen zu finden. Dies erfordert heutzutage vernetztes Denken, wirtschaftliches Handeln unter Unsicherheit in einer komplexen Umwelt sowie die Suche und Realisierung von Synergieeffekten. So ist die Beziehung zu den Zulieferern oft ambivalent.

Abb. 6.7 zeigt Sourcing-Strategien in Anlehnung an Arnold (1997). Sourcing-Strategien können nach Eigen- oder Fremdfertigung, Anzahl der Lieferanten, Funktionsumfang, Arealstrategien, Marketinggesichtspunkten oder politischen Gesichtspunkten unterschieden werden.

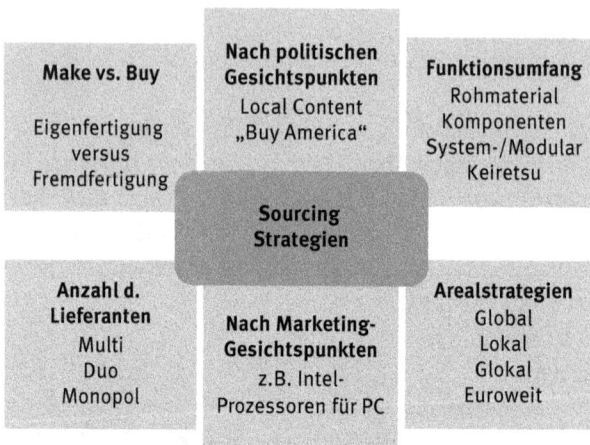

Abb. 6.7: Sourcing-Strategien (Eigene Darstellung in Anlehnung an Arnold, U. (1997, S. 97 ff.))

Denn sie stellen einerseits die Marktgegenseite dar und können, wenn sie über eine große Verhandlungsmacht verfügen, eine Bedrohung für den eigenen wirtschaftlichen Erfolg darstellen. Andererseits sind sie auch Partner innerhalb der Wertschöpfungskette und können so den Unternehmenserfolg positiv beeinflussen. Es ist völlig klar, dass die Optimierung in einem hoch komplexen Umfeld nicht für jeden konkreten Beschaffungsprozess gesondert bestimmt werden kann. Aus diesem Grund formulieren die Unternehmen längerfristig angelegte Strategien bzw. zweckgebundene Handlungsweisen, um die Versorgungsziele zu erreichen. Diese unterschiedlichen Sourcing-Strategien werden oft auch als Versorgungskonzepte oder als Beschaffungsformen bezeichnet. Sie bilden den Rahmen für die spätere operative Durchführung der jeweiligen Beschaffung.

Von den sechs Differenzierungsarten des Sourcings ist das Feld ‚Eigenfertigung/Fremdbezug' aus zwei Gründen hervorgehoben:

1. Die erste Entscheidung, die getroffen werden muss, ist die, ob die Inputfaktoren im eigenen Unternehmen erstellt oder von anderen Unternehmen bezogen werden sollen. Dies sind sog. „Make-or-Buy-Entscheidungen".

2. Die anderen Differenzierungsmöglichkeiten stellen lediglich unterschiedliche Outsourcing-Strategien dar und blenden das Insourcing aus. D. h. sie befassen sich mit der konkreten Ausgestaltung der Bezugsart, wenn die grundlegende Entscheidung für einen Fremdbezug gefallen ist.

Sollte ein Fremdbezug sinnvoll sein, so ergeben sich, wie bereits angesprochen, verschiedene Möglichkeiten der Koordination, wobei die Übergänge vom Insourcing zum Outsourcing fließend sind. Die nachfolgende Darstellung gibt hier einen Überblick. Die Grundannahme ist, dass wird von Transaktionskosten abgesehen, ein Unternehmen (Outsourcing-Kunde) seine Aktivitäten auf externe Anbieter (Outsourcing-Anbieter) verlagert, wenn der Marktpreis der ausgelagerten Aktivitäten niedriger ist als die internen Grenzkosten dieser Aktivität. Die Kostenersparnis soll durch das der Eigenerstellung gegenüber günstigere Angebot des Anbieters, aufgrund von Größenvorteilen und geringeren Löhnen, erzielt werden. Idealerweise kann dieser Anbieter darüber hinaus durch seine inhaltliche Fokussierung und dem damit erhofften Aufbau von Know-how dieses günstigere Angebot mit einer vergleichsweise besseren Qualität erfüllen. Schließlich wird als drittes Argument oft der Ausgleich von Produktionsschwankungen genannt. Neben der Frage der betroffenen Unternehmensbereiche spielt auch die Form des Outsourcings eine wesentliche Rolle bei der Entscheidung für oder gegen Outsourcing. Das partielle Outsourcing steht eher für Outtasking, also die Fremdvergabe von Teilaufgaben oder Teilbereichen. Die Grundidee und -annahme besteht darin, eine Gesamtaufgabe in Teilaufgaben (engl. Tasks) zu unterteilen, da mitunter bei sehr komplexen Aufgaben eine Gesamtkompetenz eines Outsourcing-Anbieters eher angezweifelt wird. Das reine Outsourcing bezeichnet die vollständige Auslagerung einer Aufgabe oder eines Unternehmensbereichs an einen Outsourcing-Anbieter, wie dies etwa im Bereich des Mobilfunks in Bezug auf Call Center zu beobachten ist. Beim reinen Outsourcing lassen sich verschiedene Fristigkeiten unterscheiden. Das kurzfristige reine Outsourcing bezieht sich auf die reine Markttransaktion, also die Leistungserstellung durch Externe und die Nachfrage dieser Leistung im Sinne einer klassischen Marktnachfrage. So kann es beispielsweise bei einer vorangegangenen Auslagerung von Kantinenleistungen im Rahmen eines besonderen Festaktes dazu kommen, dass eben dieser Outsourcing-Anbieter für den Festakt einen eigenständigen Gestaltungsauftrag erhält. Da der Outsourcing-Anbieter in diesem Moment aber mit anderen Anbietern im Markt konkurriert und die zu erbringende Leistung vertraglich unabhängig von den sonstigen Leistungserbringung im Rahmen der Kantinenleistungen sein kann, tritt hier der Markt als Koordinationsmechanismus auf. Bei den mittelfristigen ebenso wie bei den langfristigen Formen des Outsourcings handelt es sich um verschiedene Möglichkeiten der vertraglich fixierten Zusammenarbeit. Denn obwohl Outsourcing in der Theorie gewöhnlich als langfristig ausgelegte Vereinbarung beschrieben wird, finden in der Realität oft kurz- und mittelfristige Auslagerungen statt. Dies hängt u. a. damit zusammen, dass zum einen die Transaktionskosten einer Auslagerung häufig von den beteiligten Unternehmen unterschätzt werden, die Kosteneinsparungen nicht realisiert werden und damit Unternehmen die vormals ausgelagerte Leistung wieder in das Unternehmen verlagern, oder Unternehmen zu anderen Outsourcing-Anbietern nur betreiben, um Produktionsspitzen abzudecken, bzw. die Kompetenz der Outsourcing-Anbieter und Qualität der gelieferten Leistungen hinter den Erwartungen zurückbleiben. Darüber hinaus erscheint es logisch, dass mit zunehmender Auslagerung von Prozessen und damit ggf. einer gestiegenen Effizienz, die Gewinnspannen (engl. Profit Margins) aufgrund eines geringeren Anteils am Wertschöpfungsprozess sinken. Der eventuell erzielte Kostenvorteil muss also unter Umständen durch sinkende Profit Margins erkauft werden und ist dann nicht zwingend von langfristigem Wettbewerbsvorteil. Zudem kann der Wettbewerbsvorteil aufgrund von Imitation durch Wettbewerber von nur temporärer Natur sein.

Innerhalb des langfristigen reinen Outsourcings haben sich viele verschiedene Sourcing-Strategien herausgebildet. Diese bilden den Rahmen für die operativen Tätigkeiten im Beschaffungsprozess. Diese Sourcing-Strategien werden im Folgenden näher erläutert. Unter Single Sourcing wird die freiwillige Festlegung auf nur eine Bezugsquelle verstanden. Es ist daher vom sog. Sole Sourcing abzugrenzen. Auch hier liegt ein Einzelquellenbezug vor, der aber nicht freiwillig geschieht. Vielmehr hat hier ein Lieferant eine Monopolstellung. Im Fokus des Single Sourcings stehen Kostensenkungspotentiale und die Möglichkeit eine langfristige Beziehung zum Lieferanten aufzubauen. Die Kostensenkungspotentiale ergeben sich einerseits durch günstigere Preise wegen der Abnahme von Großmengen. Andererseits werden die Transaktionskosten erheblich gesenkt. Zudem ist es möglich durch Rahmenverträge den Bezug von Materialien langfristig abzusichern. Ferner kann mit einer bevorzugten Behandlung bspw. bei Sonderanfertigungen oder Lieferengpässen gerechnet werden, da das eigene Unternehmen aus Sicht des Lieferanten ein wertiger Kunde ist. Diesen Vorteilen stehen aber auch gewisse Nachteile gegenüber. So ist die Abhängigkeit von der einzigen Bezugsquelle sehr groß. Hat der Lieferant Probleme, die bestellten Materialien in der gewünschten Quantität, Qualität und/oder Zeit zur Verfügung zu stellen, hat dies direkte Auswirkungen auf die eigene Situation. Ein schnelles Ausweichen auf eine andere Bezugsquelle erweist sich besonders dann als schwierig, wenn wegen der engen Geschäftsbindung zum Lieferanten die Beschaffungsmarktforschung vernachlässigt worden ist. Die Vernachlässigung der Beschaffungsmarktforschung aufgrund von Single Sourcing kann zudem dazu führen, dass ein Unternehmen nicht erkennt, dass trotz Preisnachlässen wegen großer Bestellmengen die Materialpreise zu hoch sind. Gleiches gilt bei qualitativen Materialeigenschaften oder bei der Servicequalität des Lieferanten. Beim Multiple Sourcing werden die Materialien bei unterschiedlichen Lieferanten bezogen. Sinn dieser Strategie ist es, die Abhängigkeiten zu einzelnen Lieferanten zu vermeiden und so die Risiken des Single Sourcings auszuschalten. Ferner kann das eigene Unternehmen den Wettbewerb unter den Lieferanten ausnutzen. Der Lieferantenwettbewerb kann sich auf mehrere Parameter beziehen. Wettbewerbsparameter sind bspw. der Preis, die Lieferbedingungen, die Produktqualität, Garantien, der Service, etc. Als Nachteile des Multiple Sourcings können die schon genannten Vorteile des Single Sourcings angesehen werden. Die Möglichkeit von Mengenrabatten wird durch Multiple Sourcing stark eingeschränkt. Beim Dual Sourcing werden die Materialien bei zwei Lieferanten bezogen. Die Art der Aufteilung zwischen den beiden Bezugsquellen kann auf unterschiedlichste Art und Weise erfolgen. Möglich wären fallweise Entscheidungen, das Bilden von Quoten oder das Aufteilen der Bestellungen nach Regionen. Letzteres wird häufig durchgeführt, wenn das Unternehmen mehrere Produktionsstandorte hat. Das Dual Sourcing stellt den Versuch dar, die Vorteile von Single Sourcing und Multiple Sourcing zu verbinden. So bestehen weiterhin die Möglichkeiten durch Großmengen günstige Preise zu erzielen, die Transaktionskosten zu senken und eine partnerschaftliche Beziehung zu den beiden Lieferanten aufzubauen. Zudem wird die hohe Lieferantenabhängigkeit reduziert. Hat ein Lieferant Lieferprobleme ist es möglich auf den anderen Lieferanten umzusteigen. Auch ein gewisser Wettbewerb bleibt zwischen den Lieferanten bestehen. Die Arealstrategien unterscheiden sich nach der räumlichen Ausdehnung der Beschaffungsaktivitäten. Die größte räumliche Ausdehnung hat das Global Sourcing. Die wachsende Globalisierung der Wirtschaft, fallende Handelsbeschränkungen und die Möglichkeiten moderner Kommunikationstechnologien machen das Global Sourcing heutzutage auch für kleine und mittelständische Unternehmen interessant. Der Begriff ‚Globalisierung' wird in den Medien und in politischen Diskussionen meist auf Aspekte der Kostensenkung reduziert. Dies ist ein Hauptgrund, weshalb dieser Begriff negativ belegt ist. Auch Global Sourcing beschränkt sich nicht nur auf die Kostensituation. Trotzdem spielt die Kostensenkung häufig eine wichtige Rolle bei der Entscheidung den Inputbedarf auf dem Weltmarkt zu decken. In diesem Fall wird auch von LCCS gesprochen. Weiter gefasst ist das Best Cost Country Sourcing (BCCS), das im Sinne eines Total-Cost-Ansatzes neben dem Bezugspreis fünf weitere Aspekte berücksichtigt. Diese Aspekte sind: Qualität, Koordinationsaufwand, Innovationskosten, Kundensensibilität und auch der Know-how-Schutz. Noch weiter geht das Best Value Country Sourcing. Es trägt auch ethischen Aspekten, der Flexibilität, der Verfügbarkeit von Arbeitskräften und dem Nachhaltigkeitsgedanken Rechnung. Die Vorteile von Global Sourcing liegen auf der Hand. Das eigene Unternehmen ist so in der Lage die meisten Optionen zu nutzen, um den eigenen Bedarf optimal zu befriedigen. Wobei hier nochmals darauf hingewiesen werden soll, dass optimale Bedarfsbefriedigung nicht mit der bloßen Kostenreduktion gleichzusetzen ist. Allerdings ergeben sich beim Global Sourcing auch eine Reihe von Nachteilen und Risiken. Beispielhaft seien genannt: hoher Informationsbedarf und damit steigende Informationskosten, gesteigerter Koordinierungsaufwand, kulturelle Verständigungsprobleme, Rechtsunsicherheit (auch beim Schutz von geistigem Eigentum) und Währungsrisiken. Zudem ist Global Sourcing für eine JIT-Produktion nicht geeignet. Das Gegenteil zu Global Sourcing ist das Local Sourcing. Hier liegen die Beschaffungsquellen in räumlicher Nähe zum eigenen Unternehmen. Allerdings ist die Bezeichnung „in räumlicher Nähe" nicht definiert, so dass mitunter recht unterschiedliche räumliche Beschaffungsformen als „Local Sourcing" bezeichnet werden. Gemeint kann eine Beschaffung in der unmittelbaren Nähe (bspw. in sog. Lieferantenparks), in der Region oder auf dem nationalen Heimatmarkt sein.

Letztere Variante wird auch als Domestic Sourcing bezeichnet. Local Sourcing ist für JIT-Anlieferung und JIT-Produktion sehr gut geeignet, so dass schon die Art der Produktion die Art des Sourcings vorwegnehmen kann. Weitere Aspekte, die für diese Art der Beschaffung sprechen sind Logistikkosten, die im Verhältnis zum reinen Materialwert sehr hoch sind, eine hohe Lieferantenflexibilität aufgrund von schlecht kalkulierbarem Bedarf, eine Risikoreduktion aufgrund von höherer Rechtssicherheit und Wegfall von Währungsrisiken. Daneben spielen auch Imagegründe und Kundensensibilität eine Rolle. Ein Unternehmen, das mit der Herkunftsbezeichnung und dem Qualitätssiegel „Made in Germany" wirbt, stellt seine Glaubwürdigkeit aufs Spiel, betriebe es Global Sourcing. Auch wegen Nachhaltigkeitsaspekten und aus ökologischen Gründen kann die Wahl bewusst auf Bezugsquellen in räumlicher Nähe fallen. Euro Sourcing ist eine Zwischenform von Global Sourcing und Local Sourcing. Der EU-Binnenmarkt stellt quasi eine Globalisierung im europäischen Rahmen dar, wobei die Integration der nationalen Märkte sehr weit fortgeschritten ist und die Rechtssicherheit im Vergleich zu einer globalen Bedarfsbeschaffung wesentlich höher ist. Im Euroraum wird zudem das Wechselkursrisiko ausgeschlossen. Die Optionen zur Bedarfsoptimierung sind im Vergleich zum Local Sourcing um ein Vielfaches höher. „Local Content" bedeutet die Höhe des regionalen Wertschöpfungsanteils der Produkterstellung, der sich durch Erbringung lokaler bzw. nationaler Zulieferteile bzw. am Montagestandort erbrachter Arbeitsleistung aufaddiert. Vorschriften zur Erwirtschaftung von Local Contents richten sich im Rahmen der internationalen Marktbearbeitung von Freihandelszonen an Unternehmen aus Drittstaaten und sollen diese zur Befolgung der nationalen Wirtschaftspolitik anleiten. Sie stellen handelsbezogene Investitionsauflagen dar und verstoßen teilweise gegen geltendes Welthandelsrecht (World Trade Organization [WTO]). In vielen Ländern gibt es besondere Vorschriften, wie hoch der Wertschöpfungsanteil für das gefertigte Produkt sein muss. Insbesondere in der Automobil-, Bahn- oder Luftfahrtindustrie gibt es „Local Content" Vorschriften. In den Vereinigten Staaten von Amerika gibt es den „Buy America Act", der besagt wie hoch die Wertschöpfung aus den USA sein muss. Als letzte Strategie steht die Marketing-Sourcing-Strategie. Hier entscheiden markenrelevante Gründe, die für den Kunden enorm wichtig sind bei der Sourcing-Strategie. So ist es aus Marketinggesichtspunkten zwingend notwendig als Hersteller von PCs einen Intel-Chip zu haben. Das gleiche gilt für den Hersteller von Fahrrädern, die mit Shimano-Bremsen einen speziellen Systemlieferanten mit hoher Marktreputation auswählen müssen.

6.6 Preis-Wert-Analyse als Hebelinstrument für Einsparungen in China

Die Preis-Wert-Analyse (oder Wert-Preis-Analyse; engl. Price-Value-Analysis, Cost Benchmarking, Cost Estimation) geht auf *General Electric* zurück und ist ein geeignetes

Werkzeug des Lieferantenmanagements, Einsparpotenziale von bis zu 30 %, in manchen Fällen sogar mehr, der Verkaufspreise zu erzielen (Helmold und Terry 2016). Der damalige Einkaufsleiter von General Electric generierte das Instrument 1947, um Kostensenkungspotentiale beim Einkauf Produkten zu generieren. Gemäß der alten DIN 69910 wird unter einer Wertanalyse „das systematische analytische Durchdringen von Funktionsstrukturen mit dem Ziel einer abgestimmten Beeinflussung von deren Elementen (z. B. Kosten, Nutzen) in Richtung einer Wertsteigerung" verstanden. „Die Preis-Wert-Analyse ist also die systematische Anwendung bewährter Controlling-Techniken zur Ermittlung der Funktionen eines Erzeugnisses oder einer Arbeit, zur Bewertung der Funktionen und zum Auffinden von Wegen die notwendigen Funktionen mit den geringsten Gesamtkosten verlässlich zu erfüllen" (Kürble et al. 2016). Es entstehen Kostenreduktionspotenziale indem nur die eingekauften Produkte und ihre Funktion eingesetzt werden, die den Anforderungen möglichst exakt genügen. Daher ist es wichtig die Inputfaktoren zu identifizieren, die mit überflüssigen und nicht ausreichenden Funktionen ausgestattet sind. Die Wertanalyse beschäftigt sich mit den Wirkungen eines Produktes, eines Ablaufes, die in Funktionen formuliert werden. Es wird überprüft: welche Wirkungen das Produkt oder der untersuchte Prozess überhaupt entwickeln soll; ob alle Wirkungen, die ein Objekt entfaltet, gewünscht oder notwendig sind; ob sich die gewünschten Wirkungen mit anderen Lösungen kostengünstiger und besser realisieren lassen; welchen Preis ein Kunde bereit ist für die Wirkung zu bezahlen. Der zentrale Maßstab aller Entscheidungen bei der Wertanalyse ist der Begriff Wert, der allgemein durch das Verhältnis Nutzen zu Aufwand definiert wird. Grundsätzlich muss der Wert > 1 sein und soll durch den Einsatz der Wertanalyse weiter gesteigert werden. Zahlreiche Unternehmen in verschiedenen Sektoren haben die Wert-Preis-Analyse optimiert und generieren aus der Funktion ihre Zielkosten für die einzukaufenden Produkte. Das Lieferantenmanagement hat hier die Aufgabe, die Lieferanten in die Analyse mit einzubinden und die Wert-Preis-Analyse auf die Produktionsprozesse zu übertragen. Ein großes Potenzial bietet für Produkte mit großer Wertschöpfung die Substitution, also den Ersatz von Rohmaterialien mit anderen, die von lokalen Lieferanten kommen. Ebenso können niedrigere Spezifikationsmerkmale oder der Ersatz von Materialien zu enormen Kosteneinsparungen führen. Die begleitenden Normen sind heute auf europäischer Ebene die DIN EN 1325-1 (Wertanalyse und Funktionenanalyse), DIN EN 1325-2 (Value Management) und DIN EN 12973 (Value Management). Zudem hat der VDI in seiner Richtlinie VDI 2800 Grundschritte und Teilschritte für die Wertanalyse definiert, die sich an der alten Einteilung nach DIN 69910 orientieren. Der VDI formulierte den Prozess einer Wertanalyse wie in Tab. 6.3 zu sehen ist.

Die Preis-Wert-Analyse überschneidet sich inhaltlich deutlich mit dem Konzept von „Value Engineering". Value Engineering ist eine Planungsmethode für die Entwicklung oder Verbesserung von Projekten, Produkten, Aufgaben und Services. Ziel ist es dabei, Wert und Nutzen unter geringstmöglichem Ressourceneinsatz zu optimieren. Value Engineering nutzt dabei einen strukturiert organisierten Denkprozess in

Funktionen und deren logische Zusammenhänge – „Value Engineering Grundidee". Funktionen erklären, was etwas tut, die Aufgabe, den Zweck, was bewirkt werden soll – die Wirkung (Funktion ausgedrückt durch Hauptwort + Zeitwort, z. B. Personen befördern). Value = Wert ist der zu erzielende Nutzen in Abhängigkeit zu den eingesetzten Ressourcen. Engineering steht für Neues entwickeln, planen und entwerfen (lat. Ingenium, heißt „sinnreiche Erfindung" oder „Scharfsinn").

Tab. 6.3: Projektschritte für die Preis-Wert-Anaylse (Kürble et al. (2006))

Grundschritt	Teilschritt
1. Projekt vorbereiten	1.1 Objekt auswählen
	1.2 Grobziel mit Bedingungen festlegen, Untersuchungsrahmen abgrenzen
	1.3 Projektorganisation festlegen
	1.4 Einzelziele aus Grobzielen herleiten
	1.5 Projektablauf planen
2. Objektsituation analysieren	2.1 Objekt- und Umfeld-Informationen beschaffen
	2.2 Kosteninformationen beschaffen
	2.3 Funktionen ermitteln
	2.4 Lösungsbedingende Vorgaben ermitteln
	2.5 Kosten den Funktionen zuordnen
3. Soll-Zustand beschreiben	3.1 Informationen auswerten
	3.2 Soll-Funktionen festlegen
	3.3 Lösungsbedingende Vorgaben festlegen
	3.4 Kostenziele den Soll-Funktionen zuordnen
4. Lösungsideen entwickeln	4.1 Vorhandene Ideen sammeln
	4.2 Neue Ideen entwickeln
5. Lösungen festlegen	5.1 Bewertungskriterien festlegen
	5.2 Lösungsideen bewerten
	5.3 Ideen zu Lösungsansätzen verdichten und darstellen
	5.4 Lösungsansätze bewerten
	5.5 Lösungen ausarbeiten
	5.6 Lösungen bewerten
	5.7 Entscheidungsvorlage erstellen
	5.8 Entscheidung herbeiführen
6. Lösungen verwirklichen	6.1 Realisierung im Detail planen
	6.2 Realisierung einleiten
	6.3 Realisierung überwachen
	6.4 Projekt abschließen

Wirtschaft und Industrie verwenden, für deren Bedürfnisse entwickelt, Wertanalyse und Value Management welche auch die „Value Engineering Grundidee" beinhalten. Insbesondere in der Automobilindustrie ist das Konzept des Value Engineering oder Value Planning sehr weit verbreitet. Das Value Engineering geht sogar soweit, dass ein komplettes Fahrzeug auseinandergebaut wird und jede Hauptkomponente

hinsichtlich „Fit, Form und Funktion" kostenseitig überprüft wird. Da die Durchführung einer Wertanalyse ein sehr komplexes Unterfangen darstellt, empfiehlt es sich, ein Wertanalysen-Team mit Mitgliedern aus unterschiedlichen Abteilungen (bspw. Mitarbeiter der Produktion, der Konstruktion, der Arbeitsvorbereitung, des Rechnungswesens, des Verkaufs und des Einkaufs) einzurichten. Weitere Einsparpotentiale sind möglich, indem die Ergebnisse der Wertanalyse durch die üblichen Instrumente zur Standardisierung weiter optimiert werden. Das Value Engineering des Lieferantenmanagements 2030 geschieht crossfunktional, partnerschaftlich und wertschöpfungskettenübergreifend im Rahmen einer „Open Book" Policy, d. h. das alle Kosten gegenseitg offengelegt werden (Helmold und Terry 2016). Transparenz bei der Preis-Wert-Analyse und beim Value Engineering sind der Schlüssel zum Erfolg.
Materialgruppe

1. Technologie
2. Programm, Fahrzeugplattformen
3. Möglichkeit zum Lieferantenwechsel
4. Kosten für einen Lieferantenwechsel

Tab. 6.4 zeigt Einsparpotenziale der einzelnen Kostenelemente im Rahmen einer erweiterten Zuschlagskalkulation.

Auf einer der sechsseitigen Strategie ist eine Ausrichtung über die nächsten drei bis fünf Jahre sichtbar. Hier sind die Projekte/Plattformen und die potenziellen Lieferanten sichtbar (Helmold 2011; 2016). Innerhalb der Strategie werden Werkzeuge von Porter (Porter's Five Forces) und Stärken und Schwächen dargestellt (Abb. 6.3). Parallel zu der Strategie werden mit den Lieferanten, die als strategisch wichtig eingestuft werden, langfristige Partnerschaftsverträge abgeschlossen.

Tab. 6.4: Preis-Wert-Anayse: Einsparpotenziale in China (Eigene Darstellung in Anlehnung an Helmold (2016))

	Kostenelement	Einsparpotenzial
	Sondereinzelkosten des Materials	1–3 % durch Nutzung und Qualifizierung von lokalen Rohmaterialien
+	Materialgemeinkosten	1–3 % durch Substitution von Rohmaterialien und Zukaufteilen
+	Materialeinzelkosten	1–3 % durch Verwendung von lokal entwickelten und eingesetzten Teilen
=	Materialkosten (MK)	
+	Lohnsondereinzelkosten	1–3 % durch Produktivitätsverbesserungen und effiziente Qualifizierung am Produkt
+	Lohngemeinkosten	3–5 % durch Vermeidung zusätzlicher Qualitäts- und Qualifizierungsmaßnahmen entlang der Wertschöpfungskette

Tab. 6.4: (fortgesetzt)

	Kostenelement	Einsparpotenzial
+	Lohneinzelkosten	1–3 % durch effizienteren und fehlerfreien Qualifizie-rungsprozess, insbesondere durch Vermeidung von zusätzlichen Audits und Abnahmen
=	Lohnkosten (LK)	
+	Fertigungseinzelkosten	5–10 % durch Produktivitätsverbesserungen und den Einsatz schlanker Produktionsmethoden
+	Fertigungsgemeinkosten	5–10 % durch Produktivitätsverbesserungen und den Einsatz schlanker Produktionsmethoden
+	Sondereinzelkosten der Fertigung	5–10 % durch Produktivitätsverbesserungen und den Einsatz schlanker Produktionsmethoden
+	Maschinenkosten	5–10 % durch den Einsatz von Maschinen, die in China gefertigt werden
=	Fertigungskosten (FK)	
=	**Herstellkosten (MK + LK + FK)**	
+	Bestandserhöhungen	5–10 % durch Einsatz schlanker Produktionsmethoden mit Fokus auf Bestandsoptimierung
–	Bestandsminderungen	5–10 % durch Einsatz schlanker Produktionsmethoden mit Fokus auf Bestandsoptimierung
=	**Herstellkosten des Umsatzes**	
+	Verwaltungsgemeinkosten	1–3 % durch Digitalisierung (Abrufe, papierlose Prozesse, Internetplattformen, Industrie 4.0)
+	Vertriebs- und Logistikkosten	1–3 % durch Digitalisierung (Abrufe, papierlose Prozesse, Internetplattformen, Industrie 4.0)
+	Sondereinzelkosten des Vertriebs und der Logistik	5–20 % durch Vermeidung von zusätzlichen Logistikauf-wänden (z. B. Luftfrachten)
=	**Selbstkosten oder kurzfristige Preisuntergrenze**	
+	Gewinnaufschlag	1–5 % durch die Einführung einer offenen Kalkulation (engl. Open Books)
=	Barverkaufspreis	
+ /–	Cash-Effekte Skonto/Veränderung der Zahlungsbedingungen	1–2 % durch Nutzung von verlängerten Zahlungszielen von 30 auf 60 oder 90 Tagen
–	Rabatte (Mengenrabatte, Rabatte durch Verspätungen oder Qualität)	1–3 % durch schlanke, stabile und virtuelle Prozesse, insbesondere durch „Claim"-Management
=	**Listenverkaufspreis**	**10–30% Einsparpotenziale**

7 Operatives Lieferantenmanagement in China

7.1 Operative Ziele im Lieferantenmanagement

Die operativen Ziele des Lieferantenmanagements beziehen sich in erster Linie darauf, die Leistung der Lieferanten zu erhöhen und die Beschaffungskosten zu senken. Operative Ziele haben eine kurzfristige Ausrichtung (Helmold und Terry 2016; Hofbauer et al. 2012; Emmett und Crocker 2009). Operative Ziele leiten sich aus den strategischen Zielen ab und dienen dazu, einen reibungsfreien Ablauf zu gewährleisten.

Abb. 7.1 zeigt operative Ziele des Lieferantenmanagements.

Operative Ziele beziehen sich auf die gleichen Kriterien wie die strategischen, haben aber einen sehr kurzfristigen Zielhorizont in der Umsetzung (Helmold und Terry 2016):

– Kosten
  – Materialkosten
  – Werkzeugkosten
  – andere Einmalkosten
  – indirekte Kosten
  – Logistik- und Reklamationskosten
  – Änderungskosten
– Qualitätsziele
  – Defekte und Ausschussraten (engl. Non-Conformities)
  – Umsetzung kurzfristiger Qualitätsmaßnahmen
  – Anlieferqualität (insbesondere kurzfristige Maßnahmen)
  – Feldqualitätsmaßnahmen
– Logistikziele
  – Anliefertreue
  – Termineinhaltung sowie Einhaltung von Losgrößen
  – Reaktion auf Bedarfsschwankungen
  – Kapazitätsmanagement
– Technikziele
  – Änderungsmanagement
  – Änderungskosten
  – Reaktion auf technische Anfragen
– andere kurzfristige Ziele
  – Teilnahme an kurzfristigen abteilungsübergreifenden (crossfunktionalen) Regelkreisen wie Produktionsstehungen, Materialverfügbarkeitsmeetings etc.
  – Reaktion auf jegliche Anfragen in Richtung Lieferanten und Sublieferanten

DOI 10.1515/9783110490336-007

- Flexibilität
- Aktionspläne und Umsetzung inklusive Validierung
- Bedarfs- und Kapazitätsplanung
- Bestellprozess
- Operatives Risikomanagement (Troubleshooting)
- Grüne Logistik und Reverse Logistik

Materialkosten	Qualitätsziele (kurzfristig)	Kurzfristige Mitigationen
Termineinhaltung	Werkzeugkosten	Indirekte Kosten
Crossfunktionale Zusammenarbeit	Flexibilität	Änderungen
Änderungskosten	Lieferanten und Sublieferanten	Unterstützung der Produktion

Abb. 7.1: Operative Ziele für Lieferantenmanagement in China (Eigene Darstellung in Anlehnung an Helmold (2016))

Eine transparente Lieferantenbasis und die objektive Vergleichbarkeit der Lieferantenleistung ermöglichen es dem Unternehmen, sich auf die besten Lieferanten zu konzentrieren, nicht wettbewerbsfähige Lieferanten auszuphasen und bestehende Lieferantenbeziehungen gegen potentielle abzuwägen (Hofbauer et al. 2012). Die Konzentration von Beschaffungsvolumen auf die wettbewerbsfähigsten Lieferanten und die Verkleinerung der Lieferantenbasis eröffnen Bündelungspotentiale, die immer auch mit Kosteneffekten verbunden sind. Das folgende Schaubild gibt einen Überblick über die wichtigsten operativen Ziele im Lieferantenmanagement: korrekt zeigt operative Ziele innerhalb der Produktion eines Weltmarktführers für Module und Systeme im Schienenverkehr. (Ausstoßmenge, Qualität, monetäre Umsetzung).

Präzise Informationen über einzelne Aspekte der Lieferantenleistung liefern zudem stichhaltige Argumente für Lieferantengespräche und verbessern so die Verhandlungsposition des Einkaufs. Ebenso ermöglicht das Aufdecken von Optimierungspotentialen im Rahmen der Lieferantenbewertung die Definition präziser Entwicklungsmaßnahmen, die zu einer Verbesserung der Lieferantenleistung im

Sinne des Unternehmens führen. Zur Feststellung der Erreichung der operativen Ziele wird die Lieferantenbewertung verwendet. Die Lieferantenbewertung ist die monatliche, quartalsmäßige oder halbjährliche Bewertung der Lieferantenperformance durch standardisierte und vorher festgelegte Kennzahlen und wird ausführlich in Kapitel 4 behandelt. Operatives Kennzahlenmanagement ist eine der Grundlagen für ein innovatives und wertschöpfendes Lieferantenmanagement (Helmold und Terry, 2016a).

Abb. 7.2: Operative Ziele und taktische Aufgaben (Foto: Helmold (2016))

7.2 Kennzahlen im Lieferantenmanagement

Die Begriffe Kennzahlen, Kriterien, Faktoren und Merkmale werden häufig synonym im Lieferantenmanagement verwendet. Die ausgewählten Merkmale beziehen sich dabei auf die Ziele der beschaffenden Seite, also des Kunden. Diese Kennzahlen werden oft als sogenannte Key Performance Indicators (KPI) bezeichnet (Helmold 2011). So werden in der Praxis häufig Kriterien aus funktional übergreifenden Bereichen herangezogen. Häufig zu finden sind dabei die Bereiche Technologie, Logistik und Qualität, sowie der Einkauf (Q-K-L-E). Das Innovationspotenzial des Lieferanten wird ebenso teilweise mit einbezogen. Die Kriterien können quantitativ oder qualitativ sein. Die Bezugsebenen der Lieferantenbewertung sind in der Praxis häufig die einzelnen Materialgruppen. Gängige Kriterien der Lieferantenbewertung sind z. B. die PPM-Rate (engl. Parts per Million) der gelieferten Teile, der Preis, die Zahlungsbedingungen, die Mengen- und Termintreue sowie die Innovationsfähigkeit des Lieferanten. Die erst genannten Kriterien sind dabei objektiver Natur und relativ leicht messbar. Die Innovationsfähigkeit hingegen ist eine subjektive Größe und somit schwieriger messbar. Weitere in der betriebswirtschaftlichen Literatur genannten

Tab. 7.1: Kennzahlen im Lieferantenmanagement (In Anlehnung an Helmold (2011); Emmett und Crocker (2009))

Beschreibung	Werkzeug des Managements	KPI-Definition	Messeinheit
Kundenbestellungen	Liefertreue	Prozentsatz der Liefertreue	% Tage, Wochen
Zufriedenheit der Kundenbestellungen	Umfrage	Prozentsatz der Befragung	%
Meilensteinerreichung bei Kundenaufträgen	Haltepunkte	Anzahl der erreichten Haltepunkt	Anzahl/%
Kundenzufriedenheit	Kundenumfragen	Prozentsatz der Zufriedenheit	%
Lieferantenmanagement	– Liefertreue – Liefervollständigkeit – Ausschussrate – Ausfallrate – Feldausfälle – Lieferantenumfragen – Effektivität	Prozentsatz der jeweiligen Kennzahlen	%
	Anzahl der abgeschlossenen Partnerschaften	Verhältnis Anfragen zu Aufträgen	Anzahl
Bestände	– Vorausschaubarkeit – Verfügbarkeit – Bestände am Lager – Bestände als WIP	Aktuelle versus Vorhersagen	% % Tage/EUR Tage/EUR
Cash Flow	– Cash to Cash – EBIT – Zahlungsbedingungen – Reverse Factoring	Finanzkennzahlen	EUR EUR Tage %
Qualität	– 0-km Ausfälle – Feldausfälle – Reaktionsgeschwindigkeit – Problembehebung	Qualitätskennzahlen	% % Tage, Std. Anzahl
Produktion	– Output – Rüstzeiten – Anzahl der Variantenvielfalt – Produktivität	Anzahl der produzierten Güter Anzahl der MA	Anzahl Tage, Std. Anzahl %, EUR
Mitarbeiterzufriedenheit	Employee Engagement Survey (EES)	Prozentsatz	% Absolute Werte

Tab. 7.1: (fortsetzung)

Beschreibung	Werkzeug des Managements	KPI-Definition	Messeinheit
Kosten	– Organisationskosten	– Budget	EUR
	– SCM-Kosten	– Prozesskosten	
	– Umsatz/MA	– Produktivität	
	– Anteil des Global Sourcing Anteils	– Global Sourcing Anteil	
Forschung & Entwicklung	– Reaktionsgeschwindigkeit bei F&E Aufträgen	– Frühe Einbindung im Entstehungsprozess	Tage/Wochen
	– Anzahl der eingesetzten Entwickler pro Projekt	– Produktivität	Anzahl
Finanzkennzahlen	– Liquiditätsgrade	– Finanzkennzahlen	%, EUR
	– Bestände	– Effizienz	Tage, EUR

subjektiven Faktoren sind z. B. Kooperationsverhalten, organisationales Commitment und Kommunikation. Diese sind dann zumeist in allen Unternehmensbereichen messbar. Die Ermittlung der Kennzahlen läuft dabei systemtechnisch ab. Am Markt existieren hierfür unterschiedliche Lösungen von verschiedenen Anbietern. Beispielhafte Kennzahlendefinitionen in den Unternehmensbereichen findet man bei diversen Autoren (Emmett und Crocker 2009; Helmold 2011). Nachfolgend ist eine Auflistung beispielhafter Kennzahlen der relevanten Unternehmensbereiche aufgeführt. Die vorgenannten subjektiven Faktoren sind hierbei nicht explizit aufgeführt, können aber grundsätzlich jedem Bereich zugeordnet werden (Tab. 7.1).

Abb. 7.3: Audit bei einem chinesischen Lieferanten (Foto: Helmold (2016))

7.3 Werkzeuge im operativen Lieferantenmanagement

7.3.1 Lieferantenaudits

Abb. 7.3 zeigt die Teilnehmer eines Audits bei einem chinesischen Lieferanten in Yantai, Shandong, China.

Lieferantenaudits dienen zur Sicherheit, Wirksamkeit und Einhaltung von diversen Kundenvorgaben beim Lieferanten. Diese Vorgaben müssen eingehalten werden und können auf ihre Wirksamkeit durch Audits überprüft werden. Anhand einer Checkliste wird die „Überprüfung und Überwachung" des Systems, des Prozesses oder des Produktes durchgeführt (Helmold 2011). Im Lieferantenmanagement sind diese Auditarten die wichtigsten. Zusätzlich unterscheidet man nach Sonderaudits und speziellen Audits (VDA 2010). Ziel des Audits ist die Einhaltung des bestehenden Zustandes zu überwachen. Darüber hinaus sollen durch Audits Prozesse und Abläufe stetig verbessert werden. Lieferantenaudits lassen sich hinsichtlich der Art und der Ziele wie folgt klassifizieren. Ein Audit untersucht, ob Prozesse, Anforderungen und Richtlinien die geforderten Standards erfüllen. Ein solches Untersuchungsverfahren erfolgt häufig im Rahmen eines Qualitätsmanagements. Die Audits werden von einem speziell hierfür geschulten Auditor durchgeführt. Innerhalb des Qualitätsmanagements werden zwei Arten von Audits unterschieden: Im Bereich des statischen Qualitätsmanagements haben die Audits Prüfungscharakter, da sie Nachweise über vertragsmäßige Vereinbarungen liefern. Sie werden daher pro Überprüfungszyklus nur einmalig durchgeführt. In der dynamischen Qualitätssicherung (oder Qualitätsmanagement) kommt den Audits eine erweiterte Bedeutung zu: Sie dienen der Erfassung von Entwicklungstrends und geben den Initiatoren von Veränderungen wichtige Rückmeldungen über die Wirksamkeit ihrer eingeleiteten Maßnahmen. Die Aussagekraft dieser begleitenden Audits steigt mit der Wiederholungsrate, mit der der identische Fragenkatalog der identischen Betroffenengruppe zum identischen Thema vorgelegt wird. Vorgaben macht die „DIN EN ISO 19011, Leitfaden zur Auditierung von Managementsystemen". In diesem Sinne wurde der Begriff ursprünglich im Personalwesen angewandt. Heute werden in fast allen Bereichen von Unternehmen oder Organisationen von Zeit zu Zeit Audits durchgeführt (siehe Interne Revision): Finanzwesen, Informationsmanagement, Datenschutz, Produktionsabläufe, Kundenmanagement, Qualitätsmanagement, Umwelt, Management bzw. Führung eines Unternehmens/Organisation (siehe Management Audit), Arbeitszufriedenheit, Vereinbarkeit von Familie und Beruf etc. Je nach Bereich wird bei einem Audit der Ist-Zustand analysiert oder aber ein Vergleich der ursprünglichen Zielsetzung mit den tatsächlich erreichten Zielen ermittelt. Oft soll ein Audit auch dazu dienen, allgemeine Probleme oder einen Verbesserungsbedarf aufzuspüren, damit sie beseitigt werden können. Nachdem mögliche Abstellmaßnahmen/Verbesserungen eingeleitet wurden, müssen diese nachgewiesen werden. Dieses geschieht anhand von Dokumenten, Bildern etc. Im Englischen bedeutet Audit „Bücherprüfung, Rechnungsprüfung", dies geht wiederum zurück auf lateinisch auditus zu audire = hören; die öffentliche Bücherprüfung wurde ursprünglich mündlich vorgetragen. Tab. 7.2 zeigt die Audittypen und deren Zielsetzungen.

Tab. 7.2: Auditarten im Lieferantenmanagement (Eigene Darstellung in Anlehnung an Helmold (2011))

Audittypen im Lieferantenmanagement	Zielsetzung
Systemaudit	Ein Systemaudit entspricht den durch die DIN EN ISO 9001:2008 an ein Internes Audit geforderten Aspekte. Das Wort System hebt noch einmal hervor, dass es sich um eine Prüfung des gesamten QM-Systems und nicht nur einzelner Elemente handelt. Systemaudits in der Automobilindustrie werden nach TS16949 durchgeführt. In der Bahnindustrie gibt es den IRIS Standard (International Railway Industry Standard).
Prozessaudit	Ein Prozessaudit dient im Qualitätsmanagement der Beurteilung der Qualitätsfähigkeit für spezielle Produkte oder Produktgruppen und deren Prozesse. Prozessaudits werden in der Automobilindustrie nach VDA 6.3 durchgeführt.
Produktaudit	Ein Produktaudit ist normalerweise ein Abnahmeaudit eines Produktes für den Serienprozess. Hier werden die Produktreife der zu produzierenden Komponenten sowie die einzelnen Prozesse der Produktentstehung, Fertigung, Distribution und Qualitätssicherung auditiert. Das Produktaudit wird in der Automobilindustrie nach VDA 6.5 durchgeführt.
Sonderaudits	Sonderaudits sind spezielle Audits für Fortschrittskontrollen, normalerweise zur Absicherung und Bestätigung, dass Maßnahmen umgesetzt worden sind.
Spezielle Auditarten	Spezielle Audits können zahlreiche Bereiche aus dem Umwelt-, Finanz- oder Nachhaltigkeitsbereich umfassen. Umweltaudits, Finanzaudits, Nachhaltigkeitsaudits, Sicherheitsaudits.

Systemaudits

Managementsysteme beschreiben die Aufgaben des Managements und verknüpfen Methoden, um die Management-Aufgaben Ziele setzen, steuern und kontrollieren erfolgreich zu bewältigen. Jedes Unternehmen hat ein „Managementsystem". Zumindest ein implizites. Sonst würde das Unternehmen nicht funktionieren. Immer wieder wird versucht, einzelne Methoden zu einem „System" zu verbinden oder einfach die Steuer- und Kontroll-Mechanismen zu systematisieren. Viele Systeme erfüllen jedoch in der Praxis die an ein Managementsystem gestellten umfassenden Anforderungen nicht. Das heute bekannteste Managementsystem ist das Qualitätsmanagementsystem nach ISO 9001. Das Qualitätsmanagementsystem nach ISO 9000 ff. ist in den Industriestaaten am stärksten verbreitet. Viele Unternehmen machen die erfolgreiche Zertifizierung nach dem Regelwerk DIN EN ISO 9001:2008 zur Bedingung für Verträge mit ihren Lieferanten. Im Automobilbereich fordern viele

Automobilhersteller eine Zertifizierung nach ISO/TS 16949 von ihren Lieferanten. Diese enthält zusätzlich zu den Forderungen der ISO 9000 branchenspezifische Forderungen. Die in der deutschen Automobilindustrie ursprünglich verbreitete Norm VDA 6.1 ist weitgehend durch die ISO/TS 16949 abgelöst. Im Bereich der Aus- und Weiterbildung kommt die ISO 29990 zur Anwendung. Im Bereich Umweltmanagement das Umweltmanagementsystem nach ISO 14000 ff. oder EMAS. Im Bereich Arbeitssicherheit das Sicherheits-, Gesundheits-, Arbeitsschutzmanagement nach OHRIS.

Weitere Managementsysteme

Alle wichtigen Aspekte des Managements sind heute in einem „Managementsystem" und einer entsprechenden Norm abgebildet: Risikomanagement (ISO 14971), Sicherheitsmanagement (z. B. Seveso-II-Richtlinie, INSAG-13, Richtlinie 2004/49/EG), Finanzmanagement (Basel-II), Energiemanagement, Kundenmanagement, Personalmanagement, Lieferantenmanagement, Informationsmanagement, Wissensmanagement, Innovationsmanagement, Baumanagement etc. Das Integrierte Managementsystem „IMS" verbindet die ursprünglich getrennten Systeme zu einem Managementsystem, das alle Aspekte und Aufgaben des Managements ganzheitlich umfasst.

Dazu bietet die ISO 9004 eine gute Basis, deren Struktur sich in den anderen Aspekten und Normen wiederholt, die sich so einfacher integrieren lassen: Ziele bestimmen, Kennzahlen festlegen, Prozesse beschreiben und umsetzen, kontinuierliche Verbesserung betreiben. So lassen sich Qualitätsmanagement, Umweltmanagement, Energiemanagement, Arbeitssicherheit, Risikomanagement, Finanzmanagement, Kundenmanagement, Personalmanagement, Lieferantenmanagement usw. als einzelne Sichtweisen auf das große Ganze verstehen und umsetzen. Entscheidend für die Umsetzung ist die integrative ganzheitliche Haltung und Praxis der obersten Leitung und die Abbildung in der mittleren Führungsebene. Stolpersteine sind oft die in den einzelnen Normen vorgeschriebenen einzelnen „Beauftragten für (Qualität, Hygiene, Datenschutz, Arbeitssicherheit, Umweltschutz, Energiemanagement usw.)", die bisweilen mehr damit beschäftigt sind, sich gegeneinander abzugrenzen, statt zu kooperieren. Demgegenüber hat das „integrative" Management neben einer einfacheren Verwaltbarkeit keine wesentlichen Vorteile. Hier bestehen die einzelnen Managementsysteme nach wie vor nebeneinander, aber werden auf einer gemeinsamen EDV-Plattform abgebildet. Daten über Prozesse, Kennzahlen, Formulare, Termine etc. werden gemeinsam vorgehalten und ausgetauscht. Das erleichtert lediglich die Administration. Das EFQM-Modell für Business Excellence ist ein Unternehmensmodell, das mit neun Kriterien eine ganzheitliche Sicht auf Organisationen umsetzt. Es setzt die Ideen des Integrierten Managementsystems konsequent um. Respektive kann es auch Daten auslesen und auswerten um die Ziele eines Unternehmens klar zu strukturieren.

Prozessaudits

Ein Prozessaudit dient im Qualitätsmanagement (QM) der Beurteilung der Qualitäts-fähigkeit für spezielle Produkte oder Produktgruppen und deren Prozesse. Das Pro-zessaudit ist Bestandteil des QM-Systems eines Unternehmens und soll zu fähigen und beherrschten Prozessen führen, die gegenüber Störgrößen robust sind. Auditge-genstand sind der Produktentstehungsprozess/Serienproduktion oder ein Dienstleis-tungsentstehungsprozess/Erbringung der Dienstleistung. Dies wird erreicht durch:

- Vorbeugung und Prävention: Erkennen, Aufzeigen und Einleiten von Maßnah-men, die das Auftreten von Defiziten vermeiden;
- Korrektur und Mitigation: Analysieren von bekannten Defiziten und Durchfüh-rung von Maßnahmen zur Behebung und Vermeidung des wiederholten Auftre-tens;
- Kontinuierlicher Verbesserungsprozess und Reflektion: umgesetzte Maßnahmen aus einem Prozessaudit weiter verbessern um den Prozess stabiler und robuster zu machen.

Prozessaudits werden planmäßig nach einem festgelegten Auditplan, der Bestandteil des QM-Systems eines Unternehmens ist, durchgeführt. Sie können systemorientiert oder projektorientiert durchgeführt werden.

Systemorientiert: Es werden nur unmittelbar betroffene Prozesse auditiert und nicht der gesamte Fertigungsprozess. Projektorientiert: Auditierung erfolgt zu festge-legten Zeitpunkten eines Entwicklungs- und Planungsprozesses um Defizite zeitnah aufzudecken. Außerplanmäßige Prozessaudits finden statt, wenn beispielsweise die Produktqualität sinkt, Kundenreklamationen vorliegen oder Änderungen im Ferti-gungsablauf durchgeführt wurden. Der Auditablauf folgt immer dem gleichen Grund-schema:

- Vorbereitung des Audits
- Durchführung des Audits
- Abschluss mit Bericht
- Festlegung von Maßnahmen
- Verfolgung der Maßnahmen und Fortschrittskontrolle
- Wirksamkeitskontrolle der Maßnahmen

Von Vorteil ist es, einen Jahresplan aufzustellen, in welchem die geplanten Audits für die jeweiligen Monate aufgeführt sind. Dieser Jahresplan wird den zu auditie-renden Bereichen oder Institutionen zur Verfügung gestellt. Die darin aufgeführten Termine sind als verbindlich anzusehen. Eine Verschiebung eines Audits sollte nur in Absprache mit dem für die Qualitätssicherung zuständigen Management geneh-migt werden. Einige Wochen vor der geplanten Durchführung sind folgende Schritte durchzuführen:

- Auditzeitplan festlegen
- Auditteam festlegen

– Teilnehmer bestimmen
– Fragenkatalog erstellen

Der zu betrachtende Prozess sollte in einzelne Prozessschritte unterteilt werden um gegebenenfalls bei der Auditdurchführung Schwachstellen zwischen den einzelnen Schnittstellen aufzudecken. Anhand von Prozessbeschreibungen (Arbeits- und Prüfanweisungen, Prozessanweisungen oder Arbeits- und Prüfplänen) wird ein Fragenkatalog zusammengestellt. Weitere Informationsquellen zur Erstellung des Fragenkataloges können sein: Normen, Spezifikationen, Fehlermöglichkeits- undeinflussanalyse (FMEA), Qualitätsregelkarten, Verfahrensanweisungen oder auch der Maßnahmenkatalog des vorangegangenen Audits. Der erstellte Fragenkatalog ist dem Auditierten rechtzeitig zu übermitteln. Vor der eigentlichen Auditierung sollte ein Einführungsgespräch stattfinden, um den Sinn und Zweck des Audits nochmals darzulegen und alle Auditteilnehmer auf gleichen Informationsstand zu bringen. Der Auditablauf und die Randbedingungen (Verantwortlichkeiten, Freistellung von Mitarbeitern während des Audits) sollten ebenfalls geklärt werden. Außerdem sollte die Möglichkeit gegeben sein, noch offene Fragen zu klären. Das Audit wird in einer Vor-Ort-Begehung anhand des erstellten Fragenkataloges durchgeführt, wobei nicht unbedingt die Fragen nach einer Durchnummerierung gestellt werden müssen. Vorteilhaft zur Analyse erweisen sich die W-Fragen (warum, wann, wer, wie usw.). Weitere Fragen können sich während der Auditdurchführung ergeben und können in den Fragenkatalog übernommen werden. Bei gravierenden Defiziten sind mit dem Prozessverantwortlichen Sofortmaßnahmen einzuleiten. Zur Konfliktvermeidung bei der anschließenden Abschlussbesprechung sind Unklarheiten vor Ort zu klären. Bei dem abschließenden Gespräch in einem festgelegten Teilnehmerkreis, werden alle Punkte (negativ/positiv) kurz zusammengefasst. Der Auditor zeigt auf, wo Defizite und Verbesserungspotentiale vorliegen. Diese werden in einem Maßnahmenplan zusammengefasst und Aktivitäten zu den einzelnen Punkten festgelegt. Die Bewertung eines Prozessaudits kann individuell gestaltet werden. Eine Zusammenfassung der abweichenden Punkte ist normalerweise ausreichend. Um einzelne Bereiche mit ähnlichen Prozessen innerhalb einer Institution vergleichen zu können ist eine Bewertung der einzelnen Fragen nach einem Punktesystem sinnvoll. Als Auditergebnis dient dann das Verhältnis der erreichten Punkte zur maximal möglichen Punktzahl. Bewertungsschema der einzelnen Fragen nach VDA, Band 6.3, Ausgabe 2010 (Beispiele):
– 10 Punkte: Technische Vorgaben zu Produkt und Prozess werden eingehalten.
– 8 Punkte: Prozessschwächen sind vorhanden, werden jedoch sofort erkannt und beseitigt.
– 6 Punkte: Prozessstörungen, Produkte können nicht prozesssicher hergestellt werden.
– 4 Punkte: Produkte können nicht prozesssicher hergestellt werden. Prozessfähigkeit nicht erreicht.

- 0 Punkte: Maschinen, Anlagen ungeeignet. Reklamationen und Feldausfälle sind zu erwarten.

Der daraus resultierende Erfüllungsgrad stellt das Auditergebnis dar. Dieser kann in die Stufen A, AB, B oder C unterteilt werden. Manche Klassifizierungen haben nur A, B und C.
- A: 90 % bis 100 %
- AB: 80 % bis 89 %
- B: 79 % bis 60 %
- C: kleiner als 60 %

Korrekturmaßnahmen und Wirksamkeitsprüfung

Grundsätzlich ist für die Abarbeitung des Maßnahmenplans der jeweilige Prozessverantwortliche zuständig, nicht der Auditor. Der erstellte Maßnahmenplan soll in einem vereinbarten Zeitraum abgearbeitet werden. Er enthält alle Aktivitäten mit Angabe von Verantwortlichen und Abschlussterminen, um die aufgezeigten Defizite im Prozess zu beseitigen. Der Auditor prüft die Wirksamkeit der getroffenen Maßnahmen anhand einer Stichprobenprüfung, eines Produktaudits oder auch anhand von Maschinen- und Prozessfähigkeitsuntersuchungen. Wird trotz getroffenen Maßnahmen die Wirksamkeit nicht ausreichend nachgewiesen, ist der Maßnahmenplan zu überarbeiten oder ein Nachaudit zu vereinbaren. Die Auditdokumentation sollte alle Unterlagen, die bei der Auditvorbereitung herangezogen wurden, sowie den Auditbericht und Maßnahmenplan beinhalten. Im Bericht sollten folgende Punkte dargelegt sein:
- Prozessverantwortlicher/Auditteilnehmer
- kurze Prozessbeschreibung
- Anlass
- Auditergebnis
- k.o.-Kriterien mit Begründung
- Termin zur Fertigstellung des Maßnahmenplans
- Fragenkatalog mit Bewertung
- bei Abweichungen Bezugnahme auf geltende Dokumente (mit Beispiel z. B. als Kopie oder auch Foto)
- Maßnahmenplan

Es sollte darauf geachtet werden, dass nur solche Punkte im Auditbericht beschrieben sind, die auch während des Audits und im Abschlussgespräch behandelt wurden. Ein wirksames Instrument zur produkt- bzw. produktgruppenbezogenen Prozessüberwachung stellt das Prozessaudit dar. Nicht nur zur internen Prozessbewertung, sondern auch zur Begutachtung oder Auswahl von Lieferanten hat sich der VDA 6.3 bewährt. Anhand von Prozessaudits werden bisherige Anstrengungen zur Qualitätslenkung unter Berücksichtigung der an das Produkt gestellten Anforderungen bewertet. Durch den detaillierten Einstieg in den Herstellprozess werden oftmals schnell Lücken und Verbesserungspotenziale aufgedeckt. Das Instrument wird zur Umsetzung der Null-Fehler-Strategie verwendet und ist in sieben Teilbereiche gegliedert. Abb. 7.4 zeigt die Beispiele des VDA und Daimler. Im Prozessaudit nach VDA gibt es sieben Unter-gruppen. Insbesondere die Potenzialanalyse ist einer der wichtigsten Punkte für die langfristige Beziehung mit Lieferanten. In den vorhergegangenen Kapiteln wurde ein-gehend auf die Strategie und Lieferantensegmentierung eingegangen. Einer der wich-tigsten Punkte für Qualitätslenkung und -sicherung ist die Absicherung der gesamten Wertschöpfungskette. Prozessaudits bei dem Tier-1-Lieferanten muss zwingend Aspekte der nachfolgenden Lieferantennetzwerke (Sub-Lieferantenmanagement) beinhalten. Zahlreiche Beispiele zeigen, dass in der Vergangenheit das Sub-Liefe-rantenmanagement unzureichend im Rahmen seiner Fähigkeiten, Kapazität oder der Logistikkette berücksichtigt worden ist. Fast die Hälfte alle Lieferausfälle, die die Autoren in ihrer Praxiszeit persönlich erlebt haben, ist auf das Versagen von Unter-lieferanten zurückzuführen (Helmold 2016). Im Fall von Daimler werden neben dem direkten Lieferanten des Infotainment-Moduls (Tier-1-Lieferant) auch der Systemlie-ferant (Tier-2) sowie als kritische definierte Unterlieferanten z. B. der Lieferant des Gehäuses (Tier-3) und der Lacklieferant (Tier-4) im Rahmen einer integrierten Wert-schöpfungskette mit auditiert.

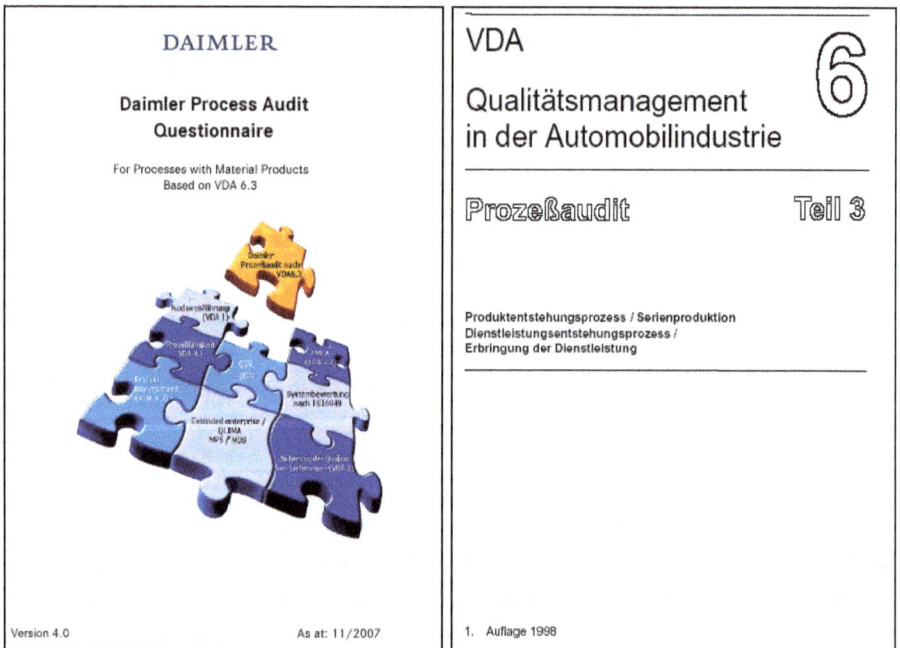

Abb. 7.4: VDA 6.3 (Prozessaudit) (Helmold (2011))

Anwendungsbereiche Prozessaudit nach VDA 6.3
- P1: Potenzialanalyse (neu)
- P2: Projektmanagement (neu)
- P3: Planung der Produkt- und Prozessentwicklung
- P4: Realisierung der Produkt- und Prozessentwicklung
- P5: Lieferantenmanagement
- P6: Prozessanalyse/Produktion
- P7: Kundenbetreuung, Kundenzufriedenheit, Service

Produktaudits
Ein Produktaudit ist die Planung, die Durchführung, die Auswertung und die Dokumentation von Prüfungen, und zwar (Helmold 2011):
- von quantitativen und qualitativen Merkmalen;
- an materiellen Produkten;
- nach Abschluss eines Produktionsschrittes;
- und vor Weitergabe an den nächsten Kunden (intern/extern);
- auf Basis von Sollvorgaben;
- durch einen unabhängigen Auditor.

Ein Produktaudit dient der Begutachtung der Übereinstimmung mit den festgelegten eigenen Qualitätsanforderungen. Darüber hinaus zielt es auf die Begutachtung der Übereinstimmung mit den ausgesprochenen und unausgesprochenen Kundenanforderungen (mit den „Augen eines sehr kritischen Kunden"): Das Produktaudit stellt eine Maßnahme zur Überprüfung der Wirksamkeit durchgeführter Qualitätsprüfungen und -lenkungsmaßnahmen dar und führt unmittelbar und kurzfristig zu Prozess- und Produktverbesserungen. Produktaudits dienen ebenso zur internen Verbesserung und zur Sicherstellung bzw. Konformität der kundenspezifischen und gesetzlichen Anforderungen. Diese Sicherheit führt auch dazu, dass aus produkthaftungstechnischer Sicht Risiken minimiert werden können. Innerhalb der Automobilindustrie ist das PPAP-Verfahren ein gängiges Verfahren der Produktqualifizierung (Helmold 2011). Das Produktionsteil-Abnahmeverfahren (engl. Production Part Approval Process [PPAP]) ist ein Verfahren aus der mittlerweile durch die ISO/TS 16949 abgelösten QS 9000, bei dem Serienteile bemustert werden. Diese Vorgehensweise stammt aus der Automobilindustrie und wird dort seit mehreren Jahren erfolgreich umgesetzt. Dabei geht es vor allem um die Qualität der gelieferten Teile. Das bedeutet, dass die Teile aus den Serienwerkzeugen bzw. Serienprozessen den Zeichnungen entsprechen müssen. Neben den zur Überprüfung gelieferten Teilen stellt die Bemusterung (engl. Part Submission Warrant [PSW]) ein zentrales Element für den Bemusterungsprozess dar. In ihm sind alle wichtigen Informationen zu Anforderungen und Tests zusammengefasst und dokumentiert. Das genaue Vorgehen zum Beispiel bei der Bestellung der Teile und auch der Lieferung unterscheidet sich von Unternehmen zu Unternehmen durchaus sehr stark.

Gleiches gilt auch für den Zeitpunkt der Bemusterung. So werden sicherheitskritische Teile schon lange vor Serienanlauf bemustert, während andere Teile erst unmittelbar vor Produktionsstart zur Bemusterung gelangen. Allen Bemusterungen ist allerdings eines gemein: Die Einteilung nach fünf verschiedenen Ebenen der Bemusterung:

- **Ebene 1:** Nur die Teilevorlagebestätigung (PSW) wird dem Kunden vorgelegt.
- **Ebene 2:** Teilevorlagebestätigung (PSW) mit Musterteilen und eingeschränkte unterstützende Daten werden dem Kunden vorgelegt.
- **Ebene 3:** Teilevorlagebestätigung (PSW) mit Musterteilen und umfassende unterstützende Daten werden dem Kunden vorgelegt.
- **Ebene 4:** Teilevorlagebestätigung (PSW) und andere Forderungen, wie sie vom Kunden festgelegt wurden.
- **Ebene 5:** Teilevorlagebestätigung (PSW) mit Musterteilen und vollständige unterstützende Daten stehen am Produktionsstandort des Lieferanten für eine Bewertung zur Verfügung.

Bei der Bemusterung werden dann verschiedene Stadien festgelegt, die eine Aussage darüber geben, ob die Teile den Anforderungen entsprechen, nachgearbeitet werden müssen oder sogar ganz neu angefordert werden müssen. Diese Stadien werden aber wieder ganz individuell je nach Unternehmen festgelegt. Grundsätzlich gibt es aber beim Produktionsteil-Abnahmeverfahren einige wesentliche Forderungen, die für alle Unternehmen gelten. Dazu zählt ein repräsentativer und allgemeiner Produktionslauf. Dieser Produktionslauf muss eine bis acht Stunden umfassen, mit einer spezifischen Produktionsmenge des eingekauften Produktes von mindestens 300 aufeinander folgenden Teilen (Auszug aus der AIAG-Forderung [Automotive Industry Action Group]). Es sind darüber hinaus noch weitere 18 Forderungen allgemein beschrieben, die im Folgenden dargestellt werden:

1. Designaufzeichnungen/Design Records
2. Dokumente über technische Änderungen/Engineering Change Documents
3. Technische Freigabe/Customer Engineering Approval
4. Konstruktions-Fehlermöglichkeits- und Einflussanalyse/Design Failure Mode and Effects Analysis (D-FMEA)
5. Prozessflussdiagramme/Process Flow Diagrams (auch: Prozess-Ablauf-Plan)
6. Prozess-Fehlermöglichkeits- und Einflussanalyse/Process Failure Mode and Effects Analysis (P-FMEA)
7. Steuerungs- (Prüf-)plan/Control Plan
8. Analyse von Messsystemen/Measurement System Analysis Studies
9. Messergebnisse/Dimensional Results
10. Material- und Leistungstests/Records of Material/Performance Test Results
11. Untersuchungen zur Kurzzeitfähigkeit der Prozesse/Initial Process Studies
12. Dokumentation eines qualifizierten Laboratoriums/Qualified Laboratory Documentation
13. Bericht zur Freigabe des Aussehens/Appearance Approval Report

14. Muster-Serienteile/Sample Production Parts
15. Referenzmuster/Master Sample
16. Spezifische Prüfmittel/Checking Aids
17. Kundenspezifische Forderungen/Customer Specific Requirements
18. Teilevorlagebestätigung/Part Submission Warrant

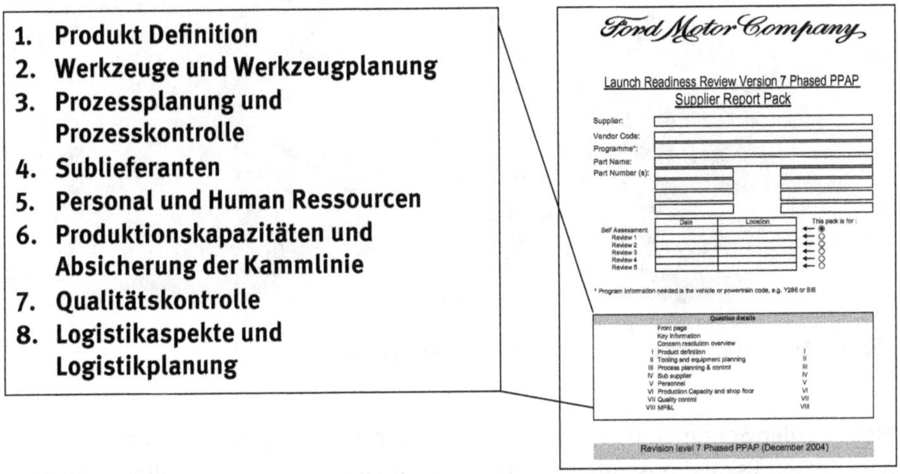

1. **Produkt Definition**	
2. **Werkzeuge und Werkzeugplanung**	
3. **Prozessplanung und Prozesskontrolle**	
4. **Sublieferanten**	
5. **Personal und Human Ressourcen**	
6. **Produktionskapazitäten und Absicherung der Kammlinie**	
7. **Qualitätskontrolle**	
8. **Logistikaspekte und Logistikplanung**	

Abb. 7.5: Production Part Approval Process (PPAP) Ford (Eigene Darstellung in Anlehnung an Helmold (2010))

Abb. 7.5 zeigt die acht Elemente der Produktabnahme (PPAP) von Ford.

Sonderaudits

Sonderaudits sind spezielle Audits außerhalb des turnusmäßigen Auditplans innerhalb der Wertschöpfungskette und können folgende Gründe haben:
- Fortschrittskontrollaudits
- Sicherheits-, Umfeld bzw. Umweltaudits (engl. Health, Safety and Environment)
- spezielle Prozessaudits, für Prozesse wie Pressen, Kleben, Lackieren, Schweißen etc.
- Logistik und Supply Chain Management Audits
- Eskalationsaudits
- Audits durch Kundenanforderungen und Kundenwünsche
- Finanzaudits
- Umweltaudits
- Nachhaltigkeitsaudits (Compliance)

Abb. 7.6 zeigt Sicherheitshinweise und -anforderungen zur persönlichen Schutzausrüstung innerhalb der Produktion eines chinesischen Lieferanten.

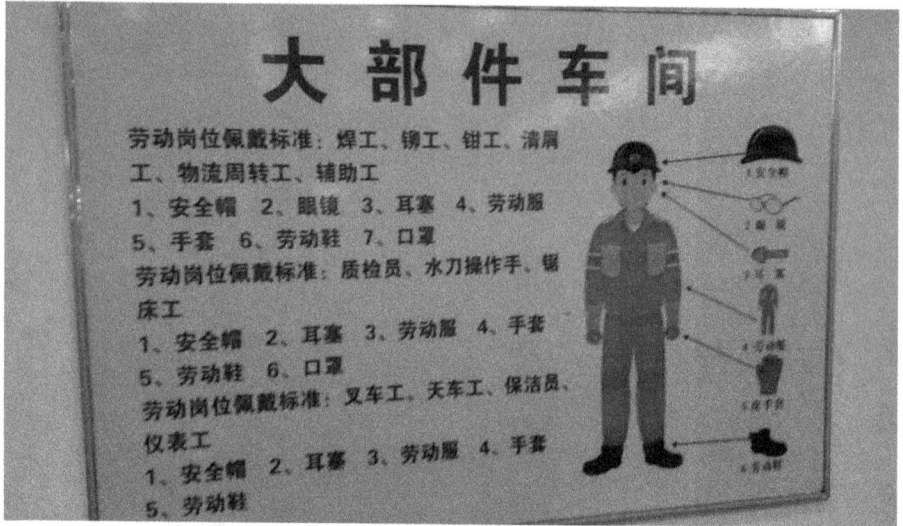

Abb. 7.6: Sicherheits- und Umweltaudits (Foto: Helmold (2016))

Meist werden Sonderaudits in der Eskalation durchgeführt. Jedes Unternehmen muss daher einen Eskalationsstufenplan im Lieferantenmanagement erstellen. Abhängig von den Störungen des Lieferanten werden verschiedene Mechanismen ausgeführt, um Korrekturmaßnahmen sicherzustellen. Im Normalfall werden alle Belange von der Linien- oder Fachabteilung gehandhabt. Sollte es aber zu Störungen kommen, die Sondermaßnahmen erfordern (Stufe 1), ist es notwendig das Management der Linienfunktion mit einzuschalten. Können die Störungen in der Qualitäts- oder Lieferperformance nicht gemeinsam gelöst werden, so muss das Lieferantenmanagement (Stufe 2) eingeschaltet werden. Der Lieferanten- oder Eskalationsmanager setzt eine „Task Force" aus den Fachabteilungen und Spezialisten zusammen, die sich nachhaltig um das Problem mit den Lieferanten kümmern. Sollte auch hier kein Erfolg zu verzeichnen sein, so muss das Top Management mit eingeschaltet werden (Stufe 3), ggf. muss ein neuer Lieferant gesucht werden. Im Bereich des Lieferantenmanagements wird der Begriff der "Eskalation" verwendet, um die Regel zu beschreiben, dass bestimmte Entscheidungen kontrolliert eine Ebene "nach oben" (zu den jeweiligen Vorgesetzten) verlagert werden, wenn in einer Konfliktsituation auf der unteren oder mittleren Entscheidungsebene keine Übereinkunft möglich ist. Gerade im Störungsmanagement müssen sofortige Aktivitäten und Abstellmaßnahmen ergriffen werden, so dass im Eskalationsfall die Delegierung der Störungsbearbeitung an eine höhere Kompetenzstufe notwendig ist, wenn in der darunter liegenden Stufe keine Korrektur möglich ist.

7.3.2 Lieferantenauswahl

Jedes Unternehmen hat seine spezifischen Stärken und Schwächen und sollte deshalb das tun, was es am besten kann. Für alles andere gibt es Lieferanten laut der Empfehlung mehrerer Autoren (Hofbauer et al. 2012). Klingt zum einen logisch und wird zum anderen durch die Realität, die sogenannte arbeitsteilige Gesellschaft, gestützt. Auch Unternehmen haben ihre Stärken, die sogenannten Kernkompetenzen. Leistungen, die Lieferanten qualitativ besser und preiswerter erbringen, werden sinnvollerweise ausgelagert. Porsche hat als Extrembeispiel eine Fertigungstiefe, die bei den Sportwagenmodellen 911 und Boxster etwa 20 %, beim Cayenne ca. 10 % und bei dem in 2009 erschienenen Modell Panamera etwa 15 % beträgt. Die Konsequenz dieser geringen Fertigungstiefe ist, dass die Bedeutsamkeit des Einkaufs für das Unternehmen und die Ansprüche an die Lieferantenauswahl und die Lieferantenbewertung zunehmen. In diesem Kapitel werden Kriterien und Anforderungen für die Durchführung der Lieferantenauswahl und Lieferantenbewertung dargestellt. Eine Hauptaufgabe beim Lieferantenmanagement ist es, eine Lieferantenauswahl und Lieferantenbewertung vorzunehmen.

Abb. 7.7 zeigt den Teilprozess der Lieferantenauswahl in Anlehnung an Helmold und Terry (2016).

Abb. 7.7: Teilprozess Lieferantenauswahl (In Anlehnung an Helmold (2013) und Hofbauer et al. (2012))

Um diese Lieferantenauswahl und Lieferantenbewertung durchzuführen, muss der Einkauf ein Bewertungssystem erstellen. Denn dies ist unter anderem eine Forderung der DIN EN ISO 9001. Bei näherer Betrachtung wird jedoch deutlich, dass die meisten dieser Systeme in Anbetracht der eingangs dargestellten Situation zu kurz greifen. Sie analysieren und bewerten vornehmlich die Kriterien Kosten, Lieferzuverlässigkeit und Qualität. Auf ein Hinterfragen dieser Kriterien im Audit erwähnen Lieferantenmanager, dass es bei der Lieferantenauswahl und der Lieferantenbewertung auf genau diese Kriterien ankommt. Trotz der operativen Bedeutsamkeit der Kriterien bezüglich der Lieferantenbewertung bzw. der Lieferantenauswahl – Kosten, Zuverlässigkeit und Qualität – sind diese aus strategischer Sicht viel zu eng gefasst. Das Beispiel in Tab. 7.3 zeigt die Auswahl von gleichgewichteten Kriterien zu maximal 10 Punkten pro Kategorie. Lieferant 1 hat mit 85 Punkten die gößte Anzahl und wird damit ausgewählt. Dieser Ansatz ist die gewichtete Lieferantenauswahl (Helmold 2011).

Tab. 7.3: Gewichtete Lieferantenauswahl (Quelle: Emmett und Crocker (2009))

	Kriterien der Lieferantenauswahl	Lieferant 1	Lieferant 2	Lieferant 3	Lieferant 4
1.	Qualität	10	10	5	5
2.	Kosten	5	5	5	5
3.	Logistik	10	5	5	5
4.	Technologie	5	5	0	5
5.	Beziehung	10	10	0	5
6.	Innovationen	10	5	10	5
7.	Finanzkraft	5	5	10	5
8.	Qualitätsmanagement-system	10	5	10	5
9.	Umwelt und Nachhaltigkeit	10	5	5	5
10.	Andere Kriterien	10	5	5	5
	Gesamtergebnis	85	60	55	50

7.3.3 Lieferantenbewertung und Balanced Scorecard (BSC)

Lieferantenmanagement bezeichnet die Summe aller Maßnahmen zur Beeinflussung der Lieferanten im Sinne der beiderseitigen Unternehmensziele. Als SRM soll dagegen die von der Beschaffungsstrategie ausgehende Gestaltung der strategischen und operativen Beschaffungsprozesse sowie die Gestaltung des Lieferantenmanagements verstanden werden. Als übergeordnete Ziele der Lieferantenanalyse und -bewertung gelten die Optimierung der Beziehungen zur gesamten Lieferantenbasis, die Reduzierung der Prozesskosten und die Reduzierung der Durchlaufzeiten für strategische und operative Beschaffungsprozesse. Weitere übergeordnete Ziele im Rahmen der Lieferantenanalyse sind die Reduzierung der Einstandspreise sowie die Erhöhung der Prozessqualität. Begleitend zu der Lieferantenanalyse und -bewertung ist eine kontinuierliche Kontrolle und Analyse der Einkaufsprozesse und Lieferantenperformance durchzuführen.

Bevor ein Unternehmen in die Ausgestaltung der Lieferantenbeziehung investiert, muss eine Auswahl über die im Portfolio befindlichen und auch zukünftigen Lieferanten stattfinden. Dazu dient eine systematische Lieferantenanalyse und -bewertung. Eine Lieferantenanalyse und -bewertung kann anhand der in Tab. 7.3 aufgeführten Kriterien erfolgen. Das beschaffende Unternehmen kann die unten aufgeführten Kriterien gleichgewichtig behandeln, es ist aber auch üblich mit entsprechenden Gewichtungsfaktoren zu arbeiten, die auf Grundlage der strategischen Ausrichtung des beschaffenden Unternehmens festgelegt werden. In den letzten Jahren sind insbesondere ökologische Aspekte in den Mittelpunkt gestellt worden, da das politische Umfeld für ökologische Produkte sich verändert, aber auch eine stärkere Sensibilisierung der Nachfrager stattgefunden hat. Aus diesem Grund erhalten die ökologischen Kriterien zur Beurteilung von Lieferanten mittlerweile einen höheren Gewichtungsfaktor als dies noch Anfang des Jahrtausends üblich war. Die Messung der Lieferantenperformance sollte anhand von Minimum-Kriterien oder Kennzahlen durchgeführt werden. Wie bereits in den vorherigen Kapiteln beschrieben, müssen die Kennzahlen den Zielerfüllungsgrad der Lieferantenperformance reflektieren. Diese umfassen mindestens Qualitäts-, Kosten- und Lieferziele. Bei den Qualitätskennzahlen spielt der Moment des Anlaufs bzw. der Serienproduktion eine wesentliche Rolle. Ferner ist die Sicherstellung der langfristigen Finanz- und Bonitätsperformance ein zentraler Punkt im Lieferantenmanagement:

– Qualitätskennzahlen im Anlauf
– Qualitätskennzahlen in der Serie
– Einkaufs- und Kostenkennzahlen
– Logistikkennzahlen
– Liquiditätskennzahlen

Das Lieferantenmanagement muss sich auf alle Kennzahlenbereiche konzentrieren, wobei die Schwerpunkte in der traditionellen Sichtweise des Lieferantenmanagements auf der Analyse von „harten" Qualitäts- und Logistikkennzahlen liegen (Ausschusszahlen und Liefertreue). Die Bereiche Einkauf und Finanzkennzahlen dienen in diesem Kontext eher als Indikatoren und Frühwarnsystem von späteren Störungen oder Ausfällen aufgrund fehlender Wettbewerbsfähigkeit oder unzureichender Liquidität. Tabelle 7.3 zeigt exemplarisch das praktische Beispiel der Lieferantenbewertung von Panasonic Automotive Systems Europe, einem Hersteller von Infotainment-Systemen für Hersteller wie Toyota, Daimler und Volkswagen. Die Lieferantenbewertung ist in der Teilprozesskette des Lieferantenmanagement ein wichtiger und fundamentaler Prozessschritt für die Sicherstellung der Lieferantenleistung wie Abbildung 7.8 zeigt.

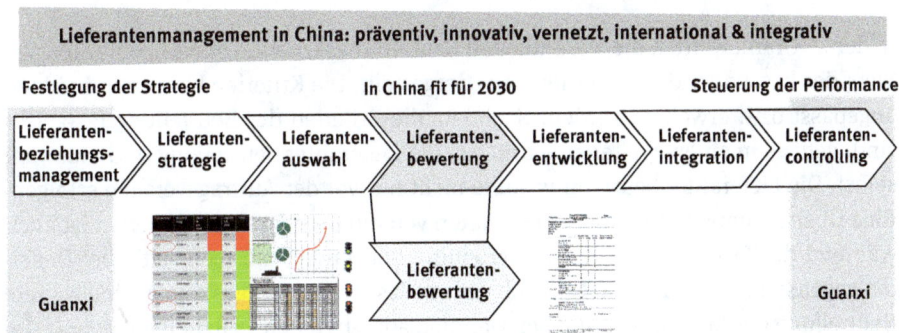

Abb. 7.8: Teilprozess Lieferantenbewertung (Eigene Darstellung in Anlehnung an Helmold (2016))

Tab. 7.4 zeigt das Spektrum von möglichen Kennzahlenparametern zur Bewertung von Lieferanten. Im chinesischen und asiatischen Lieferantenmanagement spielen insbesondere Beziehungsfaktoren eine wichtige Rolle (Helmold 2016). Auch sind Compliance- und Ökologie-Kriterien bei Lieferanten in Schwellenländern ein wichtiger Aspekt einer Leistungsmessung von Lieferanten (Helmold und Terry 2016).

Die Lieferanten werden halbjährlich in den Kategorien Qualität, Kosten, Logistik bewertet. Das Maximalergebnis beträgt 100 Punkte. Bei signifikanten Qualitätsdefiziten findet automatisch eine Dequalifizierung durch Abzug von 40 Punkten statt. Die Lieferantenbewertung dient zur Überwachung der Leistungsfähigkeit der Lieferantenperformance (Helmold 2011). Darüber hinaus mögen fehlende Elemente einer effizienten oder schlanken Produktion und lernenden Organisation dazu führen, dass der Lieferant seine Qualitäts- und Logistikziele nicht umsetzen kann und seine kurzfristige oder langfristige Preisuntergrenze unterschreitet. Finanzielle Schwierigkeiten sind die Folge. Nur Unternehmen, die ein ideales Zusammenspiel erwirken, können auch Einsparpotenziale aus Produktivitätsoptimierungen erschließen.

Schwachstellen gegenwärtiger Lieferantenbewertungssysteme

Lieferantenbewertungen sind immer reaktiv und zeigen die Vergangenheit (Dust 2009). Darüber hinaus werden in den wenigsten Unternehmen stochastische Modelle zur Risikominimierung oder Risikoprävention entwickelt (Gürtler und Spinler 2010). Ebenso werden die Daten der Lieferantenbewertung meist periodisch, also monatlich, quartalsseitig oder halbjährlich an die Lieferanten übermittelt.

- reaktive Bewertung
- Konzentration auf wenige Kategorien (Qualität und Liefertreue)
- fehlende Trendmodelle
- nicht „Real Time"
- Ignorierung von Beziehungsfaktoren
- fehlende Anreizmodelle
- analoge Vorgehensweise der Bewerter
- nur direkte (Tier-1) Lieferanten involviert

In der 7.4 Grafik werden die wesentlichen Beurteilungskriterien eines Lieferanten aus Sicht des beschaffenden Unternehmens dargestellt. Die Kriterien können individuell angepasst bzw. erweitert werden. Nachdem die Kriterien der Beurteilung festgelegt sind, geht es in einem weiteren Schritt um die Lieferantenbeurteilung und -auswahl selbst. Die Lieferantenbeurteilung sollte nicht nur vor der Auftragsvergabe erfolgen. Eine Überwachung der mit dem Lieferanten vereinbarten Leistungskriterien ist auch während des Prozesses der Auftragserteilung notwendig, um rechtzeitig bei Defiziten gegensteuern zu können. Nach Abschluss des Liefervertrages erfolgt eine weitere Beurteilung des Lieferanten, um bei eventuell aufgetretenen Defiziten mit dem Lieferanten in Nachverhandlungen treten zu können, oder auch um deutliche Absprachen

Tab. 7.4: Mögliche Kriterien der Lieferantenbewertung in China (In Anlehnung an Appelfeller, Buchholz (2005, S. 48), mit ergänzenden Kriterien von Helmold und Terry (2016))

Strategie und Organisation	**Beziehungsfaktoren**
Geschäftsfelder	Intensität der Geschäftsbeziehung
Organisationsstruktur	Dauer der Geschäftsbeziehung
Standorte	Anzahl der gemeinsam realisierten Projekte
Konzernbeziehungen	Erfahrungsaustausch
Partnerschaften	Guanxi-Indikator
Zulieferbeziehungen	
„Compliance" Kriterien	**Wirtschaftlichkeit**
Verankerung von Compliance Richtlinien in die Unternehmensstrategie	Finanzielle Situation
Compliance Audits	Wettbewerbsfähigkeit der Preise
	Legitimität von Preiserhöhungen
	Annahme und Lieferbedingungen
	Bezugsnebenkosten
	Kostenoptimierungspotential
Qualität	**Logistik**
Qualitätsrichtlinien und Dokumentation	Infrastruktur
Zertifizierungen	Beherrschung der Logistikprozesse
Beherrschung der Prozesse	Herstellfähigkeit
Kontinuerlierche Verbesserungsprogramme (KVP)	Maschinenkapazität und -auslastung
Erstmusterprüfungen	Belieferungskonzepte
Personalakquise	Zykluszeiten
Innovationsbereitschaft	**Digitalisierung/Informationsaustausch**
Investitionen In neue Produkte und Technologien	Grad der Digitalisierung
Investitionen in Ressourcen und Personal (Spezialisten)	Kompatibilität von internetbasierten Systemen zum Kunden
Kooperation mit Instituten	Teilnahme an Lieferantenportalen
Kollaboration mit Forschungseinrichtungen	Datensicherheit und -umgang
	Bereitschaft zur Eröffnung eines Europabüros
Technologie	**Ökologie**
Produkt Know-how	Umweltzertifizierung
Patente und Lizenzen	Umweltstandards
Fertigungsprozesse	Ökobilanzierung
Grad der Einführung schlanker Methoden	Umweltzertifizierung
Produktentwicklungsprozesse	Verwendung von recyclingfähigen Produkten und Materialien
Technologie Infrastruktur	Suche nach Substitutionsmöglichkeiten
Dokumentation	Nachhaltigkeitsberichte
Digitalisierung und Kompatibilität zu Kundensystemen	
Innovationen	
Anteil der Neuinvestitionen im Bereich Produktentwicklung	

bei neuen Lieferungen zu machen. Generell kommen bei der Lieferantenbeurteilung die Lieferungen und Leistungen des Lieferanten auf den Prüfstand, das Unternehmen des Lieferanten sowie das politische und soziokulturelle Umfeld des Lieferanten. Dieses Vorgehen ist besonders wichtig bei Lieferanten aus „Emerging Markets". Nachdem die Kriterien und auch der Zeitpunkt der Lieferantenbeurteilung festgelegt wurden, ist im folgenden Schritt die Methode der Beurteilung festzulegen. Es wird zwischen Checklistenmethode, ABC-Analyse, Punktbewertungsmethode sowie Geldwertmethode unterschieden. Einen innovativen Ansatzpunkt zur Bewertung der Lieferantenperformance zeigt Dust (2009). In dem von ihm entwickelten Modell der Mercedes-Benz Technology Consulting spielen unternehmensinterne und -externe Faktoren eine wichtige Rolle in einer BSC, wie die Abb. 7.9 zeigt. Außerdem empfiehlt er die Zuhilfenahme von weichen Faktoren zur Evaluierung von Risikowahrscheinlichkeiten oder -auswirkungen.

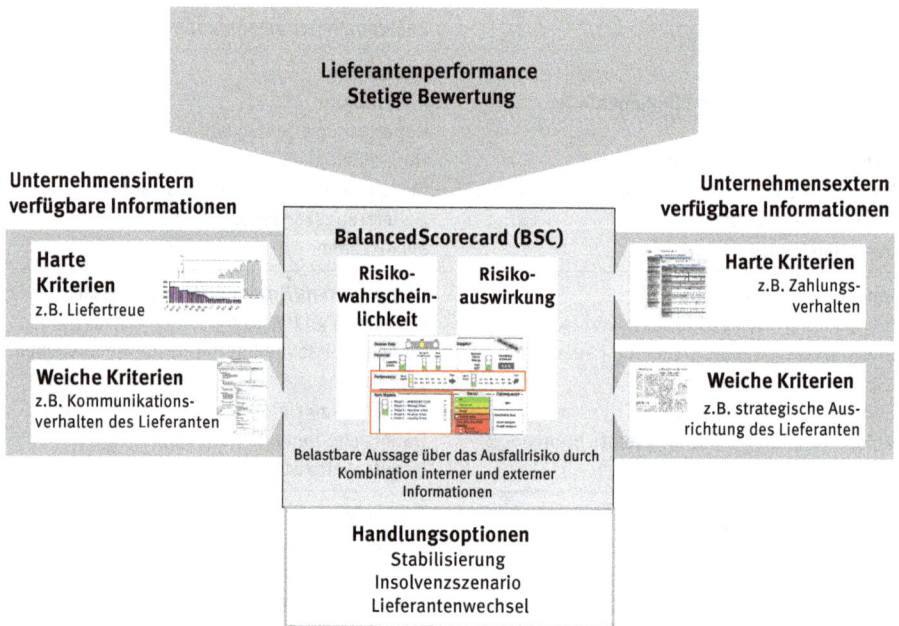

Abb. 7.9: Balanced Scorecard (BSC) (Eigene Darstellung in Anlehnung an Dust (2009))

Traditionelle Modelle beinhalten noch zu wenige sogenannte „weiche" Faktoren. In dem „Supply Management Excellence" Buch über Beschaffung in China oder Japan wird explizit auf die so wichtigen weichen Faktoren und Aspekte des Beziehungsmanagements (jap. Nemawashi; chin. Guanxi) eingegangen. Bombardier Transportation bezieht ca. 20% seiner Produkte aus China und Japan (mehr als 350 Mio. EUR), so dass die Berücksichtigung innerhalb der Lieferantenbewertung zwingend notwendig ist.

Empfehlungen für die Lieferantenbewertung in 2020 bis 2030

Lieferantenbewertungen sind immer reaktiv und zeigen die Vergangenheit; hier bietet die Digitalisierung eine große Chance. Digitalisierung ermöglicht unter Anwendung von Lieferantenportale, Daten in Echtzeit über die Performance der gesamten Lieferkette zu filtern und darzustellen. Unternehmen mit einem Lieferantenmanagement 2030, welches auf die Herausforderungen der Zukunft ausgerichtet ist, werden länderspezifische Aspekte in die Bewertung mit einbeziehen. Aus der proaktiven und vorausschauenden Bewertung werden in Verbindung mit Lieferanten weitere Potenziale gehoben, um die Kundenzufriedenheit zu erhöhen. Folgende Punkte müssen von Unternehmen berücksichtigt werden, die ein Lieferantenmanagement für 2030 aufsetzen wollen:

- proaktive und präventive Bewertung;
- Konzentration auf die entscheidenden Kategorien von harten und weichen Faktoren;
- Ermittlung von Trendmodellen;
- digitaler Austausch von „Real Time" Daten durch Lieferantenportale inklusive kundenspezifischer Gesichtspunkte;
- Einbeziehung von Beziehungsfaktoren im Rahmen des „Supplier Relationship Managements";
- Einbeziehung von internationalen Faktoren, z. B. China Guanxi-Beziehungen;
- Anreizmodelle zur Verbesserung der Lieferantenperformance;
- dialogorientierte Vorgehensweise der Bewerter, d. h. volle Transparenz aller übermittelten Daten;
- Bewertung über die gesamte Wertschöpfungskette;
- Beinhaltung von Innovationsfaktoren.

7.3.4 Visualisierung, War Room und Obeya

Visualisierungszentren im Lieferantenmanagement sind noch zu selten in der Praxis (Helmold und Terry 2016). Abb. 7.10 zeigt die Visaulisierung eines Chinabüros in Shanghai einer multinationalen Firma.

Lieferantenmanager sehen noch nicht die Vorteile einer transparenten Darstellung der Lieferantenperformance. Unternehmen mit einem innovativen Lieferantenmanagement werden diesen Sachverhalt ändern und sogenannte Werkzeuge aus dem Konzept der schlanken Produktion Übernehmen. Hier empfiehlt sich die Visualisierung in einem „War Room", „Visualisierungszentrum" oder dem „Obeya" (jap. für „großer Raum"). Obeya bezeichnet eine Form des Projektmanagements bei Toyota und ist ein Teil des Toyota-Produktionssystems und damit eine Komponente des Lean Managements bzw. der Lean Production (dt. schlanke Produktion). Während der Produkt- und Prozessentwicklung sind alle an der Planung beteiligten Personen in einem ‚großen Raum' vereinigt, um schnellste Kommunikation und kürzeste

Entscheidungswege zu erreichen. Somit entfallen die klassischen Barrieren, die sich durch das "Abteilungsdenken" im Laufe der Zeit entwickelt haben. In gewisser Weise kann man sogar von einer Erweiterung des Teamgeistes auf administrativer Ebene sprechen. Bei Toyota sind dadurch Fahrzeugentwicklungen in deutlich weniger als 20 Monaten möglich geworden (der Durchschnitt bei anderen Automobilbauern liegt vergleichsweise bei 36 Monaten).

Abb. 7.10: Visualisierungszentrum (Foto: Helmold (2016))

Lieferantenmanager in „Nadelstreifen" sind in vielen Unternehmen noch zu sehr auf kommerzielle Aspekte fokussiert, die sie nicht transparent machen. Der bereits ausführlich beschriebene und notwendige Leitbildwandel wird auch die Funktion des Lieferantenmanagers verändern („Lieferantenmanager in Nadelstreifen und mit Sicherheitsschuhen" wie ein Einkaufsvorstand kürzlich beschrieb). Lieferantenmanager werden, wie im Kapitel 3.4 beschrieben, Potenziale mit wenigen Partnern ausschöpfen müssen, was veränderte Kompetenzen und ein detailliertes Wissen der Abläufe, Prozesse und Produktion erfordert.

7.3.5 Lieferantenentwicklung

Der Begriff Lieferantenentwicklung bezeichnet die Entwicklung und Verbesserung enger, partnerschaftlicher und langfristiger Beziehungen zwischen Kunden und Lieferantennetzwerken innerhalb der Wertschöpfungskette (Helmold und Terry 2016). Lieferantenentwicklung wird oft im Zusammenhang mit japanischen

Management-Methoden gebracht und ist erst in jüngster Zeit auch im Westen verstärkt umgesetzt worden (Liker und Choi 2005; Helmold 2011). Hofbauer et al. (2012) beschreiben die Lieferantenentwicklung als einen stetigen Prozess zur Verbesserung gegenwärtiger oder neuer Lieferanten. Grundlage der Entwicklung sind die Ergebnisse der Lieferantenbewertung und Kennzahlen, welche in dem vorherigen Kapiteln beschrieben worden sind. Emmett und Crocker (2009) definieren die Lieferantenentwicklung als Unterstützungsprozess durch direkte oder indirekte Maßnahmen. Auch hier ist das vordergründige Ziel die Verbesserung der Lieferantenperformance. Abb. 7.11 zeigt den Teilprozess der Lieferantenentwicklung.

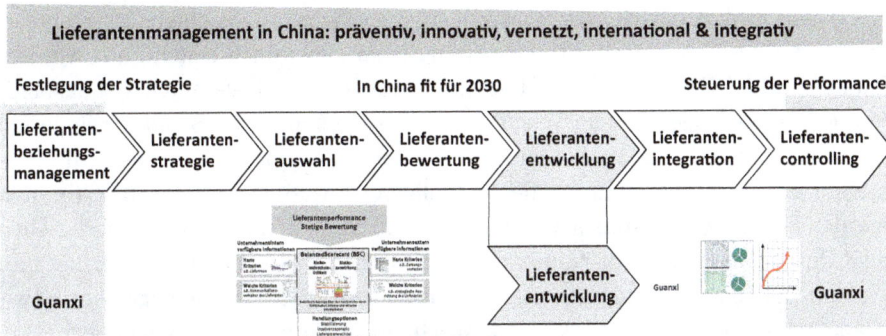

Abb. 7.11: Gegenstand der Lieferantenentwicklung (In Anlehnung an Helmold und Terry (2016))

Es sind unterschiedliche Herangehensweisen an Kunden-Zulieferer-Beziehungen entstanden, einschließlich Co-Makership, Partnership-Sourcing, Collaborative Sourcing und Cooperative Sourcing. Alle diese Formen von Lieferantenentwicklung zeichnen sich aus durch langfristige Bindung, Integration von Schlüsselfunktionen und -aktivitäten, ein strukturiertes Bezugssystem zur Bestimmung von Preisen sowie Aufteilung von Kosten und Profiten, eine proaktive Herangehensweise an die Problemlösung und die gleichzeitige Übernahme einer Win-Win-Philosophie sowie durch eine Kultur kontinuierlicher Verbesserung. Ziel der strategischen Lieferantenentwicklung ist die Reduzierung von Abhängigkeiten und Versorgungsrisiken sowie die kontinuierliche Erhöhung und Sicherung der Produktqualität. Dazu werden aktive und potentielle Lieferanten permanent verglichen, um die bestmögliche Lieferantenleistung abrufen zu können. Ein anerkanntes Instrument zur Aufdeckung von Optimierungspotentialen ist die Lieferantenbewertung. Innovative Unternehmen wie Porsche, BMW oder ZF Friedrichshafen haben verstanden, dass die Entwicklung von Lieferantenpotenzialen innerhalb der Lieferkette eine der Kernaufgaben des Lieferantenmanagements ist (Helmold 2013). Klassenbeste („Best-in-Class") Unternehmen mit einem Lieferantenmanagement der Zukunft haben u. a. eine Lieferantenakademie oder Unterstützung durch Experten, was auch von Helmold (2013) oder Dust (2011) propagiert wird. Insbesondere in neuen oder wachsenden Märkten (wie Brasilien, Argentinien, China oder Vietnam) sind stetige Coachingmaßnahmen dringend notwendig. Das Kapitel 7.3.7. Lieferantencoaching befasst sich mit dem Thema genauer. Die prozessuale Einordnung lässt sich wie folgt darstellen. Strategische Lieferanten, die nur in begrenztem Umfang substituiert werden können, erfordern eine intensive Lieferantenpflege und permanente Kommunikation, um die Versorgung weiterhin sicherzustellen und ggfs. absehbaren Störungen frühzeitig entgegenzuwirken.

Als Lieferantenentwicklung bei der Firma Porsche wird der direkte Eingriff bei einem Zulieferbetrieb (Lieferant) bezeichnet, wie Abb. 7.12 zeigt. Organisatorisch sind hier Gremien wie die Abteilung Lieferantenentwicklung oder der Lieferantenentscheidungsausschuss (LEA) als funktionsübergreifendes Organ verantwortlich.

Dabei wird zunächst vom Kunden ein sogenanntes Gutachten (Assessment) durch eine Besichtigung und Untersuchung beim Lieferanten erstellt, also ein Lieferantenaudit (Helmold 2009). Aktuelle Leistungen des Lieferanten (Ist-Zustand) werden herangezogen und mit dem vertraglich zwischen beiden Seiten vereinbarten Soll-Zustand verglichen. In diesem Audit werden alle – nach Ansicht des Kunden – erforderlichen Verbesserungen des jeweiligen Untersuchungsbereiches (in den meisten Fällen das Qualitätsmanagementsystem) der Lieferanten identifiziert. Neben dem Qualitätsmanagement können hier auch (nach Bedarf) andere Bereiche, z. B. Projektmanagement, Unterlieferantenmanagement, Produktionsmanagement, Kapazitätsmanagement untersucht werden. Anschließend wird der Lieferant aufgefordert, die erforderlichen Maßnahmen zum Ausbau des Qualitätsmanagements durchzuführen und die konkrete Umsetzung zu einem vorher vereinbarten Zeitpunkt gegenüber dem Kunden plausibel nachzuweisen. Dieses passiert mit der Hilfe eines Lieferantenmanagers und -entwicklers unter Einbindung von Experten. Bei Porsche kann das bedeuten, dass bis zu zehn Personen in den jeweiligen Bereichen (Entwicklung durch schlanke Produktionsmethoden, Hilfestellung in der Logistik etc.) tätig sein können.

Koordination durch Lieferantenmanagement			
	Lieferantenperformance	Lieferantenlenkungskreis	Maßnahmen verfolgen
Externe Informationen – Harte Kriterien – Weiche Kriterien – Interne Informationen – Beziehungsfaktoren			
Teilnehmer	Lieferantenmanagement Funktionen wie Qualität, Logistik, Technik Projektverantwortliche Lieferant	Führungsebene Koordination und Vorstellung durch Lieferantenmanagement Führungsebene des Lieferanten	Lieferantenmanagement Funktionen wie Qualität, Logistik, Technik Lieferantenlinienfunktionen Projektverantwortliche

Abb. 7.12: Beispiel Lieferantenentwicklung (Helmold (2010))

Mit diesen Maßnahmen will der Hersteller sicherstellen, dass die Zulieferteile und Dienstleistungen der vertraglich vereinbarten Qualität, Menge und Lieferzeit entsprechen. Das Audit kann sich aber auch auf einzelne Bereiche des Lieferanten beziehen, mit dem Hintergrund, z. B. die Logistik zu verbessern. Vorangegangene Qualitätsdefizite führen dabei nicht zwangsläufig zum Lieferantenwechsel, sondern zu gezielten Förderungsmaßnahmen, die sich sowohl auf technologische wie auch auf organisatorische Aspekte beziehen können. Die Lieferantenentwicklung kann somit einen Eingriff in die Unternehmenspolitik eines Lieferanten und dessen Qualitätsmanagements bedeuten, abhängig vom Auditergebnis. In regelmäßigen Abständen werden darüber hinaus vom Kunden weitere Lieferantenaudits durchgeführt, um den Lieferanten zu einer ständigen Weiterentwicklung seines Qualitätsmanagementsystems zu bewegen. Diese Lieferantenaudits sollten nicht verwechselt werden mit den Zertifizierungsaudits der regulären Zertifizierungsgesellschaften wie z. B. DQS, Germanischer Lloyd oder TÜV usw. bei denen das Qualitätsmanagementsystem regelmäßig (z. B. einmal jährlich) basierend auf dem Regelwerk ISO 9001 geprüft wird.

Anforderungen an eine Lieferantenentwicklung 2030

Für eine Lieferantenentwicklung der Zukunft sind sich alle Autoren einig, dass gewisse Kriterien erfüllt werden müssen(Liker und Choi 2005; Dust 2009; Hofbauer et al. 2012; Emmett und Crocker 2009; Helmold und Terry 2016). Eine proaktive Lieferantenentwicklung ist gekennzeichnet durch:

- Lieferantenentwicklungsmaßnahmen auf Basis weicher und harter Bewertungskriterien;
- vorausschauende und „real time" Bewertungskriterien (Sensorikmodelle);
- Kompetenz der Lieferantenentwicklung als Projektmanager mit funktionsübergreifendem Mandat;
- Maßnahmen beim Lieferanten und Eingriff beim Lieferanten;
- übergreifende Maßnahmen durch Einbindung der gesamten Lieferkette (Tier-1, -2 und -3);
- Einsatz schlanker Methoden in produktiven und administrativen Bereichen mit dem Fokus auf wertschöpfende Tätigkeiten;
- stetige Fortschrittskontrolle und Nachhaltigkeit bei Lieferantenentwicklungstätigkeiten;
- Aufwendungen (Kosten der Lieferantentwicklung) und Erträge (Einsparungen) werden geteilt;
- Lieferantenentwicklungsmaßnahmen werden vor Ort, aber unter Zuhilfenahme digitaler Medien durchgeführt;
- Lieferantenakademie und lebenslanges Lernen spielt eine fundamentale Rolle.

7.3.6 Lieferanten One Pager und Cockpit

Lieferantencockpits oder „One Pager" sind einseitige Berichte zu der Performance eines Lieferanten, wie Abb. 7.13 zeigt. Lieferantencockpits sind ein ideales Werkzeug im Lieferantenmanagement, um eine Situation eines Lieferanten anzuzeigen. Das Lieferanten-Cockpit schafft Transparenz. An zentraler Stelle erhalten Sie einen Überblick über den aktuellen Stand der Lieferantenbewertung und der ermittelten Kennzahlen. Interessieren Sie sich für Detailinformationen, erhalten Sie per Knopfdruck Informationen darüber, auf welcher Grundlage ein Hard Fact ermittelt wurde. Nutzen Sie zudem die umfangreichen Lieferantenauswertungen, um Risiken frühzeitig zu erkennen und die Entwicklung Ihrer Lieferanten zu verfolgen.

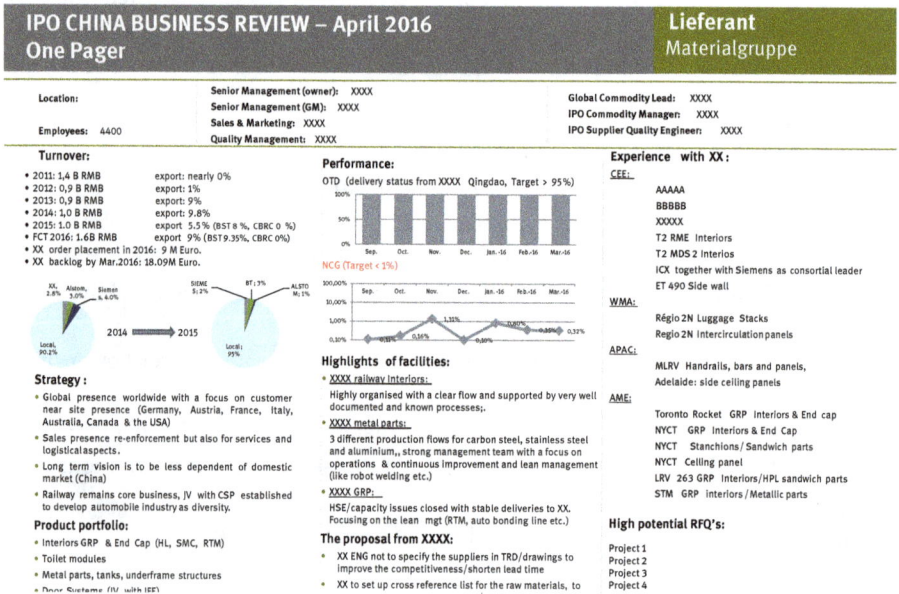

Abb. 7.13: One Pager und Cockpit I (Emmett und Crocker (2009))

Abb. 7.14 zeigt ein praktisches Beispiel eines Lieferantencockpits zur transparenten Darstellung von Leistungsparametern.

Das Lieferantencockpit hat Leistungsmerkmale in den Bereichen Qualität (Anlieferqualität, engl. Non Conformity Goods) und Lieferzuverlässigkeit (engl. On-Time-Delivery). Ein One Pager kann dagegen allgemeine Leistungsmerkmale berücksichtigen wie Umsatz des Lieferanten, Exportanteil, strategische Informationen, Bewertungshistorie je Lieferant und grafische Auswertungen und Analysen.

KPI Supplier / WK01
Supplier Cockpit

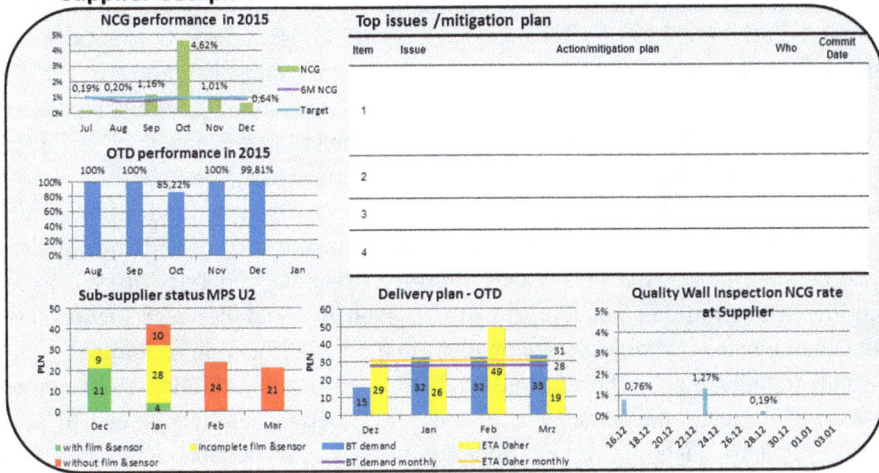

Abb. 7.14: One Pager und Cockpit II (Emmett und Crocker (2009))

7.3.7 Lieferantencoaching und Lieferantenakademie

Lieferantencoaching ist die systematische, kollaborative Verbesserung der Lieferanten-kompetenzen durch die vom Lieferantenmanagement durchgeführten Lieferantencoa-chingmaßnahmen. Coachingmaßnahmen können bei Lieferanten, Distributoren und Unterlieferanten oder in einer Akademie oder im Klassenraum durchgeführt werden. Coachingmaßnahmen erfordern besondere Coachingkompetenzen der Mitarbeiter im Lieferantenmanagement, die in Kapitel 3.4 ausführlich behandelt worden sind.

Coachingaktivitäten umfassen meist einen speziellen Themenbereich inner-halb der Lieferkette (Projektmanagement, Qualitätsmanagement, Methoden der schlanken Produktion etc.). Ganz gleich, ob projektbegleitend in der Planungsphase oder serienbegleitend in der After-Service-Phase, Coachingmaßnahmen führen zu schnellen Verbesserungen: Die Steigerung der Produkt- und Prozessqualität steht im Mittelpunkt des Lieferantenmanagements. Viele Unternehmen haben eine eigene Lie-ferantenakademie (Porsche, ZF Friedrichshafen, Bosch) aufgebaut. Diese helfen dem eigenen Unternehmen, neue Lieferanten oder Risikolieferanten auf den geforderten Reifegrad hinsichtlich Standards oder Qualitätsanforderungen zu entwickeln bzw. zu coachen. Das Ziel ist dabei die nachhaltige Qualitätsverbesserung ihrer Lieferan-ten. Relevante Faktoren sind vor allem Qualität, Zeit und Kosten; praktische Belege z. B. die Reduzierung von Ausschuss und Nacharbeit. Lean, flexibel, effizient und zukunftsfähig. Experten und sogenannte Lieferantencoaches (dt. Trainer, Betreuer) in allen Fragen einer umfassenden Qualitäts-, Projekt- und Serienbetreuung. Dabei werden u. a. Herstellprozesse von Zulieferteilen analysiert (inkl. Fertigungs- und Prüfkonzepten) sowie Lösungen und Umsetzungsmöglichkeiten zur Prozess- und Produktoptimierung erarbeitet. Außerdem unterstützen standardisierte Lieferanten-managementprogramme und Konzepte auch die Gewährleistungszielkostenprozesse. Die erforderlichen Requalifikations- und/oder Befähigungsmaßnahmen/Ertüchti-gungsmaßnahmen, z. B. im Reklamationsmanagement; alle Maßnahmen müssen dabei auf Nachhaltigkeit setzen. Coaching im Lieferantenmanagement erfordert Methoden- und Trainingskompetenz durch Analyse und Qualifizierung.

Mit der erforderlichen Methoden- und Trainingskompetenz durch Analyse und Qualifizierung schafft ein innovatives Lieferantenmanagement der Zukunft in allen Unternehmen fähige und beherrschte Prozesse (Helmold und Terry 2016a). Dabei profitieren Sie von den langjährigen Erfahrungen in ausgewiesenen Technologie-bereichen ebenso wie vom professionellen Anlaufmanagement inkl. Änderungsma-nagement, Reifegradabsicherung und Produktionsvorbereitung. Zudem stehen ihnen individuelle Lieferantenmanagementteams mit Experten aus den Bereichen Coa-ching, Effizienzsteigerung, Produktionssysteme, Lean Production, Shopfloor, Pro-duktions- und Montageplanung, Technologie, Qualität, Logistik, Prozessoptimierung und Organisationsentwicklung, Change Management und DTC zur Verfügung.

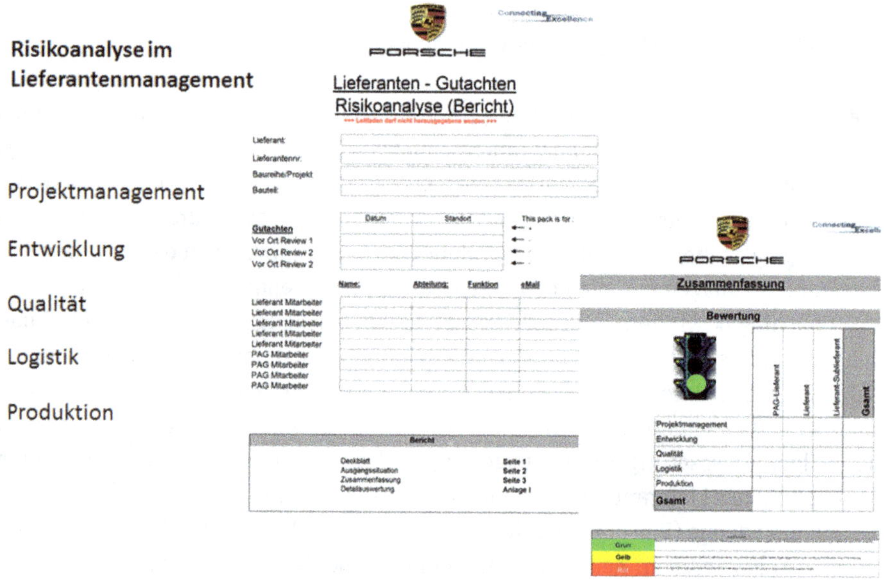

Abb. 7.15: Lieferantenmanagement Porsche (Helmold (2011))

Gemeinsame Entwicklung individueller Lösungen für Kundenprobleme
Das folgende Beispiel zeigt ein Lieferantenentwicklungsprojekt der Firma Porsche und ThyssenKrupp Drauz. Gemeinsam haben die beiden Firmen ein Team aufgestellt,

welches nach dem Muster Management Meeting, Kick-off-Meeting, Analyse, Definition der Handlungsbedarfe und Einführung der Maßnahmen agiert.

Abb. 7.15 zeigt das Lieferantengutachten der Firma Porsche. Das Lieferantenmanagement koordiniert die Aktivitäten funktionsübergreifend.

Zahlreiche Unternehmen entwickeln gemeinsam mit den angrenzenden Abteilungen (Produktion, Entwicklung, Qualitätsmanagement etc.) und Lieferanten individuelle Coachinglösungen für die unterschiedlichsten Aufgabenstellungen bzw. Handlungsbedarfe im Bereich des Lieferantenmanagements. Hier eine kleine Übersicht über die klassischen Kundenprobleme aus der Praxis:

- Leistungen hinsichtlich Kapazität, Qualität und Effizienz werden nicht erbracht;
- neuer Produktionsstandort oder umfangreiche Verlagerungsaktivitäten stehen an;
- instabile Prozesse in der Produktion, keine fähigen und beherrschten Anlaufprozesse;
- zu hohe Fehlerraten und Fehlerlaufzeiten, schlechte Anliefer- und Feldqualität;
- Absicherung der Lieferfähigkeit und Zuverlässigkeit der Produktionsprozesse in der Serienphase ist nicht gewährleistet, Anlaufrisiken und Risiken der Gewährleistungskosten (GWK) müssen reduziert werden;
- schlechte Anlagenverfügbarkeit;
- Qualitätsanforderungen sind Lieferanten nicht bekannt, keine Sicherstellung der Qualitätsleistung bzw. der Qualität von Zukaufteilen, keine ausreichende Transparenz zur Steuerung der Lieferanten.

Erbringung effizienter Leistungen auf Basis standardisierter Methoden
Bereits innerhalb der Planungsphase helfen den Experten mit dem richtigen Einsatz von Prinzipien der schlanken Produktion und dem Einsatz von Qualitätswerkzeugen, die qualitätsrelevanten Anforderungen in Produktmerkmale umzusetzen. In der Nutzungsphase kommen dann hilfreiche Methoden wie z. B. Failure Mode and Effects Analysis (FMEA), Fault Tree Analysis (FTNA) oder Pareto zum Einsatz, um Schwachstellen aufzudecken und zukünftig ähnliche Fehler zu vermeiden. Auf Basis von standardisierten Methoden ist Coaching ideal geeignet speziell im Bereich des Lieferantenmanagements, um effiziente und effektive Ergebnisse zu erreichen. Diese sind z.B.:

- Analyse des bestehenden Produktionssystems bzw. Definition geeigneter Sofort- und Langfristmaßnahmen und deren erfolgreiche Umsetzung mit Qualifikation im Shopfloor;
- Einführung in die Methoden der schlanken Fertigung sowie deren praktische Anwendung
- Optimierung und Neugestaltung von Fertigungsprozessen, Produktionsplanung und -steuerung, Materialbedarfsplanung und -beschaffung, Produktions- und Lagerlogistik;

- Reklamationsmanagement und Gewährleistungs-, Ziel- und Prozesskosten inkl. Analyse der Reklamation, Definition geeigneter Sofort- und Langfristmaßnahmen und deren erfolgreicher Umsetzung;
- IST-Analyse und Optimierung bestehender Informationsflüsse und IT-Systemlandschaften;
- Einführung von Qualitätsmanagementsystemen;
- Erstellung nachhaltiger Lieferantenmanagementkonzepte in der Produktentstehung oder bei serienreifen Produkten;
- Auditierung und Prozessanalysen wie z. B. VDA 6.3 und Vorbereitung der Zertifizierung (VDA 9001, ISO TS 16949);
- Gestaltung und Begleitung unternehmensübergreifender Q-Programme;
- Realisierungs- und Multiprojektmanagement hinsichtlich Kosten, Zeit und Qualität;
- Qualitätsvorausplanung (Advanced Product and Quality Planning [APQP]) bzw. kontinuierliches Projektmanagement für die Produkt- und Qualitätsplanung und für alle Phasen des Entwicklungsprozesses, FMEA, Prozesslenkungsplan, Prüfplan;
- Qualifizierung von entsprechenden Qualitätsmethoden;
- Realisierungsbetreuung und Reifegradabsicherung, individuelle Bauteilebetreuung im Produktentstehungsprozess (PEP);
- Steuerung, Lenkung und Mitarbeit in übergreifenden Problem- oder Verlagerungsteams;
- Lieferantencoaching bei der Implementierung von spezifischen OEM Prozessstandards (PEP, Werkzeugerstellprozess, Bemusterung, 2-Tagesproduktion, Änderungsmanagement);
- Prozessmanagement und -dokumentation, Aufbau von stabilen und robusten Prozessen, Gestaltung Unterlieferantenmanagement zur Gewährleistung der Bauteilversorgung in der gesamten Wertschöpfungskette;
- Einleitung und Umsetzung erforderlicher aufbau-, ablauf-, oder arbeitsorganisatorischer Veränderungen.

Insgesamt profitieren beim Coaching innerhalb des Lieferantenmanagements Kunde und Lieferant von einem strukturierten und schnellen Problemlösungsprozess – von der Problembeschreibung und Ursachenanalyse über die Lösungsfindung bis hin zur Umsetzung und Wirksamkeitskontrolle. Dabei übernehmen die Ingenics Experten die Rolle des Steuerers, Moderators wie auch des Methodikers. Denn nur durch das Zusammenspiel der richtig ausgewählten Methoden, qualifizierten Mitarbeiter und einem sich selbst regulierenden System über die Prozesse und Schnittstellen werden die notwendigen Voraussetzungen für fähige und beherrschte Prozesse geschaffen. Zusätzlich wird eine Kommunikationsbrücke zwischen Kunde und Lieferant gebaut, wobei der „Resident Engineer" (ein Resident Enginerr ist meist ein Techniker oder Ingenieur des Lieferanten, der physisch bei dem Kunden arbeitet und als Schnittstelle zwischen Kunde und Lieferant bei Problemen oder Fragen dient. Der resident Engineer ist oft mit den Funktionsgruppen des Kunden (Einkauf, Entwicklung etc.)

koallokiert und beantwortet Fragen und hilft bei Problemen (Helmold und Terry, 2016). Die jeweiligen Aufgaben ebenfalls effizient und schnell bearbeitet bzw. deeskaliert. Alles in allem schaffen dabei Kunde und Lieferant die Beschaffungskosten zu optimieren und Ausfallrisiken zu minimieren, ferner Lieferantenqualität und die Wertschöpfung in der Lieferkette insgesamt zu steigern indem Lieferanten als wichtige Leistungserbringer und Faktoren erfolgreich in den Wertschöpfungs- und Produktionsprozess einbezogen werden. Das alles führt letztendlich zu einer deutlichen Reduzierung von Ausschuss und Nacharbeit sowie stabilen und robusten Prozessen in ihrer Produktion. Größere Unternehmen wie Porsche haben eigene Akademie- und Schulungsprogramme, die durch die Porsche Consulting abgedeckt werden.

7.3.8 Incoterms 2010

Die Incoterms wurden von der Internationalen Handelskammer (International Chamber of Commerce, ICC) entwickelt und 1936 erstmals aufgestellt. Der Stand der Incoterms wird durch Angabe der Jahreszahl gekennzeichnet. Sie wurden mehrfach angepasst, die aktuelle Fassung sind die Incoterms 2010 (7. Revision) (DHL 2016). Die Incoterms 2010 wurden als 7. Revision zum 1. Januar 2011 implementiert. Hierdurch werden die ursprünglich 13 Klauseln der Incoterms 2000 auf 11 Klauseln bei den Incoterms 2010 reduziert. Die Incoterms sollen vor allem die Art und Weise der Lieferung von Gütern regeln. Die Bestimmungen legen fest, welche Transportkosten der Verkäufer und welche der Käufer zu tragen hat und wer im Falle eines Verlustes oder Beschädigung der Ware das finanzielle Risiko trägt (Gefahrübergang). Die Incoterms geben jedoch keine Auskunft darüber, wann und wo das Eigentum an der Ware von dem Verkäufer auf den Käufer übergeht. Auch Zahlungsbedingungen und Gerichtsstand werden über sie nicht geregelt. Die Pflicht zum Abschluss einer Transportversicherung wird ebenfalls nicht durch die Incoterms geregelt. Eine Ausnahme besteht nur bei den Incoterms CIF (Cost, Insurance, Freight) und CIP (Cost, Insurance, Packaging). Werden diese Klauseln angewandt, muss der Verkäufer eine zusätzliche Transportversicherung gemäß der entsprechenden Klausel abschließen. Die Incoterms haben keine Gesetzeskraft; sie werden nur Vertragsbestandteil, wenn sie von Käufer und Verkäufer in den Vertrag einbezogen werden. Zum Beispiel muss im Vertrag erwähnt sein „CIP gemäß INCOTERMS 2010". Sonderbestimmungen in einzelnen Verträgen zwischen den Parteien gehen den Incoterms vor. Die Verwendung der Incoterms im Vertrag (durch Angabe von Kürzel der Klausel und des jeweiligen Orts) ist freiwillig. Jeder Incoterm benötigt zudem eine Ortsangabe, die je nach Vereinbarung genau (Adresse) oder variabel (beispielsweise ein Hafenrevier) sein kann. Im zweiten Fall wird die exakte Adresse ggf. kurz vor Ankunft ermittelt, beispielsweise im Überseehandel. Die Wirtschaftskommission für Europa (UNECE) bietet hierfür eine Liste an, um zu bestimmen, welche Destinationen für welches Incoterm geeignet sind. Die Incoterms werden auch in verschiedenen Statistiken verwendet: In der Außenhandelsstatistik wird für die Ausfuhren immer der

FOB-Wert (engl. Free on Board), für Einfuhren immer der CIF-Wert angegeben. Der Zollwert wird grundsätzlich auf der Basis eines fiktiven CIF-Imports ermittelt. Es ist trotz der „INCOTERMS 2010" auch möglich, Verträge zwischen individuellen Kaufleuten unter Einbeziehung älterer Incoterms, z. B. „EXW Hamburg gemäß INCOTERMS 1980" abzuschließen. Dieses geschieht zuweilen zwischen langjährigen Vertragspartnern mit einer etablierten und daher unveränderten Handhabung ihrer Im- und Exporte. Nutzung nicht nur international, sondern auch national Reduzierung der Klauseln von 13 auf 11 (die maritimen Klauseln DAF, DES, DEQ, DDU [engl. Duty Delivery Unpaid] wurden entfernt; die allgemeinen Klauseln DAT, DAP neu hinzugefügt).

Gliederung der Incoterms in:

- Rules for any Mode or Modes of Transport (Allgemeine Klauseln)
- DAT, DAP, DDP (engl. Duty Delivery Paid), CPT, CIP, EXW (engl. Ex Works), FCA
- Rules for Sea and Inland Waterway Transport (See- und Binnenschifffahrt)
- FAS, FOB, CFR, CIF

Die Verständlichkeit und Anwendungssicherheit zur Auswahl der jeweils passenden Incoterms wurde durch die jeder Klausel seit 2010 vorangestellten Guidance Notes erleichtert. Der Übergang der Gefahr (Gefahrtragung) erfolgt nun bei FOB und CFR sobald sich die Güter an Bord des Schiffes befinden. Die Einteilung erfolgt in vier Gruppen:

- Gruppe E: Abholklausel (EXW);
- Gruppe F: Absendeklauseln ohne Übernahme der Kosten für den Haupttransport durch den Verkäufer (FCA, FAS, FOB);
- Gruppe C: Absendeklauseln mit Übernahme der Kosten für den Haupttransport durch den Verkäufer (CFR, CIF, CPT, CIP);
- Gruppe D: Ankunftsklauseln (DAP, DAT, DDP).

Jede Gruppe ist dadurch gekennzeichnet, dass die Kosten- und Risikotragung (Gefahrübergang) innerhalb der Gruppe nach dem gleichen Grundprinzip ausgestaltet ist. Während außerdem die Pflichten des Verkäufers mit jeder Gruppe steigen, reduzieren sich diejenigen des Käufers entsprechend. Des Weiteren werden aus diesen vier Gruppen nochmals zwei Gruppen zusammengefasst. Die erste Gruppe bezieht sich auf die Klauseln, die für jeden Transport und den kombinierten Transport angewendet werden können (EXW, FCA, CPT, CIP, DAP, DAT, DDP). Die zweite Gruppe bezieht sich auf die Klauseln, die ausschließlich auf den See- oder Binnenschifffahrtstransport angewendet werden können (FAS, FOB, CFR, CIF).

7.3.9 Lieferantenintegration

Lieferantenintegration ist ein Teilprozess des Lieferantenmanagements und ist dem zuvor beschriebenen Prozess der Lieferantenentwicklung nachgelagert. Abb. 7.16

zeigt die Eingliederung zwischen der Entwicklung und dem Lieferantencontrolling. Unter der Lieferantenintegration versteht man die Einbindung des Lieferanten in die Unternehmensstrukturen und in die Abläufe des Unternehmens, damit Prozesse und Systeme synchronisiert werden, um effektiver und erfolgreicher zusammenarbeiten zu können.

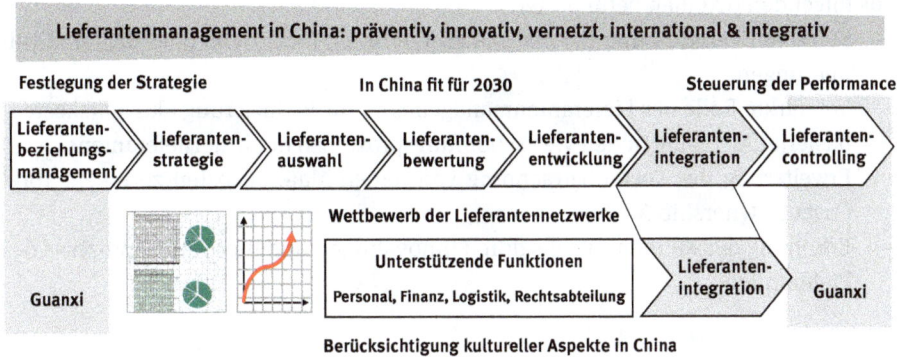

Abb. 7.16: Lieferantenintegration (Emmett und Crocker (2009)

Zielsetzung der Lieferantenintegration als Teil von Wertschöpfungspartnerschaften ist die Nutzung des externen Know-hows (Hofbauer et al. 2012). Lieferantenintegration beinhaltet eine enge Kollabaration, in der eine Kombination der Ressourcen des Abnehmers mit den Ressourcen und Fähigkeiten des Zulieferers sowie eine gemeinsame Umsetzung von Aktivitäten erfolgen (Emmett und Crocker 2009). Oder die Lieferantenintegration ist die Einbeziehung des Lieferanten in den Produktentstehungsprozess bei Fremdbeschaffung. Die Lieferantenintegration wird in der Betriebswirtschaftslehre als Gestaltungsfeld des strategischen Lieferantenmanagements betrachtet. Nach Hofbauer et al. (2012) ist bei der Integration zwischen der Wissens- und der Industrialisierungsphase zu unterscheiden. In der Wissensphase ist insbesondere die Einbeziehung in die abnehmerseitigen Entwicklungsprozesse gemeint. Darunter fallen auch Innovationen, die in der Kernkompetenz des Lieferanten liegen. In der Industrialisierungsphase sind insbesondere Prozesse der Produkt- und Produktionsprozessverbesserung als Gestaltungsfelder gemeint. In Anlehnung mehrerer Autoren kann die Lieferantenintegration abhängig vom Stand des Produktes, wie folgt eingeteilt werden (Helmold 2011; Helmold und Terry 2016; Hofbauer et al. 2012; Emmett und Crocker 2009; Dust 2009):

- Lieferantenstrategieprozess (z. B. bei neuen Technologien);
- Lieferantenauswahlprozess (bei mehreren Lieferanten mit dem gleichen Knowhow);
- Produktentstehungsprozess (Design Competition);
- Anlaufprozess (Anlaufmanagement);

- Serienprozess und Produktion (Produktions-Know-how und Kompetenzen bei der Massenproduktion);
- After Sales und Service-Prozess (Kundenbetreuungsprozess).

Der Beschaffung kommt bei der Lieferantenintegration eine besondere Rolle zu. Neben der traditionellen Absicht, Materialkosten zu optimieren, wird der Lieferant aus folgenden Gründen befürwortet:

- Stärkere Beeinflussung der Materialkosten durch technische oder digitale Optimierungen;
- Verstärkte Rolle des Lieferantenmanagements zur Reduzierung aktivitätskostenbasierter Elemente in den Wertschöpfungsprozessen der Unterlieferanten;
- Erweiterung der Kostenbetrachtung von reinen Materialkosten zu einem Total Cost of Ownership Ansatz;
- Erhöhung des Kundennutzens durch Innovationen und Innovationsprozesse des Lieferanten.

7.3.10 Lieferantencontrolling

Der letzte Prozess innerhalb der Ablauforganisation im Lieferantenmanagement ist das Lieferantenmanagementcontrolling (Hofbauer et al. 2012). Controlling im Lieferantenmanagement ist ein Teilbereich des unternehmerischen Führungssystems und der Lieferantenmanagementleitung, dessen Hauptaufgabe die Planung, Steuerung und Kontrolle der gesamten Lieferanten- und Wertschöpfungsnetzwerke anhand von geeigneten Werkzeugen ist. Im Lieferantencontrolling laufen die Daten des Rechnungswesen und anderer Quellen zusammen.

Seinen Ursprung besitzt der Controllingbegriff in der Praxis. Er wurde von Deyhle in Analogie zum Begriff des Marketings gebildet und hat einen engen Bezug zu den Aufgaben von Controllern. Die wissenschaftliche Diskussion des Begriffs Controlling begann in breiterem Umfang in den 1970er-Jahren. Das zeitlich gesehen erste Grundverständnis des Controllings weist diesem die Aufgabe zu, betriebswirtschaftliche Informationen für Zwecke der Führung bereitzustellen. Controlling soll in diesem Sinne eine betriebswirtschaftliche Transparenzfunktion erfüllen. „Betriebswirtschaftlich" wird dabei im Sinne von „(erfolgs-)zielorientiert" bzw. „ergebnisbezogen" verstanden. Konkret handelt es sich bei den zu liefernden Informationen insbesondere um Kosten und Erlöse, also um Rechengrößen, die aus dem internen Rechnungswesen stammen. Von der Kosten- und Leistungsrechnung unterscheidet sich das Controlling insbesondere durch den Verwendungsbezug der Informationen: Während das interne Rechnungswesen darauf ausgerichtet ist, bspw. die richtigen Kosten einer Kostenstelle oder das richtige

Ergebnis eines Produktes zu ermitteln, zielt das Controlling dieser Auffassung zu Folge darauf ab, dass mit diesen Informationen die richtigen unternehmerischen Entscheidungen getroffen werden. Das zeitlich gesehen folgende, zweite Grundverständnis des Controllings bezieht sich ebenfalls auf Tätigkeiten im Bereich der Führung, die zuvor an anderer Stelle der betriebswirtschaftlichen Funktion bereits diskutiert wurden. Hiernach hat das Controlling die Aufgabe, die zielbezogene, erfolgsorientierte Steuerung des Unternehmens wahrzunehmen. Dem Controlling geht es dann um die systematische Festlegung und Zuordnung („Herunterbrechen") der zu verfolgenden Ziele, die Messung ihrer Erreichung, die Feststellung von Soll-Ist-Abweichungen und die Erarbeitung von Maßnahmen zu deren Beseitigung. Mit anderen Worten zielt Controlling auf eine Führung des Unternehmens durch und mit Hilfe von Planung und daraus resultierenden Plänen ab. Letztere durchziehen das gesamte Unternehmen, von der strategischen bis zur operativen Planung. Controlling in diesem Sinne lässt sich auch als ein kybernetischer Prozess verstehen, der mit dem Regelkreis aus Planung und Kontrolle veranschaulicht wird (Abb. 7.17).

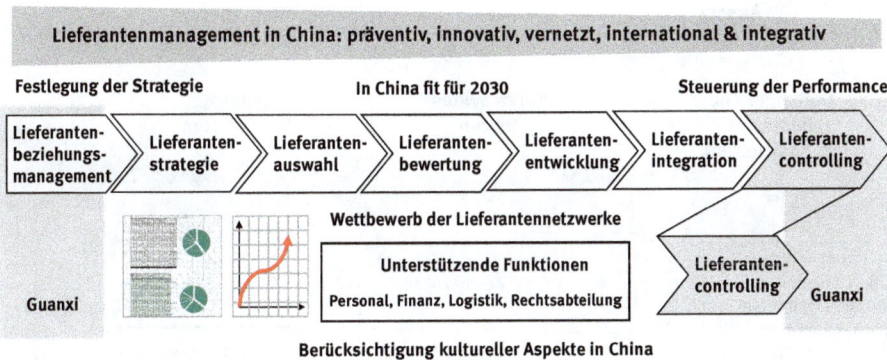

Abb. 7.17: Teilprozess Lieferantencontrolling (Eigene Darstellung in Anlehnung an Helmold (2016))

Lieferantencontrolling ist der kontinuierliche Abgleich der Zielerfüllungsgrade von Lieferantennetzwerken, meist in den Bereichen Q-K-L-E; so werden Schwächen frühzeitig erkannt und beseitigt. Die Durchführung des Lieferantencontrollings als Prozess der Ablauforganisation ist Aufgabe des Lieferantenmanagements. Ebenso gehört in die Verantwortung die Übermittlung der Ergebnisse durch die Lieferantenbewertung an die Lieferanten (Hofbauer et al. 2012) sowie die gemeinsame Generierung von Aktions- und Mitigationsplänen (Korrekturmaßnahmen). Neben den Q-K-L-E-Daten erhebt das Controlling ebenso Finanzkennzahlen wie Bonität und Liquidität (Helmold 2011).

7.4 Schlanke Methoden im Lieferantenmanagement

7.4.1 Übertragung der schlanken Prinzipien auf Liefernetzwerke

Wie in den vorherigen Kapiteln beschrieben, werden mittel- und langfristig nur schlanke Unternehmen am Markt bestehen (Helmold und Terry 2016). Ebenso werden die Digitalisierung und das Wissensmanagement eine bedeutende Rolle spielen, um sich am Markt zu behaupten (Dust und Wilde 2015). Aufgrund der steigenden Verlagerung von Wertschöpfungsanteilen und Randkompetenzen auf die Lieferkette ist eine Übertragung der schlanken Prinzipien auf Lieferanten daher unbedingt notwendig, wie die folgende Abb. 7.18 zeigt (Helmold 2010). Nur schlanke und effiziente Unternehmen mit schlanken Lieferantenketten führen zu agilen und effizienten Wertschöpfungsketten, und das vom Rohmateriallieferanten bis zum Endverbraucher (Helmold und Terry 2016).

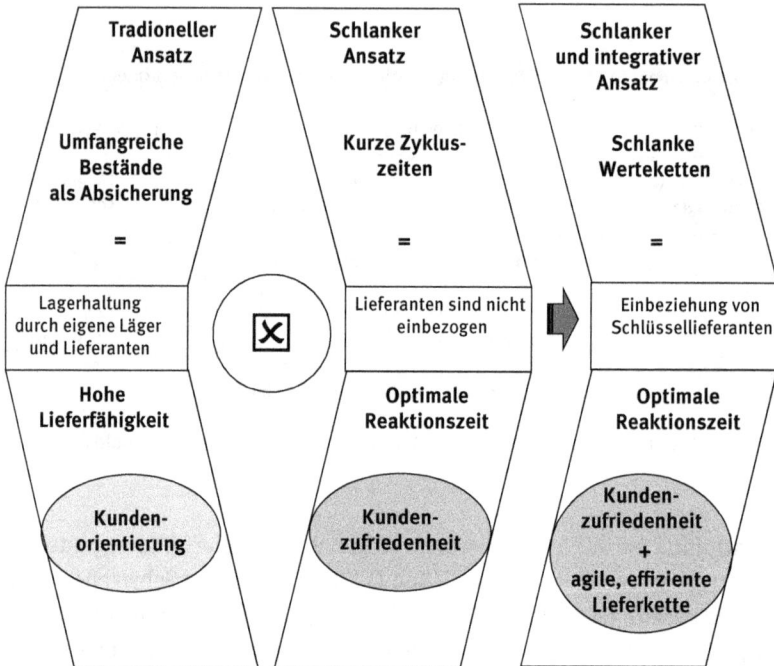

Abb. 7.18: Traditioneller und schlanker Ansatz (Eigene Darstellung in Anlehnung an Helmold und Terry (2016))

Dem von Toyota entwickelten System der kontinuierlichen Verbesserung (Kaizen) kommt hier eine fundamentale Bedeutung zu. Kaizen (gesprochen mit stimmhaftem

S; jap. Kai = Veränderung, Wandel; Zen = zum Besseren 改善; „Veränderung zum Besseren", um den Terminus Technicus von der umgangssprachlichen Bezeichnung zu unterscheiden häufig auch カイゼン) bezeichnet sowohl eine japanische Lebens- und Arbeitsphilosophie als auch ein methodisches Konzept, in deren Zentrum das Streben nach kontinuierlicher und unendlicher Verbesserung steht (Helmold und Terry 2016). Die Verbesserung erfolgt in einer schrittweisen, punktuellen Perfektio- nierung oder Optimierung eines Produktes oder Prozesses (Ohno 1990). Das Konzept hat sich über Jahre entwickelt und wurde von der Firma Toyota in die Welt getragen (Liker 2004). Mittlerweile ist das Toyota-Konzept ein anerkanntes System zur stetigen Verbesserung (Helmold und Terry 2016). Die Abb. 7.19 zeigt die Evolution des Kon- zepts. Die geschichtliche Entwicklung des Kaizen-Konzepts ist sehr eng mit der Ent- wicklung Toyotas verbunden.

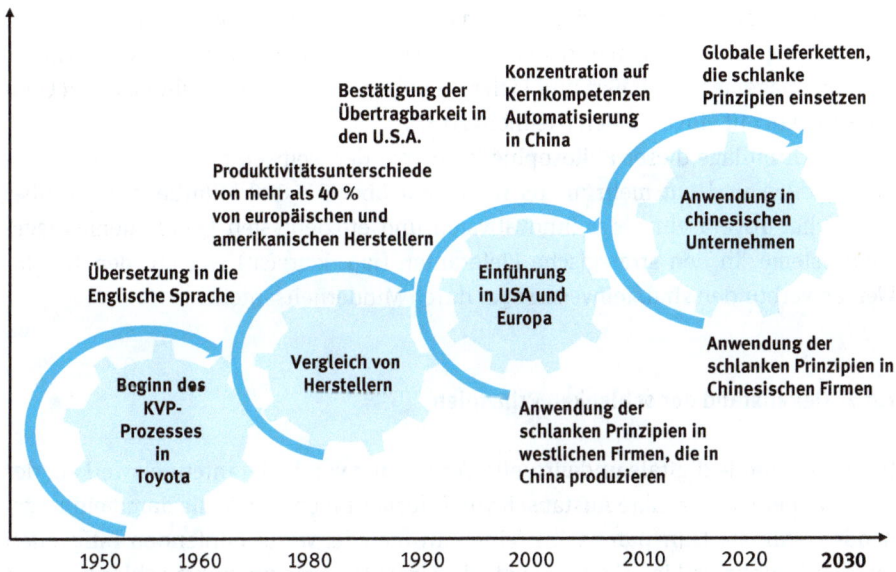

Abb. 7.19: Kaizen und die Evolution von Kaizen (Eigene Darstellung in Anlehnung an Helmold (2016))

Die Geschichte von Toyota begann 1867 mit der Geburt von Sakichi Toyoda in Japan in der Nähe von Nagoya. Toyoda hatte 84 Patententwicklungen in verschiedenen Bereichen und kam aus einfachen Verhältnissen. Er betonte die Notwendigkeit einer konsequenten Qualitätsphilosophie. Nur durch eine konsequente Qualität und durch exzellente Produkte würden die Kunden zufrieden gestellt werden (Ohno 1990). Dieses Konzept machte Toyoda und seine Nachkommen über die Grenzen hinaus berühmt (Liker 2004). Liker beschreibt in seinem Buch „Der Toyota-Weg" (engl. The Toyota Way) dezidiert, wie diese Prinzipien bis heute innerhalb der Toyota-Gruppe erfolgreich umgesetzt werden (Liker 2004). Ebenso beschreiben Liker und Choi, dass

Toyota signifikante Produktivitätsvorteile gegenüber amerikanischen Anbietern in den frühen 1990er-Jahren hatte, kombiniert mit einem partnerschaftlichen und integrativem Lieferantenmanagement (Liker und Choi 2005). Kiichiro Toyoda, der Sohn Sakichi Toyodas, gründete die Toyota Motor Corporation. Laut zahlreichen Autoren begann damit die Umsetzung einer Vision, aus der Toyota als der größte Automobilhersteller der Welt hervorging (Liker 2004). Am Ende des 2. Weltkrieges entschloss sich Toyota, sich ganz der Produktion von Kleinwagen zuzuwenden, um so die direkte Konkurrenz zu den amerikanischen Herstellern von Fahrzeugen im mittleren Segment zu vermeiden. Diese Entscheidung führte zu einem rasanten Aufschwung des Unternehmens. In den 1950er-Jahren verschrieben sich die Belegschaft und die Führungsspitze von Toyota nach wirtschaftlichen Schwierigkeiten und einer starken Inflation in Japan auf die Philosophie von Sakichi Toyoda, den Kunden mit dem qualitativ besten Produkt zufriedenzustellen.

Neben der kontinuierlichen Optimierung der Produktionssysteme und der Entwicklung der schlanken Prinzipien eines JIT-Produktionssystems wurde das Lieferantenmanagement optimiert und Lieferanten in den Produktentstehungs- und Qualitätsprozess mit eingebunden (Helmold 2010).

Auf Grundlage dieser Philosophie ist Toyota der weltweit größte Hersteller von Automobilen und hat mehr als 63 Werke mit über 325.000 Mitarbeitern. Darüber hinaus hat Toyota eines der innovativsten und effizientesten Lieferantenmanagementsysteme, in den strategische Lieferanten (jap. keiretsu) eng mit den Toyota-Werken verbunden sind, teilweise sogar durch Minderheitsanteile.

7.4.2 Gegenstand der schlanken Prinzipien

Die zunehmende digitale und virtuelle Vernetzung von Lieferantennetzwerken, der nahezu uneingeschränkte Austausch von Informationen, sowie die damit einhergehende maximale Transparenz über einen Großteil der wertschöpfenden Tätigkeiten innerhalb globaler Lieferketten zeigt, dass nur Unternehmen mit schlanken und effizienten Lieferketten in diesem Wettbewerbsumfeld bestehen können (Helmold und Terry 2016). In diesem Zusammenhang kommt dem Lieferantenmanagement über die gesamte Wertschöpfungstiefe hinweg eine wesentlich wichtigere Bedeutung zu als dies in den vergangenen Jahren der Fall war. Denn erst der integrative Ansatz von der initialen Bestellung über die Planung, Fertigung bis hin zur Beschaffung der notwendigen Produkte bis hin zum Retourenmanagement verschafft Unternehmen vor dem Hintergrund einer digitalisierten Welt die notwendige Entscheidungsgrundlage für zukünftiges Handeln (Helmold und Terry 2016). Durch Leistungsverlagerungen und Outsourcing von Aktivitäten auf Lieferanten entstehen neue Prozesse, die zu berücksichtigen sind. Der Fokus liegt somit schon lange nicht mehr nur auf der Erreichung kurzfristiger Preisvorteile, sondern viel mehr in der Ausschöpfung von wertschöpfenden Tätigkeiten entlang der gesamten

Wertekette (Helmold und Terry 2016; Liker 2004). Nur „schlanke" Unternehmen mit einem flexiblen Produktionsprozess bzw. mit einem „schlanken Upstream Supply Chain Management" können sich den neuen Anforderungen anpassen und sich auf dem Weltmarkt behaupten (Helmold und Terry 2016). In der Tat haben zahlreiche Unternehmen bereits das System der schlanken Produktion partiell eingeführt, jedoch noch nicht auf die Lieferkette übertragen. Spätestens jetzt sollte dies die eigene Unternehmung überzeugen, die Prinzipien der schlanken Produktion anzuwenden und durch das Lieferantenmanagement auf die Lieferkette zu übertragen (Helmold 2013). Bei der schlanken Produktion handelt es sich um ein Bündel von Prinzipien, welche von Taichi Ohno bei Toyota eingeführt worden sind, wobei die erstrebten Effekte vor allem durch deren Zusammenspiel entstehen. Die Vision der schlanken Prozesse ist als „Toyota Production System" (TPS) entwickelt worden und basiert auf der Philosophie des JITAnsatzes. Entgegen traditioneller Denkweisen fokussiert die Zielsetzung der schlanken Produktion und JIT auf die Reduzierung von Durchlaufzeiten und der Bestände. Die folgende Tab. 7.5 zeigt die Unterschiede zwischen den beiden Konzepten (Ohno 1990). Beim JIT-Ansatz geht es darum, dass ein richtiges Teil in der richtigen Qualität zum richtigen Zeitpunkt in der gewünschten (richtigen) Menge am richtigen Ort ist. Diese elementare Grundvoraussetzung ist das beschriebene 5R-Prinzip, nämlich dass „ein Teil" „jetzt" mit „null Fehlern" „hier" erscheint. Und das soll mit den richtigen Mitarbeitern zum richtigen Preis geschehen. Mit dem Hinzufügen der „richtigen" Mitarbeiter und „richtigen" Kosten hat sich das 5R-Prinzip in zahlreichen Unternehmen zu dem 7R-Prinzip entwickelt (Helmold und Terry 2016). Wird jetzt noch der Nachhaltigkeitspunkt „mit den richtigen Ressourcen" hinzugefügt, kann man auch von dem 8R-Prinzip sprechen (Helmold und Terry 2016).

Tab. 7.5: 7R-Prinzip (Eigene Darstellung in Anlehnung an Helmold (2016))

5R/7R	R-Prinzip	Bereich	Bedeutung	Chinesische Übersetzung
1. Das	richtige	Teil	Korrekte Artikelnummer	正确的物料
2. In der	richtigen	Qualität	Genaue Beschaffenheit gemäß Spezifikation	正确的质量
3. Zur	richtigen	Zeit	Termingenaue Anlieferung	正确的时间
4. In der	richtigen	Anzahl	Quantitative Genauigkeit der Losgrößen	正确的数量
5. Am	richtigen	Platz	Einhaltung des vertraglich zugesicherten Lieferorts	正确的地点
6. Mit den	richtigen	Mitarbeitern	Qualifizierung der Mitarbeiter	正确的人员
7. Zu den	richtigen	Kosten	Optimaler Preis und schlanke Prozesse	正确的费用

Das TPS ist von fast allen Unternehmen der Automobil-, Flugzeug- oder Bahnindustrie kopiert worden, zeigt aber nicht immer den gewünschten Erfolg wie Helmold (2010) konstatiert. Oft liegen die Gründe darin, dass das System der schlanken Produktion nicht gesamtheitlich sondern nur partiell eingeführt worden ist (Liker 2004; Ohno 1990; Helmold 2010). Innerhalb Porsche wird das System als „Porsche Produktionssystem" geführt, Bombardier Transportation nennt das Prinzip „Bombardier Operating System (BOS)". Es ist wenig sinnvoll, einzelne dieser „schlanken Prinzipien" zu etablieren und andere, aus welchen Gründen auch immer, wegzulassen. Das Lieferantenmanagement hat dabei eine fundamental wichtige Aufgabe in Richtung Lieferantennetzwerke, nämlich Kompetenz und Verantwortung zusammenzuführen, in Netzwerken entlang der gesamten Wertschöpfungskette, insbesondere der Lieferkette, zu arbeiten, Verschwendung aufzudecken und Fehler zu vermeiden, die Abläufe zu harmonisieren und sich um kontinuierliche Verbesserung (Kaizen oder KVP) zu bemühen (Helmold und Terry 2016). Kaizen bedeutet hier eine Verbesserung in kleinen, stufenförmigen aber nachhaltigen Schritten. Nur flache Hierarchien und eine direkte Verantwortung und Kompetenz an der „Basis" (jap. Gemba) durch Funktionsverantwortliche, führen zur internen Verbesserung der Kommunikation und Konzentration auf die Kernprobleme und -prozesse. Aufgrund der Wichtigkeit der Lieferkette ist die Einbindung der Lieferanten zwingend notwendig, insbesondere durch eine intensive Steuerung durch das „Ziehprinzip" (Ohno 1990). Als Konsequenzen der schlanken Produktion lassen sich häufig beobachten:

- permanente Kundenorientierung;
- vollständige Einbindung von Schlüssellieferanten;
- partnerschaftliche Analyse von Prozessabläufen mit Lieferanten;
- permante Verbesserung in produktiven und administrativen Bereichen;
- flache Hierarchien in allen Funktionen;
- Verantwortung und Kompetenz an der „Basis";
- Konzentration auf das Wesentliche;
- deutlich reduzierte Verschwendung;
- verbesserte unternehmensinterne Kommunikation;
- Steuerungen durch das „Ziehprinzip".

Das schlanke Produktionssystem steht auf vier Säulen. Im Rahmen der Verbesserung des Produktionssystems und der Logistikketten werden diese vier Säulen in den nächsten Abschnitten beschrieben. Diese Prinzipien lassen sich unterteilen in das Fließprinzip, das Taktprinzip, das Ziehprinzip (Pull-Prinzip) und das Null-Fehler-Prinzip (Abb. 7.20). Auch wenn zahlreiche chinesische Unternehmen bestätigen, dass sie eine Kultur der stetigen Verbesserung in ihre Organisationen eingeführt haben, haben die wenigsten Lieferanten die Prinzipien übergreifend und nachhaltig eingesetzt wie führende Einkaufsleiter in China in den Interviews konstatierten (Helmold und Terry 2016). Oft ist noch zu beobachten, dass Verschwendungen (z. B. in der Qualität oder in der Logistik) durch zusätzliche Ressourcen oder kurzfristige Aktivitäten kompensiert werden. So werden Komponenten, die nicht den kundenspezifizierten Glanzgrad haben durch Nachpolieren und Nachbesserungen kundengerecht gefertigt wie Helmold und Terry (2016) beobachten konnten. Auch bei Schweißbauteilen sind die Beobachtungen gemacht worden (Helmold und Terry 2016). Hier liegt ein sehr großes Ausschöpfungspotenzial bei der nachhaltigen Einführung von schlanken Fertigungsmethoden (Ohno 1990; Helmold und Terry 2016).

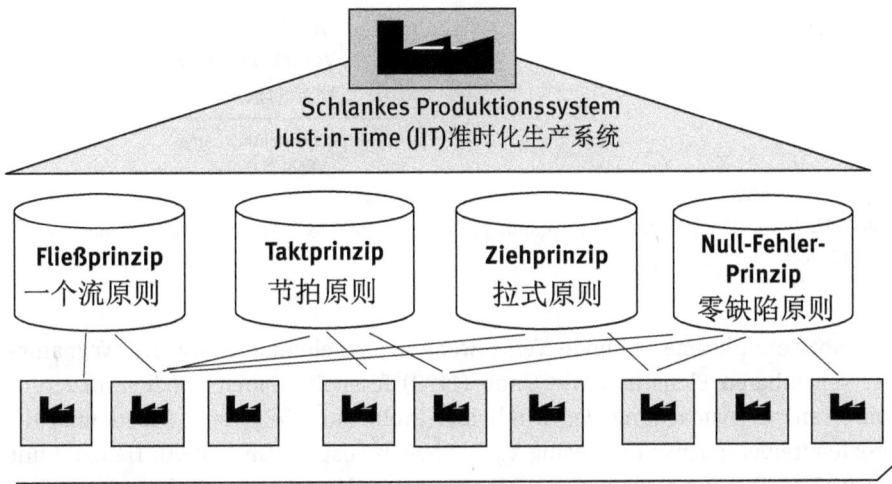

Abb. 7.20: Prinzipien der schlanken Produktion (Eigene Darstellung in Anlehnung an Helmold (2016))

Im Sinne eines optimalen Lieferantenmanagements kommt es darauf an, durch die Implementierung schlanker Fertigungsmethoden und optimierter Logistikprozesse die Durchlaufzeiten innerhalb der Lieferkette optimal zu verringern und mit dem eigenen Unternehmen zu synchronisieren (Helmold und Terry 2016). Durchlaufzeiten entlang der gesamten Lieferkette werden so aufgrund der vollständigen Eliminierung von Verschwendung (jap. Muda) stark reduziert (Helmold 2016). Verschwendungsarten lassen sich unterteilen in offener und versteckter Verschwendung. Die Verschwendungsarten der offenen (offensichtlichen) und versteckten (verdeckten) Verschwendung sind in dem Kreisdiagramm dargestellt (Abb. 7.21). Offensichtliche (offene) Verschwendung beinhaltet alle Tätigkeiten und Aktivitäten, die offensichtlich nicht notwendig sind, um dem Produkt Mehrwert hinzuzufügen. Der Kunde ist nicht bereit für diese Aktivitäten ein Entgelt zu entrichten und diese zu bezahlen. Die verdeckte Verschwendung umfasst Tätigkeiten, die keinen Wertzuwachs bringen, aber unter den gegebenen Umständen getan werden müssen. Auch für diese Aktivitäten sieht der Kunde keinen Grund zu bezahlen. Alle anderen Aspekte (dem Produkt Wert zuführende Aktivitäten) stellen wertschöpfende Tätigkeiten dar und werden vom Kunden getragen (Ohno 1990; Helmold und Terry 2016).

Wertschöpfung
附加价值

Nur einTeil der
Lieferantenprozesse
beinhaltet Wertschöpfung
只有一个生产过程的一部
分包含附加价值的活动

**Versteckte
Verschwendung**
隐藏的浪费

Detaillierte Analyse zur
Identifizierung
需要详细的分析识别浪费

Lieferant

**Offensichtliche
Verschwendung**
明显的浪费

Einfache Identifizierung
浪费很容易识别

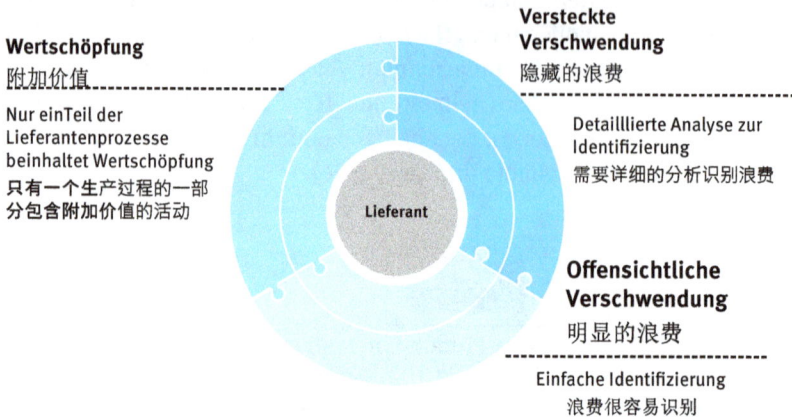

Abb. 7.21: Wertschöpfung und Verschwendung (Eigene Darstellung in Anlehnung an Helmold und Terry (2016))

Die einzige wirksame Methode Verschwendung zu eliminieren ist die Wegnahme der scheinbaren Sicherheit wie Ohno (1990) feststellt. Durch die Identifizierung und Transparenzmachung der wirklichen Probleme erfolgt eine Darstellung der Problemtreiber, ebenso der Zwang zur schnellen Lösung (Ohno 1990; Helmold und Terry 2016). Durch die nachhaltige Beseitigung der Ursachen für die Verschwendung werden niedrigere Durchlaufzeiten und damit automatisch niedrigere Bestände ermöglicht, was wiederum zu einer verbesserten monetären Situation (Liquidität, Einnahmen, Gewinnspanne etc.) des Unternehmens führt (Ohno 1990; Helmold und Terry 2016). Ein wesentlicher Ansatz des Lieferantenmanagements ist die nachhaltige (stetige) Verbesserung, d. h. also der Ersatz der Verschwendung durch Wertschöpfung, nicht die Komprimierung bzw. Leistungsverdichtung. Hauptziel eines jeden Lieferantenmanagements sollte es daher sein, die JIT-Philosophie von der eigenen Unternehmung auf die Lieferantenkette zu übertragen und die Verschwendung durch Wertschöpfung zu ersetzen (Helmold und Terry 2016). Die folgende Abb. 7.22 zeigt Anknüpfungspunkte für die Optimierung der Lieferkette durch die Eliminierung von sieben Verschwendungsarten im Produktionsprozess der Lieferanten bzw. in der Lieferkette (Helmold und Terry 2016).

Die Ansatzpunkte der Beseitigung von Muda liegen in der Produktion der Lieferanten, die durch Überproduktion oder durch Überlieferung Verschwendung erzeugen. Darüber hinaus sind zu hohe und nicht optimierte Bestände, Transport und Wartezeiten als weitere Verschwendungen anzusehen. Ferner gelten nicht optimierte Flächen, Reparaturen und Wegezeiten ebenso als Muda (Helmold und Terry 2016). Obwohl Unternehmen ihre eigene Fertigung oftmals nach den Prinzipien der schlanken Fertigung ausgerichtet haben, ist die Übertragung auf die Lieferkette und Schlüssellieferanten äußerst selten, wie Helmold und Terry (2016) beobachtet haben. Hier ist ein wesentlicher Ansatzpunkt im Lieferantenmanagement von morgen zu sehen (Helmold und Terry 2016).

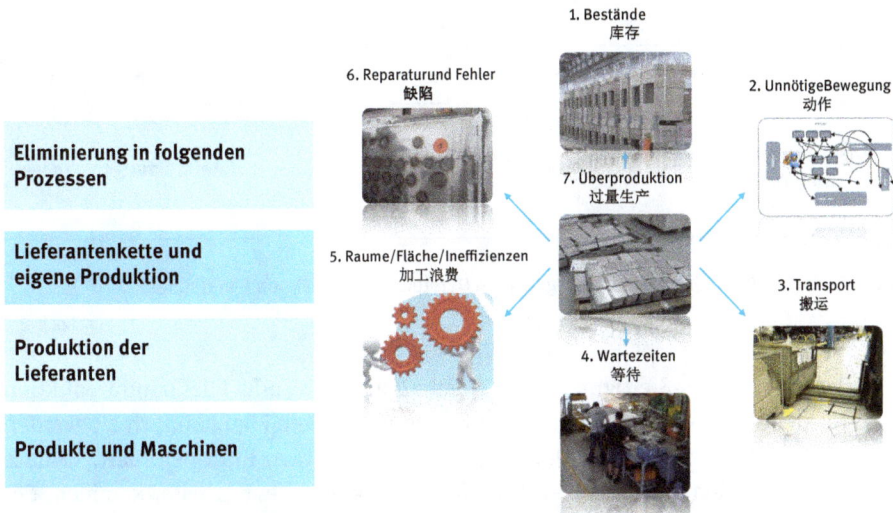

Eliminierung in folgenden Prozessen

Lieferantenkette und eigene Produktion

Produktion der Lieferanten

Produkte und Maschinen

1. Bestände
库存

6. Reparaturund Fehler
缺陷

2. UnnötigeBewegung
动作

7. Überproduktion
过量生产

5. Raume/Fläche/Ineffizienzen
加工浪费

3. Transport
搬运

4. Wartezeiten
等待

Abb. 7.22: Sieben Verschwendungsarten (Eigene Darstellung in Anlehnung an Helmold (2010))

7.4.3 Prinzipien der schlanken Produktion

7.4.3.1 Fließ- oder Flussprinzip

Eines der wichtigsten der vier Gestaltungsprinzipien der schlanken Produktion ist der kontinuierliche und geglättete Ablauf der Produktion. Diese Glättung wird als das Fließ- oder Flussprinzip beschrieben (Fließfertigung) (Ohno 1990). Die Fließfertigung ist ein Organisationstyp der industriellen Fertigung (Ohno 1990). Sie ordnet die Arbeitsplätze und Betriebsmittel, insbesondere der Maschinen, die Zubring-, Bearbeitungs-, Mess- und Steuereinrichtungen, in der Abfolge der an dem Erzeugnis vorzunehmenden Arbeitsgänge an. Verwendung findet die Fließbandfertigung etwa in der Automobilfertigung, in der Konsumgüterindustrie, dem Verlags- und Druckergewerbe und der Süßwarenindustrie (Ohno 1990; Helmold 2010). Aber auch Industrien wie die Bahnindustrie oder der Flugzeugindustrie nutzen die Prinzipien der Fließfertigung (Helmold und Terry 2016). Kennzeichnend sind die Fertigungsstraßen mit der Sonderform der Fließbandfertigung, z. B. bei der Produktion von Personenkraftwagen oder Elektronikkomponenten. Das Fließprinzip lässt sich auf die eigenen Prozesse, die Prozesse der Lieferanten und auf Unterstützungprozesse übertragen, wie die Abb. 7.23 zeigt (Helmold und Terry 2016).

```
┌─────────────────────────────────────┐
│            Fließprinzip             │
│        Lieferantenmanagement         │
│              一个流原则              │
└─────────────────────────────────────┘
```

| Wertschöpfung des eigenen Unternehmens | Wertschöpfung der Lieferanten | Unterstützungsprozesse |

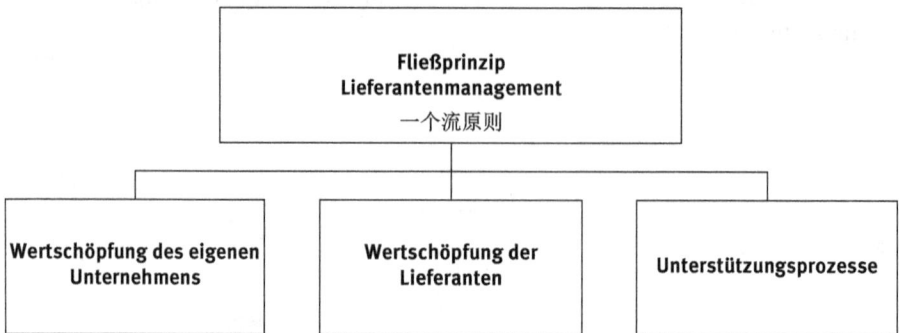

Abb. 7.23: Prinzipien der Fließfertigung (Eigene Darstellung in Anlehnung an Helmold (2010))

Eine Unterart der Fließfertigung ist die Fließbandfertigung oder Fließbandproduktion als eine der bedeutendsten Art der Fließfertigung. Bei dem Fließbandprinzip werden Produkte und Materialien durch ein Fließband oder einen Kran befördert, so dass die zu veredelnden oder zu verarbeitenden Produkte zu dem Arbeiter kommen, der jeweils an seinem Ort seiner Operation durchführen kann, ohne dass er sich bewegen muss. Dieses Prinzip wird auch „Ware oder Produkt zum Mann/zur Person" genannt (Ohno 1990; Helmold 2010). Einzelne Arbeitsschritte werden meist auf wenige und kurze Arbeiten reduziert. Alle Arbeitsschritte müssen immer wiederholt werden (Standardisierung der Arbeitsabläufe). Die ausführenden Arbeitsschritte und der Transport zwischen den einzelnen Operationen erfolgen in einem festen zeitlichen Rhythmus. Die Dauer für die Durchführung einer Operation wird Zykluszeit genannt, die Minimumdauer, in der eine Operation durchgeführt werden muss, ist die Taktzeit (Helmold und Klumpp 2012). Die Taktzeit wird in Abhängigkeit von den Kundenbedarfen ermittelt (Helmold und Terry 2016). Wenn eine Operation nicht zeitgerecht ausgeführt wird, wird die gesamte Kette gestört. Man spricht hier von einer zeitlich gebundenen Fließfertigung (Helmold und Klumpp 2012). Die einzelnen Operationen (Arbeitsschritte und Arbeitsstationen) müssen so terminiert werden, dass ihre Durchführung eine genau festgelegte Zeitdauer benötigt, die Taktzeit. Durch diese Vorgabe eines festen Fertigungsablaufs können Termin- und Kapazitätsplanungsprobleme effizient gelöst werden, das produktivste Herstellungsverfahren wird gewissermaßen erzwungen. Erfolgt eine automatisierte Aneinanderreihung der Operationen, spricht man von einer statischen Transferlinie, der Produktionsprozess erfolgt i. d. R. vollautomatisch (Helmold und Klumpp 2012). Durch hohe Investitionen in den Maschinenpark und der Fixkosten ist diese Art der maschinellen Produktion eine der teuersten, so dass dieses Prinzip bei hohen Stückmengen (Massenproduktion oder Serienfertigung) angewendet wird. Beispiele finden sich in der Automobil- oder Konsumgüterindustrie wieder. Leiterplatten für das iPhone von Apple werden in Shanghai durch eine vollautomatisierte Fertigungsstraße in Shanghai durch einen Zulieferer gefertigt (Helmold 2013). Die massenorientierte Fertigung bedingt einen gesicherten und robusten Absatz, so dass die Nachfrage genau analysiert werden muss. Im Gegensatz zu den Fixkosten sind die variablen Kosten niedrig, insbesondere bei einer vollen Auslastung der Maschinen und Anlagen. Die Fließfertigung bietet diverse Vor- und Nachteile.

Vorteile der Fließfertigung sind:
1. Geringe variable Kosten im Vergleich zur Werkstattfertigung bei hohem Ausstoß.
2. Halbfertigerzeugnisse werden auf ein Minimum reduziert, dadurch existieren keine Bestände und Läger.
3. Optimales Layout durch schlanke Anordnung der Operationen und Arbeitsschritte.
4. Transportwege werden auf das Minimum reduziert und Transportkosten werden verringert.
5. Arbeitsteilung und Spezialisierung bringen Kostenvorteile für das Unternehmen.
6. Durchlaufzeiten werden optimiert und verringern die Gesamtproduktionszeit.
7. Qualitätsprüfung der Erzeugnisse kann in den automatisierten Arbeitsgang integriert werden.
8. Produktionsstraßen bei Lieferanten sind i. d. R. für einen Kunden kapazitiv und designspezifisch ausgelegt, so dass es keine Streitigkeiten bei Kapazitätsengpässen oder Bedarfsschwankungen gibt.

Nachteile der Fließfertigung sind:
1. Hoher Fixkostenanteil für Investitionen in Anlagen und Maschinen für die eigene Unternehmung oder den Lieferanten.
2. Lieferanten fordern i. d. R. Vorauszahlungen (cash-effektiv) für den Aufbau von Fertigungsstraßen.
3. Abstimmung aller Arbeitsschritte sind sehr zeitintensiv und müssen aufeinander abgestimmt werden.
4. Schwierigkeit auf Bedarfsschwankungen flexibel einzugehen, meist bedarf es signifikanter Änderungen, um auf Nachfrageänderungen einzugehen.
5. Hohe Störanfälligkeit der gesamten Produktion bei Maschinen- oder Arbeitsausfällen.
6. Gestaltungsspielräume der Werker sind eingeschränkt und bringt Motivationsprobleme mit sich.

Viele Unternehmen haben eine kombinierte Fertigung von Werkstatt- und Fließfertigung (Helmold und Klumpp 2012). Helmold und Klumpp haben beobachtet, dass in vielen Unternehmen aber noch immer in den Abteilungsgrenzen optimiert wird. Darüber hinaus findet die Fokussierung auf die eigenen Produktions- und Logistikprozesse statt, ohne jedoch die gesamte Wertschöpfungskette zu berücksichtigen

(Helmold und Klumpp 2012). Schaut man aus der Metaebene auf die einzelnen Produktionsprozesse, stellt man die vielen Stopps in Form von Zwischenlagern und Pufferbeständen fest (Helmold und Klumpp 2012). Aus dem Blickwinkel der Prinzipien der schlanken Produktion sind in der Übertragung von schlanken Prinzipien auf die gesamte Wertschöpfungs- und Lieferkette erhebliche Einspar- und Verbesserungspotenziale verborgen, die auch eine große Auswirkung auf die Effizienz des gesamten Wertstroms haben. Wenn es dem Lieferantenmanagement gelingt, die Eliminierung auf die Lieferantenkette zu integrieren und Engpässe zu beseitigen, die Produktion zu harmonisieren und auf den Wertstrom auszurichten und möglichst kleine Lose kontinuierlich fließen zu lassen, dann ist eine wesentliche Voraussetzung dafür geschaffen, die Fertigung flexibel, auftragsbezogen und effizient zu steuern (Helmold und Klumpp 2012). Das traditionelle Losgrößensystem der Wertschöpfungskette ist noch immer gekennzeichnet von dem „Push-Prinzip", vielen Lagerstufen und isolierten Einzelfertigungsprozessen. Das Fließprinzip basiert auf der Zielsetzung des „Ein-Stück-Flusses" in dem eigenen Produktionsprozess und den Produktionsprozessen der Lieferanten und somit der damit verbundenen Reduzierung der Durchlaufzeiten und Bestände (Helmold und Klumpp 2012). Das Ideal der Fließfertigung ist die Losgröße „eins" (engl. One-Piece-Flow).

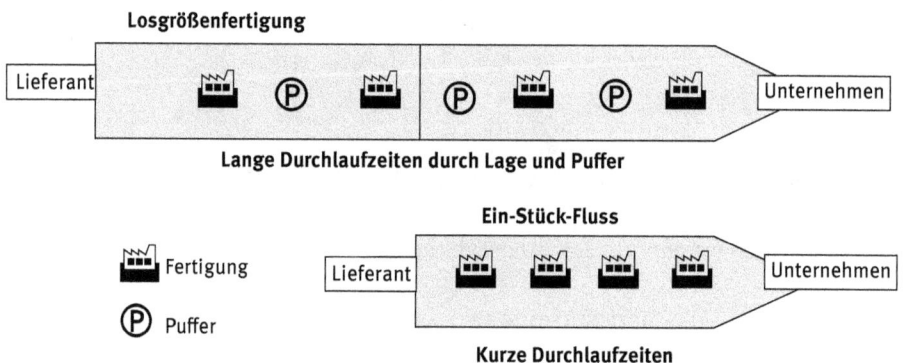

Abb. 7.24: Konzept der Fließfertigung (Eigene Darstellung in Anlehnung an Helmold (2010))

Aufgrund der Wertigkeit der Zulieferer mit einem Wertschöpfungsanteil, der 70 % bis 80 % meist übersteigt, ist die Sicherstellung einer „fließenden" Produktion eine zentrale Aufgabe des Lieferantenmanagements. Abb. 7.24 zeigt das Prinzip der Ein-Stück-Fluss-Fertigung im Vergleich zu der traditionellen Losgrößenfertigung. Man kann deutlich sehen, dass im herkömmlichen System zahlreiche Puffer bestehen, die in der Ein-Stück-Fluss-Fertigung nicht mehr existieren. Durch die Grafik 7.24 ist ersichtlich, dass das Prinzip der Fließfertigung mit reduzierten und optimierten Durchlaufzeiten gegenüber der traditionellen Losgrößenfertigung arbeitet. Um das Prinzip der Fließfertigung aufrechtzuerhalten, ist eine Synchronisierung der Lieferanten mit dem eigenen System unablässig. Abb. 7.25 zeigt die optimale Vernetzung der Lieferkette mit dem eigenen Produktionsprozess auf Basis eines Fischgrätenmodells. Auf Grundlage eines getakteten Produktionsablaufs und standardisierter Arbeitsabläufe liefern die Lieferanten ihre Komponenten direkt an die Linie des Kunden.

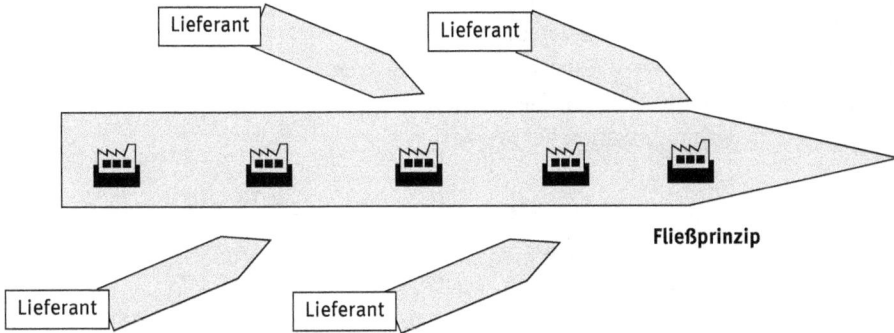

Abb. 7.25: Einbindung von Lieferanten (Eigene Darstellung in Anlehnung an Helmold (2010))

Eine andere Variante der Fließfertigung ist das „Chaku-Chaku"-Prinzip. Chaku Chaku bedeutet auf Japanisch „laden laden". Es handelt sich hier um eine Ableitung des zuvor beschriebenen Fließprinzips. Das „Chaku-Chaku"-Prinzip wird in einer „Chaku-Chaku"-Produktionslinie ausgeführt, welche eine U-Form hat, wie Abb. 7.26 zeigt. Die Chaku-Chaku-Linie hat alle Arbeitsplätze, die für die Herstellung eines Produktes notwendig sind (Helmold 2010). Die Arbeitsschritte erfolgen nach dem Objektprinzip und beinhalten eine Trennung von Werker und Maschine (Helmold und Klumpp 2012). Die Operationen liegen sehr nah beieinander, so dass ein Arbeiter nacheinander alle Arbeitsschritte ausführen kann, wie die Abb. 7.26 zeigt. Alle Arbeitsabläufe, die einen Werker an eine Maschine binden, werden so weit wie möglich automatisiert. Die Stationen können selbständig ohne Einwirkung des Werkers arbeiten. Die Grafik zeigt das Prinzip mit sieben Stationen und den Tätigkeiten Fräsen A, Fräsen B, Bohren A, Bohren B, Schleifen, Reinigen und Inspektion. Der Werker übernimmt damit praktisch nur den Transport von Station zu Station, wobei er jeweils ein Werkstück aus der Operation *i* an die Operation *i+1* weitergibt. Die Stationen (1 bis 7) verfügen über Mini-Puffer, in denen ein bearbeitetes Werkstück auf den Werker warten kann.

Im Rahmen des Lieferantenmanagements lassen sich nicht sofort in jeder Produktionsprozessoptimierung die Prinzipien der schlanken Produktion zu 100 % umsetzen, jedoch sollte das Ziel eine kontinuierliche Verbesserung in kleinen Schritten sein (Ohno 1990; Freitag 2004; Liker 2004; Helmold und Terry 2016). Dem Lieferantenmanagement obliegt hier die Aufgabe, Schulungen und Workshops bei

Lieferanten durchzuführen und zu moderieren, damit die Inhalte auf die Lieferkette übertragen werden (Helmold und Terry 2016). Die Fließfertigung oder Flussfertigung ist eine Fertigungsablaufart, die in der industriellen Fertigung von diversen Gütern angewendet wird. In der Analyse von Fertigungssystemen lassen sich sehr oft Diskrepanzen sehen. Als Konsequenz daraus lassen sich folgende Punkte ableiten:

1. lange Transportwege und zahlreiche Handlungsstufen;
2. Risiken von Transportschäden durch internen Transport;
3. sehr hohe Qualitätsreaktionszeiten bei Störungen;
4. reduziertes internes Kunden-Lieferanten-Verständnis;
5. erschwerte Kommunikation der Werker.

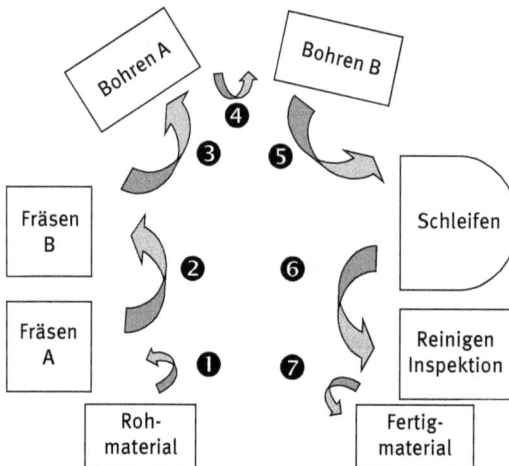

Abb. 7.26: Chaku-Chaku-Produktionslinie (Eigene Darstellung in Anlehnung an Porsche (2009))

Abb. 7.27 zeigt die Schulungsmaßnahmen von schlanken Methoden bei der Firma Victall in Qingdao. Kollaborative Workshops sind eine tragende Säule eines innovativen Lieferantenmanagements (Helmold und Terry 2016).

Bei dem Fließprinzip wird die Herstellung eines Produktes in aufeinanderfolgende Operationen (Arbeitsprozesse) unterteilt, die wiederum in einzelne Unterarbeitsschritte aufgeteilt sein können (Helmold und Klumpp 2012). Die Aufstellung der Hilfsmittel, Betriebsmittel und Werkzeuge folgt dem Produktionsablauf. Maschinen und Werkzeuge werden zur Ausbalancierung der Produktionslinie oder zur Optimierung eingesetzt und an den Operationen so angeordnet, wie es die ideale Abfolge des schlanksten Arbeitsprozesses erfordert. Die bekanntesten Beispiele für die Fließfertigung sind die Produktionsstraßen im Automobilbau, die in Montage-Takte unterteilt sind (Helmold und Klumpp 2012).

Abb. 7.27: Lieferantencoaching im Lieferantenmanagement (Foto: Helmold (2016))

7.4.3.2 Taktprinzip

Der Kundentakt oder die Taktzeit wird bestimmt von der Nachfrage des Kunden (Ohno 1990). Er gibt die Zeitspanne an, die für eine bestimmte Tätigkeit idealerweise in Anspruch genommen wird, um die Kundennachfrage genau zum richtigen Zeitpunkt (JIT) zu befriedigen (Kaizen-Institut 2016; Helmold und Klumpp 2012). Beispiel zur Berechnung ist: Bei einer verfügbaren Nettoarbeitszeit pro Schicht/Tag von 15 Minuten und einer täglichen Kundennachfrage von 9 Stück beträgt die Taktzeit 36 Sekunden/Stück. Sehr oft werden die einzelnen Zeiten der eigenen Arbeitsschritte und Operationen (Zykluszeiten) mit dem nachgefragten Kundentakt verwechselt (Taktzeit). Das Taktprinzip ist eines der wichtigsten Prinzipien und die Nichteinhaltung kann zu massiven Kapazitätsproblemen in der Lieferkette führen (Helmold und Klumpp 2012). Im Lieferantenmanagement ist es jedoch notwendig, dass neben dem Taktprinzip die drei anderen Prinzipien den Lieferanten zur Anwendung beigebracht werden (Helmold 2010). Dieses muss durch das Lieferantenmanagement geschehen. Abb. 7.28 zeigt das Taktprinzip in Abhängigkeit vom Kundentakt in Relation zu den eigenen Operationen (Zykluszeiten der eigenen Produktion sowie die Zykluszeiten der Lieferanten) (Helmold und Terry 2016).

Abb. 7.28: Gegenstand des Taktprinzips (Eigene Darstellung in Anlehnung an Helmold (2010))

Die Nachfrage des Marktes ist nur in wenigen Ausnahmefällen schwankungsfrei. Gerade die Finanzkrise hat zu massiven Einbrüchen geführt, die durchw Maßnahmen wie die Abwrackprämie nur bedingt aufgefangen werden konnten. Darüber hinaus gibt es regelmäßig Unterschiede der Nachfrage durch:

1. saisonale Auswirkungen
2. saisonale Varianten, die besonders nachgefragt werden
3. Werbeaktionen, Promotionen
4. Verkauf von Komplementärgütern
5. Wechselkursschwankungen

Das Lieferantenmanagement hat hier eine essentielle Aufgabe, die Kapazitäten in der Lieferkette regelmäßig zu überprüfen und zu verbessern. Das Beispiel in Abb. 7.29 zeigt die Ansatzpunkte eines Lieferantenentwicklungsprojektes aus dem Bereich der Produktion eines sicherheitsrelevanten Strukturteils (Kofferraummulde) eines Tier-1-Lieferanten (Helmold und Terry 2016). Eine Kofferraummulde stellt ein Sicherheitsteil im Fahrzeug dar. Aufgrund von wiederholten und systematischen Qualitätsproblemen gab es diverse Verbesserungsmaßnahmen des Lieferanten, die mit der Fachabteilung des Kunden vereinbart worden sind. Trotzdem traten die Fehler immer wieder und wiederholt auf. Aufgrund fehlender Nachhaltigkeit der Korrekturmaßnahmen wurde das Lieferantenmanagement zu Hilfe gerufen und beauftragt, ein Lieferantenentwicklungsprojekt durchzuführen. Auf Basis der Prinzipien der schlanken Produktion wurde demnach ein Lieferantenentwicklungsprojekt durchgeführt. Neben anderen Punkten wurden die Zykluszeiten der jeweiligen Operationen gemessen und mit dem Kundentakt von 240 Sekunden/Teil verglichen. In der Analyse der Operationen (OP 1 bis OP 6) wurde ersichtlich, dass der Kundentakt in drei Fällen (siehe ⊗) nicht angeglichen und geglättet ist.

Operation OP 1 zeigt, dass die Zykluszeit der Operation (91 Sekunden/Teil) und der Kundentakt (240 Sekunden/Teil) signifikant abweichen und nicht nivelliert sind. Im Gegensatz zu den Operationen OP 2 und OP 6, die dagegen den Kundentakt weit überschreiten. Operation OP 2 hat eine Zykluszeit von 250 Sekunden/Teil, die Operation OP 6 von 255 Sekunden/Teil. Im Rahmen der Lieferantenentwicklungsprojektaktivität wurde durch die detaillierte Untersuchung der Zykluszeiten die Notwendigkeit der Nivellierung bzw. Produktionsglättung identifiziert. In dem o. g. Projekt wurden durch Korrekturmaßnahmen an Maschinen, Menschen und Prozess die Zykluszeiten der drei Operationen dementsprechend mit dem Kundentakt von 240 Sekunden/Teil so optimiert, dass eine Nivellierung möglich war. Diese Produktionsglättung stellt eine Methode der Produktionsplanung und schlanken Produktion dar, die bewirkt, dass sich Schwankungen in der Kundennachfrage über einen bestimmten Zeitraum nicht auf die Produktion auswirken.

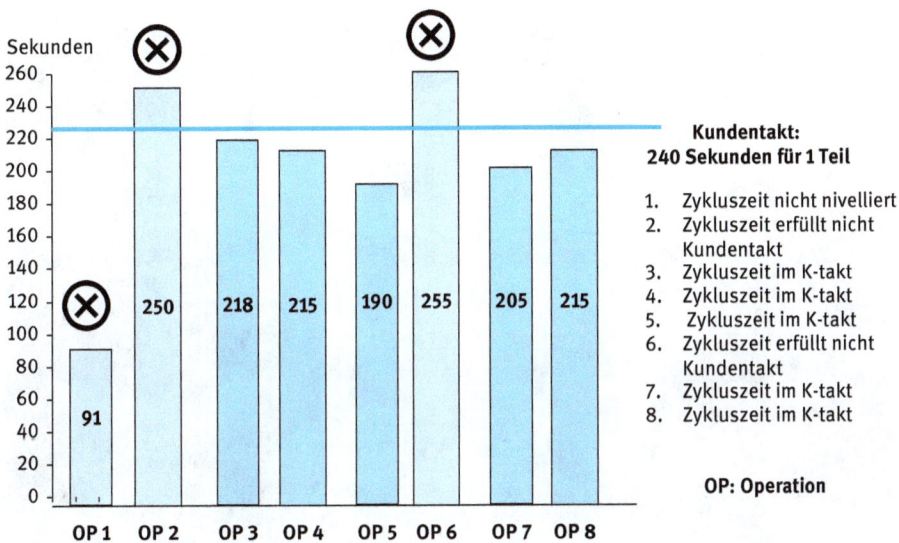

Abb. 7.29: Taktprinzip (Eigene Darstellung in Anlehnung an Helmold (2010))

Abb. 7.30 zeigt das Beispiel eines Lieferantenentwicklungsprojektes mit den jeweiligen Zykluszeiten der untersuchten Operationen.

Glättung oder Ausgleich bedeuten ebenfalls eine Optimierung der Arbeitsvorbereitung, so dass Zusammensetzung und Umfang im Zeitablauf gleichmäßig sind. Produktionsglättung (jap. Heijunka; 平準) ist eine wichtige Voraussetzung für die Produktion nach dem Kanban-System und ist der Schlüssel zum TPS. Ziel der Produktionsglättung ist die Minimierung von Leerlaufzeiten oder Überschreitung des Kundentaktes. Die Firma Ford verlangt von seinen bestehenden Lieferanten, das Fertigungs-Know-how und Technologien an andere Zulieferer in Asien zu transferieren, um Kapazitätsengpässe in China und Thailand aufgrund gestiegener Nachfrage abzudecken. Natürlich fürchten die Zulieferer, dass andere Zulieferer, insbesondere in China, ihr Know-how stehlen werden und dass Ford durch die Lizenzfertigung, in der keine Entwicklungskosten enthalten sind, die bestehenden Lieferanten zu signifikanten Kostenreduzierungen auffordern wird. Gerade in diesem Spannungsfeld wird ersichtlich, dass ein Lieferantenmanagement für eine enge Kooperation mit den Zulieferern von großer Bedeutung sein kann, um diesen Marktfaktoren gerecht zu werden. Ford besitzt kein Lieferantenmanagement, welches in der Form einer partnerschaftlichen Zusammenarbeit mit den Lieferanten kooperieren könnte, um diese Kammlinienerhöhungen zu kompensieren und diese Engpässe zu überwinden. Firmen wir Toyota und Honda dagegen haben in den Vereinigten Staaten und Europa partnerschaftliche Lieferantennetzwerke aufgebaut. Diese engen Netzwerke führen dazu, dass auf Marktänderungen umgehend reagiert werden kann.

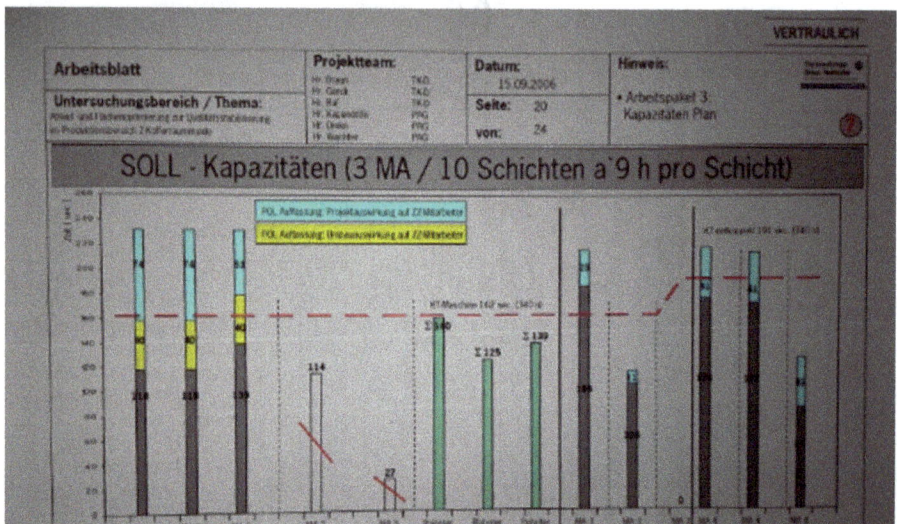

Abb. 7.30: Taktprinzip II: Beispiel eines Lieferantenmanagementprojektes: Optimierung der Zykluszeiten (Foto: Helmold (2015))

7.4.3.3 Ziehprinzip (Pull)

In zahlreichen Unternehmen wird nach der Maßgabe der maximalen Maschinenauslastung nach dem Push-Prinzip (dt. drücken) produziert. Doch wenn das Unternehmen auf den Kunden ausgerichtet ist und der Wertstrom nach dem Flussprinzip organisiert wird, muss erst dann produziert werden, wenn der Kunde bestellt oder die Bestände ein Minimum erreicht haben (Pull-Prinzip, dt. Ziehprinzip). Diese Bestellpunkte bilden dann den Anstoß für die Produktion. Ebenso werden Absatzdaten nicht mit den Lieferanten synchronisiert, so dass die Lieferanten ebenso nach dem Push-Prinzip aufgrund fehlender oder unzuverlässiger Nachfragedaten des eigenen Unternehmens produzieren und planen müssen (Helmold und Klumpp 2012). Aufgabe des Lieferantenmanagements der Zukunft wird es sein, die Schnittstelle zwischen der eigenen Produktion und der Vorfertigung der Lieferanten zu synchronisieren (Helmold 2010). Immer noch liegen aufgrund nicht abgestimmter und synchronisierter Produktionspläne von Kunden und Lieferanten signifikante Potenziale zur Wettbewerbsverbesserung (Helmold und Klumpp 2012). Gebundenes Kapital in Form von Beständen, Ineffizienzen und Verschwendung kann durch Einführung des Ziehprinzips und dessen konsequente Anwendung vermieden werden (Helmold und Klumpp 2012). Abb. 7.31 zeigt das Ziehprinzip und seine Teilaufgaben.

Abb. 7.31: Prinzipien des Ziehprinzips (Eigene Darstellung in Anlehnung an Helmold (2010))

Das Ziehprinzip in der operativen Ausprägung liegt einem intelligenten und logistischen Abruf- und Anlieferungsverfahren zugrunde, bei dem das Material vom Zulieferbetrieb erst bei tatsächlichem Bedarf direkt in die Fertigung des Abnehmers geliefert wird. In einigen Fällen wird das Teil auch spezifisch für die Lieferung hergestellt, insbesondere bei hochpreisigen Teilen. Dieses Verfahren hat sich insbesondere im Bahn-, Automobil- und Flugzeugbau etabliert, wo vor allem große und variantenreiche Teile und Baugruppen direkt ans Montageband geliefert werden. Dazu wird das benötigte Material entsprechend dem Bedarf der Endmontage bestellt. Der Zulieferer ist vertraglich verpflichtet, innerhalb einer definierten Vorlaufzeit das bestellte Material zu liefern. Das Material wird direkt am Verbauort oder in unmittelbarer Nähe abgeladen, damit es möglichst direkt eingebaut werden kann. Wenn das Material nicht sofort verbaut wird bzw. verbaut werden kann, können temporär kleine Puffer und gewisse Wartezeiten entstehen, aber es gibt für dieses Material keine Lagerhaltung im klassischen Sinn. Die JIT-Produktion ist daher besonders sensibel und anfällig gegenüber exogenen Einflussgrößen wie Erdbeben, Unwettern, Überschwemmungen oder auch Streiks, Verkehrsunfällen usw. Aufgrund der technischen, ökonomischen und natürlichen Katastrophen der letzten Jahre sind viele internationale Unternehmen dabei, ein entsprechendes Risikomanagement für ihre weltweiten Produktionsstätten und Lieferketten aufzubauen. In späteren Kapiteln wird auf die Prävention von Lieferausfällen detailliert eingegangen. Bei dem Ziehprinzip bzw. der Produktion auf

Abruf (Pull-Prinzip) stellt die Produktionssteuerung nicht mehr, im Gegensatz zum Push-System, für jede Produktionsstufe eine detaillierte Planvorgabe bereit, sondern es wird nur ein Produktionsplan für die letzte Produktionsstufe, d. h. die Endmontage aufgestellt. Die Vorteile des Pull-Prinzips sind:

1. permanente und hohe Qualität
2. geringe Losgrößen
3. kurze Rüstzeiten
4. standardisierte Ladevorgänge an den Arbeitsplätzen
5. enge Lieferantenbindungen
6. flexible Arbeiter
7. automatisierte Prozesse
8. Produktfokus und regelmäßige Wartung der Maschinen (Total Productive Maintenance [TPM])

Das Pull-Prinzip wird durch eine entsprechende Reorganisation des gesamten Produktionsprozesses und spezielle technische Maßnahmen erreicht. Es werden daher nacheinander gelagerte selbststeuernde Regelkreise installiert, die eine Dezentralisierung der Bestandskontrolle und damit die Übertragung der kurzfristigen Produktionssteuerung an die ausführenden Mitarbeiter ermöglichen. Die stabile Umsetzung des Pull-Prinzips innerhalb der Lieferkette ist eine fundamentale Aufgabe des Lieferantenmanagements. Ein wesentlicher Aspekt ist hierbei die Einführung eines Kanban-Systems. Dem Lieferantenmanagement kommt dabei die Aufgabe zu, dieses System in der Lieferkette zu verankern. Nur durch eine enge Vernetzung und Synchronisation zwischen der eigenen Unternehmung und den Lieferanten ist eine 100-prozentige Liefertreue erreichbar, auch ohne „Terminjägerei". Es entfällt zudem nicht nur die Lagerung von Teilprodukten und Fertigwaren und der damit verbundene Such- und Transportaufwand, sondern häufig kann die Fertigung auch personell entlastet werden. Das Ziehprinzip kann sowohl bei direkten Wertschöpfungsprozessen (z. B. Bearbeitung eines Produktes) als auch bei Unterstützungsprozessen eingesetzt werden (z. B. Distributionslogistik der Lieferanten oder die Beschaffungslogistik des eigenen Unternehmens etc.). Abb. 7.32 zeigt, dass das Ziehprinzip in den eigentlichen Wertschöpfungsprozessen und Unterstützungsprozessen anhand von Kanban, Supermärkten oder Milkruns eingeführt werden kann. Die jeweiligen Konzepte werden in den nachfolgenden Kapiteln beschrieben. Der Anstoß jeden Ziehprinzips muss jedenfalls immer vom Kunden kommen. Seine Endbedarfe entscheiden über die Produktion und Distribution von Gütern und Waren über die gesamte Wertschöpfungskette hinweg (Helmold 2011; Dust 2009).

Supermärkte

Ein Supermarkt kann in einem Best-in-Class-Lieferantenmanagement als Instrument eingesetzt werden und dient als kontrollierter Puffer in der Nähe des Verbrauchsorts bzw. der Linie. Supermärkte werden zur Produktionskontrolle benutzt, wenn kein kontinuierlicher Fluss möglich ist (z. B. bei stark unterschiedlichen Taktzeiten) oder bei einer Vielfalt von Lieferanten mit relativ stabilen Bedarfen. In einem Supermarkt werden Bestände (Minimal- und Maximalbestände) von Rohmaterial, Teilen und Fertigteilen für den Prozess bereitgehalten. Dies unterscheidet den Supermarkt vom herkömmlichen Lager. Wird der Mindestbestand eines Teiles erreicht, wird dem vorgelagerten Prozess, z. B. durch Kanban, das Signal zum Bestellen, Transport bzw. zur Produktion eines festgelegten Loses des Teiles gegeben. D. h., wie in einem richtigen Lebensmittel-Supermarkt wird nur dann ein Fach wieder aufgefüllt, wenn eine bestimmte Menge vom nachgelagerten Prozess abgerufen wurde. Die Supermarkt-Maximalbestände werden auf kleinstmöglichem Niveau festgelegt, um Überproduktion zu vermeiden und Bestände minimal zu halten, aber auch um Platz und Transparenz zu gewinnen. Der Supermarkt wird nach dem First-in-First-out-Prinzip (FiFo) beliefert. Abb. 7.33 zeigt eine Kette von Supermärkten vom Lieferanten über die Vor- und Endmontage bis zum Kunden.

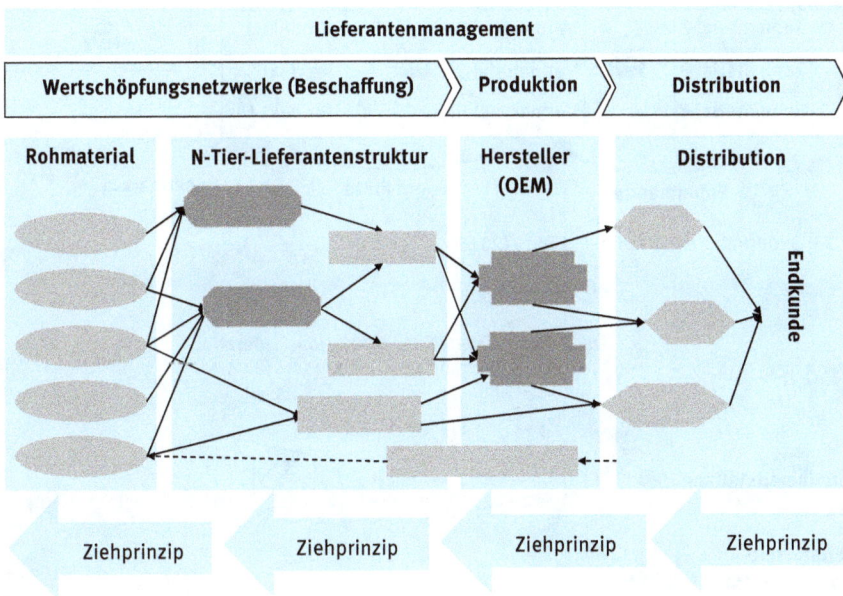

Abb. 7.32: Ziehprinzip im Lieferantenmanagement (In Anlehnung an Dust (2009))

In Abb. 7.34 ist ersichtlich, dass bei einer herkömmlichen Materialbeistellung die Transportwege um einiges größer sind als bei der Kommissionierung bei Supermärkten. Daher ist es zwingend notwendig, das Kanban-System oder das System der Supermärkte auf die Lieferantenkette zu übertragen, um diese effektiv zu optimieren.

Supermärkte sind die Vorstufe der bedarfssynchronen Produktion und führen zu Transparenz der Bestände. Für die Etablierung von Supermärkten ist eine reibungslose Vernetzung aller jeweiligen Produktionsstufen notwendig. Außerdem ist es notwendig, die Logistik in diesen Prozess mit zu integrieren. Die allgemeinen Merkmalsausprägungen der Supermärkte bestehen in der Praxis aus:

- definierter Platz pro Variante
- Kennzeichnung des Lagerorts
- determinierter Minimal- und Maximalbestand
- visuelle Steuerung des vorgelagerten Prozesses
- „First in First Out" (FIFO)
- automatische Auffüllung (engl. Replenishment)
- Bereitstellung der Arbeitsmittel durch Trennung von Werker und Logistiker

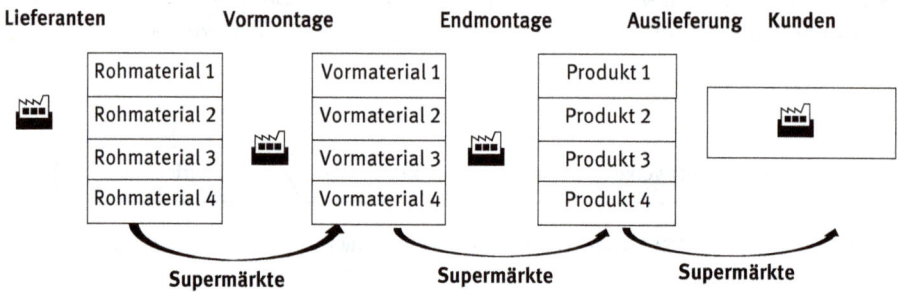

Abb. 7.33: Supermärkte (Helmold und Terry (2016))

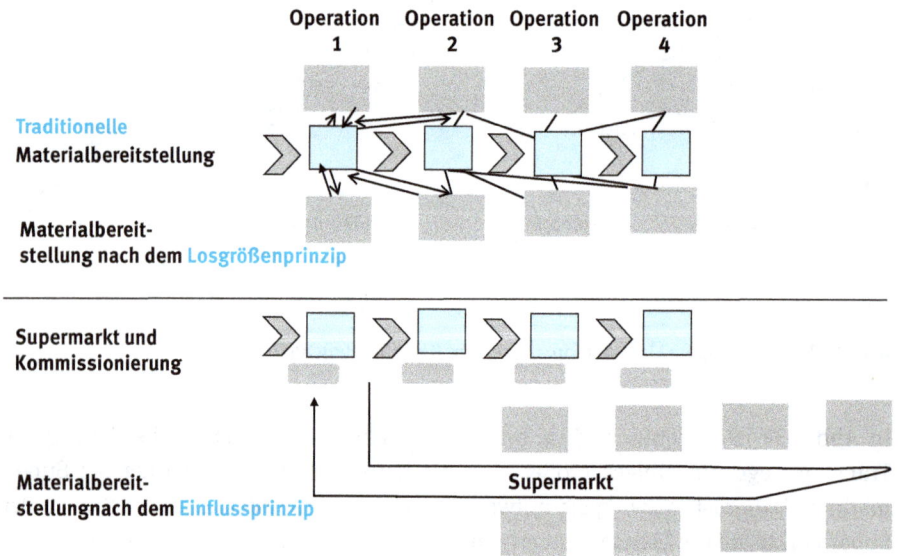

Abb. 7.34: Materialbereitstellung durch Supermärkte (Helmold und Terry (2016))

Milkrun-Prinzip

Das „Milkrun"-Prinzip ist eine Abwandlung des Ziehprinzips und eine ideale Möglichkeit, die Lieferkette zu optimieren, indem ein Lastkraftwagen (LKW) in einem Rundlauf von verschiedenen, räumlich nahen Lieferanten Teile bzw. Teilesätze mit zeitlich gleicher Reichweite abholt (Helmold 2010). Das Milkrun-Prinzip kann ebenso in der Produktion eingesetzt werden, in dem durch fahrerlose Bediengeräte oder Logistiker die Regale der Werke in einem Rundlauf aufgefüllt werden (Helmold 2010). Das Konzept des Milkruns basiert auf dem Grundsatz, dass nur das Material in der Menge wieder aufgefüllt wird, wie es verbraucht worden ist. Die Losgröße wird hierzu einmalig festgelegt (eine Milchflasche) und gegebenenfalls durch Signalkarten (Kanban) gesteuert. Der Wiederbeschaffungszyklus und die Route sind ebenfalls im Vorfeld festgelegt (ähnlich einem Busfahrplan). Abb. 7.35 zeigt das Konzept des Rundlaufs des Milkrun (Helmold 2010).

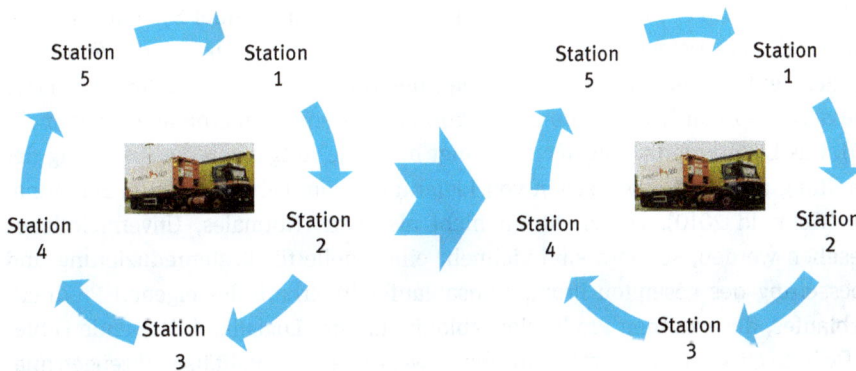

Abb. 7.35: Materialbereitstellung durch Milkrun-Prinzip (Eigene Darstellung in Anlehnung an Helmold (2010))

Mit der Terminierung von bestimmten Losgrößen, Routen und Fahrplänen wird die Komplexität im Beschaffungsprozess reduziert, die Auslastung gesteigert und somit (Transport-)Kosten gesenkt. Im Rahmen einer nachhaltigen und umweltgerechten Beschaffung werden hier auch CO_2-Emissionen stark reduziert (Helmold 2010). Durch Anwendung dieses neuen Konzeptes können die Transportkosten um durchschnittlich 20 % bis 30 % gesenkt werden (Helmold 2010). In der Logistik gib es zwei Typen des Milkrun (Gabler 2016):

- Den innerbetrieblichen Milkrun: Bei einem internen oder innerbetrieblichen Milkrun werden die Güter meist von einer Quelle innerhalb einer Produktionsstätte (Supermarkt) an verschiedene Senken (Produktionslinie) gebracht.
- Den externen Milkrun: Bei einem überbetrieblichen Milkrun werden die Produkte von verschiedenen Quellen (Lieferanten) zu einem Zielort (Senke oder

Wareneingang des Kunden) transportiert. Die gleichmäßigere Auslastung im Tagesverlauf ermöglicht eine Senkung der Sicherheitsbestände. Milkrun ist eine Sonderform des Direkttransportes auf einer festgelegten Route mit vorgegebenen Abholzeiten (A_1 ... A_n) und Eintreffzeiten von Abholadressen direkt an einen Empfänger (E_1 ... E_n), normalerweise ohne Einbeziehung einer Umschlagsanlage. Als Vorbild des Milkrun (dt. Milchdurchlauf) diente der traditionelle Milchjunge in England oder den USA, der eine neue Milchflasche nur dann bereitstellte, wenn er eine leere Flasche mitnehmen konnte. So konnte sichergestellt werden, dass nie zu viel Milch im Haus war und schlecht werden konnte.

7.4.3.4 Null-Fehler-Prinzip

Die vier Prinzipien des JIT-Produktionssystems sind die Grundpfeiler des Toyota-Systems und müssen durch das Lieferantenmanagement auf die Lieferkette übertragen werden (Helmold 2013). Die Kundenzufriedenheit steht als oberstes Ziel. Neben den drei Prinzipien Takt-, Zieh- und Fließprinzip steht das Null-Fehler-System als vierte Säule (engl. Zero Defect Principle). Die systematische und strukturierte Verminderung des Fehlerniveaus in allen Bereichen des Unternehmens und der Lieferkette verbessert die Abläufe und erhöht die Profitabilität eines Unternehmens (Helmold 2010). Das Lieferantenmanagement verfolgt hier eine Aufgabe in der Änderung der Einstellung und dem Bewusstsein von Lieferanten zum Fehler und zum Fehlermachen (Helmold 2010). Fehler dürfen nicht als etwas Normales, Unvermeidliches angesehen werden, sondern sind vielmehr eine Quelle für Kostenreduzierung und Verbesserung des gesamten Produktionsablaufes innerhalb des eigenen Produktionsablaufes, des externen Produktionsablaufs und der Logistik. Auftretende Fehler und Defekte müssen durch systematische Anwendung von Qualitätswerkzeugen analysiert und nachhaltig korrigiert werden (Helmold 2010; Ohno 1990). Nachstehend werden Begriffe erklärt, die in der Null-Fehler-Strategie von Bedeutung sind, sowie in Abb. 7.36 dargestellt:

Abb. 7.36: Null-Fehlerprinzipen (Eigene Darstellung in Anlehnung an Helmold (2010))

Das Null-Fehler-Prinzip umfasst Werkzeuge wie das Jidoka-Prinzip, das 5S/6S-Prinzip, das Andon-Prinzip, Poka Yoke oder TPM , die im Folgenden beschrieben werden.

Diese Werkzeuge müssen vom Lieferantenmanagement auf die Lieferantenkette übertragen werden (Helmold 2013; Helmold und Terry 2016).

Jidoka

Ein weiteres Prinzip in der Toyota-Philosophie ist die intelligente Automation (Helmold 2010). Jidoka ist ein Begriff, der ebenso aus dem Japanischen kommt und gehört zu den Grundpfeilern der schlanken Prinzipien (jap. 自働化, die dt. Definition bedeutet automatische Fertigung unter menschlichen Gesichtspunkten). Es bezeichnet eine „intelligente Automation" oder eine „Automation mit menschlichem Antlitz" oder „Automatisierung mit humanen Aspekten". Das Jidoka-Prinzip ist innerhalb des JIT-Produktionsprinzips eine weitere tragende Säule im Toyota-Produktionssystem und ist von vielen Unternehmen der produzierenden Industrie adaptiert worden (Helmold 2010). Das Grundprinzip basiert auf der Erfindung eines selbsttätig reagierenden Webstuhls des japanischen Gründers der Toyota Motor Company Toyoda Sakichi (1867 bis 1930). Wenn einer der Kett- und Schussfäden zerriss, stoppte dieser Webstuhl mittels eines eingebauten Maschinenteils. So wurden keine defekten Produkte mehr hergestellt (Ohno 1990).

Abb. 7.37 zeigt die Realisierung des Jidoka-Prinzips bei Mitsubishi Electric in Japan.

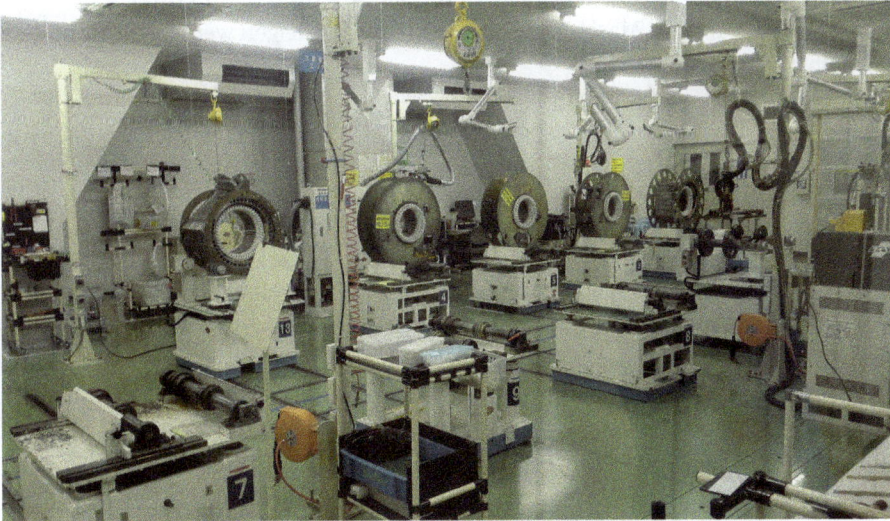

Abb. 7.37: Schlanke Fertigung: Mitsubishi Japan (Foto: Helmold (2016)).

Das Ziel von Jidoka und der „Automatisierung mit menschlichem Antlitz" ist eine 100-prozentige Kontrolle und qualitätskonforme Fertigung von Produkten, und das noch vor und während des Produktionsablaufs (Helmold 2010). Bei Störfällen oder

Fehlern wird das gesamte Produktionssystem gestoppt (Helmold 2010), auch wenn Produktivitätseinbußen zu erwarten sind. Das System wird solange analysiert, bis der Fehler behoben ist und der Produktionsablauf zuverlässig weitergeführt werden kann (Helmold 2010). Letztendlich führt die zuverlässige Automatisierung innerhalb des Jidoka-Prinzips zu einer kosteneffizienteren Produktion ohne Störfälle (Helmold 2010). Nach dem Vorbild von Toyota werden inzwischen bei vielen Automobilherstellern in der Fertigungslinie Jidoka-Zonen vorgesehen („Bating-zone"), in denen sofort ein Fehler behoben werden kann (Helmold 2010; Ohno 1990). Dadurch werden kostenintensive Nacharbeiten, Ausbesserungen und „Retrofits" im Nachhinein präventiv vermieden (Helmold 2010). Im Rahmen des Jidoka-Prinzips wird von selbstdenkenden Maschinen gesprochen. Der Einsatz des Jidoka-Prinzips hat eine Vielzahl von Vorteilen innerhalb der Fertigung:

1. Ein fehlerhafter Produktionsablauf mit fehlerhafter Verarbeitung von Vorprodukten kann umgehend bemerkt werden, so dass weder Ausschuss noch Ausbesserungen entstehen.
2. Durch die sofortige Korrektur werden keine fehlerhaften Produkte an die nachgelagerten Produktionsoperationen weitergereicht.
3. Die Fehler werden automatisch detektiert, daher ist eine 100-prozentige Kontrolle am Ende des Produktionsprozesses unnötig.
4. Automatische und digitale Fehlererkennung ermöglicht den Mitarbeitern, Maschinen lediglich zu überwachen, was motivationsfördernd wirkt.
5. Die Auslastung von Maschinen kann signifikant gesteigert werden, da Verschleiß minimiert wird.

Jidoka bildet die Basis zur Ursachensuche (engl. Root Cause Analysis [RCA]) von Defekten und deren nachhaltige und präventive Ausschließung (Helmold 2010).

Poka Yoke

Poka Yoke (jap. ポカヨケ) kommt ebenso aus der Toyota-Systematik und hat das Ziel, Prozesse so zu generieren, dass maschinelle oder menschliche Fehler nicht gemacht werden können (Helmold 2010). Poka Yoke kann mit „Vermeidung von unglücklichen Fehlern" übersetzt werden. Daher müssen Abläufe so gestaltet werden, dass mögliche Fehler im Ursprung verhindert werden (Helmold 2010). Beispiele sind das Schlüssel-Schlüsselloch-Prinzip, in dem nur ein bestimmter Schlüssel eingesetzt werden kann und somit Fehler vermieden werden (Helmold 2010). Das Prinzip ist von Shigeo Shingo entwickelt worden und stark in der japanischen Kultur verknüpft (Helmold 2010). Poka Yoke sorgt meist durch simple und effiziente Systeme und Konzepte dafür, dass meist menschliche Fehler im Fertigungsablauf vermieden werden (Helmold 2010). Obwohl Poka Yoke eine Philosophie aus dem TPS und eng mit dem japanischen Verständnis verbunden ist, können diese Aspekte in jedem Prozess mit relativ einfachen Methoden berücksichtigt werden (Helmold 2010). Poka Yoke zielt oft auf den Einsatz von meist technischen Hilfs-, Arbeits- oder Betriebsmitteln. Diese Lösungen sind meist kostengünstig und umgehend einführbar. Oft werden Ideen innerhalb der Optimierung von Produktionsabläufen von den Werkern entwickelt, die ihre Prozesse am besten kennen (Helmold 2010). Um wiederholtes Auftreten von einmal entdeckten Fehlern ausschließen zu können, wird Poka Yoke in Kombination mit einer Inspektionsmethode, der Qualitätsprüfung (engl. Source Inspection), eingesetzt. Auch im alltäglichen Leben ist ersichtlich, dass Poka Yoke effizient und nützlich eingesetzt wird:

1. Züge werden beim Überfahren eines roten Signals (durch menschliches Versagen) automatisch abgebremst.
2. Der Zündschlüssel eines Autos lässt sich nur so einstecken, dass er richtig in das Schlüsselloch passt.
3. Fahrzeuge werden bei Annäherung an ein anderes Fahrzeug durch intelligente Systeme abgebremst (meist in Verbindung mit einem Warnton).
4. Gasflaschen mit unterschiedlichen Inhalten und Gefahrenstoffen haben einen besonderen Bügelanschluss, um die gefährliche Verwechslung mit anderen Gasen zu verhindern.
5. Unterschiedlicher Durchmesser von Zapfpistolen an Tankstellen, um die Verwechslung von Diesel- und Benzinkraftstoff zu vermeiden.
6. Stecker für Computer haben ein besonderes Design, um Verwechslungen zu vermeiden.

Abb. 7.38: 8S-Prinzip (Foto: Helmold (2016))

Die Beispiele zeigen, dass es zahlreiche Beispiele für Poka Yoke im täglichen Leben gibt. Das Lieferantenmanagement ist für die Übertragung von Elementen des Poka

Yoke auf die Lieferantenkette verantwortlich (Helmold 2010). Dieses kann einhergehen mit der Lieferantenakademie, die später beschrieben wird. Jedoch ist in diesem Sinne zu berücksichtigen, dass Poka Yoke in Verbindung mit anderen Prinzipien der schlanken Produktion Sinn macht (Helmold 2010; Helmold und Terry 2016).

Qualitätskontrolle (SQC). Jedoch stellte er fest: "Fehler werden in der Arbeitsphase erzeugt, und Prüfungen können nichts anderes bewirken, als die Fehler zu finden. Die Sicherstellung der Fehlervermeidung kann im Lieferantenmanagement durch die vorher beschriebenen Audits gewährleistet werden.

Abb. 7.38 zeigt die Erweiterung des 5S-Prinzips zu einem 8S-Prinzip bei einem chinesischen Lieferanten in Shandong.

5S-, 6S-, 7S- und 8S-Konzept

Das 5S-Konzept ist eine der Säulen des schlanken Produktionssystems. Das Bild zeigt die Kreativität einer Unternehmensgruppe in China (Zhongwang), welches aus dem ursprünglichen 5S-Prinzip durch Kombination von japanischen und englischen Definitionen das betriebsinterne 8S-Prinzip entwickelt hat (Helmold und Terry 2016). Das 5S-Konzept besteht aus den fünf japanischen Begriffen Seiri, Seiton, Seiso, Seikatsu und Shitsuke, wie die folgende Abb. 7.39 zeigt. Neben der Ordnung durch Sortierung der Werkzeuge und zu bearbeitenden Komponenten sowie durch einen sauberen Arbeitsplatz werden nur die Gegenstände verwendet, die von Bedeutung sind. Dieses verhindert Ablenkung und führt zur Vermeidung von Fehlern (Helmold und Terry 2016). Darüber hinaus wird durch standardisierte Abläufe, die Einhaltung dieser Abläufe und die Gewohnheit dieser Prozessabläufe dafür gesorgt, dass Fehler komplett eliminiert werden.

SEIRI Sortiere	SEITON Stelle hin	SEISO Säubere	SEIKATSU Standardisiere	SHITSUKE Selbstdisziplin	SHUKAN Gewöhnung
Entfernung der nicht notwendigen Gegenstände Sortierung am Arbeitsplatz.	Einwandfreier Zustand aller Arbeitsmittel und Werkzeuge. Griffbereit.	Sauberer und sicherer Arbeitsplatz, der stetig sauber gehalten wird.	Standardisierung der Arbeitsabläufe sowie Kontinuität bei der Einhaltung.	Regelmäßige Fortschrittskontrolle und Überprüfung des Arbeitsplatzes auf Sauberkeit.	Gewöhnung an die Arbeitsabläufe und Einhaltung.
整理	整顿	清扫	清洁	修养	类光

Abb. 7.39: Das 5S-Konzept wird durch SHUKAN ergänzt (Eigene Darstellung in Anlehnung an Helmold (2011))

Durch Hinzufügen des Wortes SHUKAN wird aus dem 5S- das 6S-Prinzip. SHUKAN bedeutet „sich daran gewöhnen". Das 5S-Prinzip ist ein fundamentaler Begriff innerhalb der japanischen Gesellschaft und in der DNA verankert. Sauberkeit und Ordnung wird im täglichen Leben vorgelebt. In der Industrie sind Sauberkeit und Ordnung die Grundlage für ein fehlerfreies Arbeiten. Daher ist es notwendig den 5S-Ansatz zu verstehen, anzuwenden und auf seine Partner zu übertragen. Bei nachhaltiger Disziplin gehen Ordnung und Sauberkeit schließlich in Fleisch und Blut über. Daher wird das 5S-Konzept zum 6S-Konzept. Das 6S-Prinzip dient als Ausgangsgrundlage für jegliche Ansätze von schlanken Methoden für den Einsatz im Lieferantenmanagement und die Übertragung von schlanken Methoden auf die Lieferantenkette.

Abb. 7.40 zeigt das Andon-Prinzip bei einem Zulieferer in Suzhou, China.

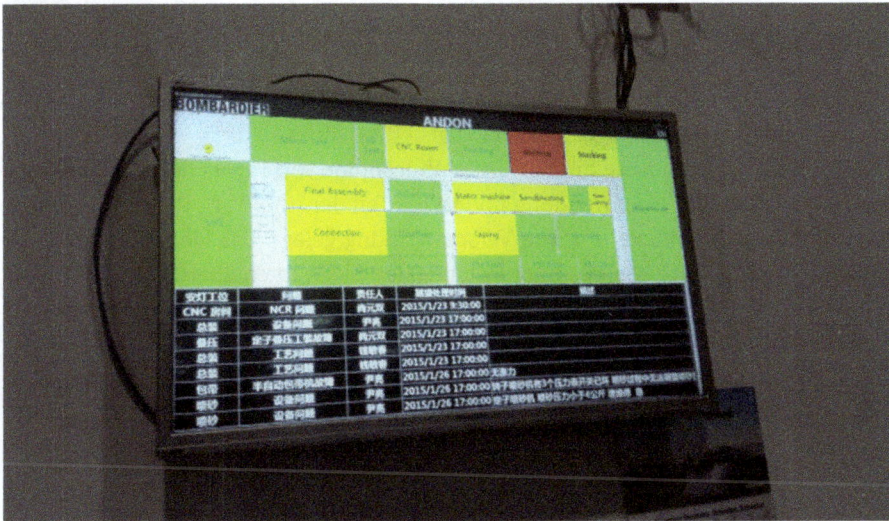

Abb. 7.40: Andon-Prinzip in China (Foto: Helmold (2016))

Andon

Der Begriff Andon kommt aus dem Japanischen (jap. アンドン) und ist eine besondere Art einer japanischen Laterne oder Lampe. Andere Begriffe für „Andon" sind „bonbori" oder „chochin". Diese Methode kommt ebenso aus dem Toyota-System und wurde in Japan in den frühen 1950er-Jahren aus der Praxis heraus abgeleitet. Andon ist ein Weg, um mittels einer Visualisierung und transparenten Symbolik Störfälle innerhalb der Produktionsabläufe dazustellen. Dieses geschieht i. d. R. durch einen Bildschirm (engl. Display) oder durch eine Ampel (Helmold 2010). Werker können innerhalb ihrer Operationen durch das Drücken eines Knopfes oder das Ziehen an einer Leine Störfälle (fehlende oder beschädigte Arbeitsmittel, fehlendes oder fehlerhaftes Material) kenntlich machen. Als Ergebnis dieses Eingriffes steht die gesamte Linie (Helmold 2010). Meist ist die Unterbrechung der Fertigungslinie mit einem schrillen Ton verbunden (Helmold 2010). Spezielle Teams müssen nun dafür sorgen, dass die Unterbrechung bzw. der Störfall innerhalb eines terminierten Zeitraums (i. d. R. Minuten) aufgehoben wird, in dem die Arbeitsmittel ersetzt oder fehlendes Material bereitgestellt werden (Helmold 2010). Die Einführung der Andon-Systematik erfordert eine genau abgestimmte Lieferkette und stabile Prozesse in der eigenen Unternehmung und der Prozesskette innerhalb der Lieferkette (Helmold 2013). Die Abb. 7.40 zeigt ein Andon-System in einer Fertigungsstätte für Antriebstechnik in der Bahnindustrie. Das rote Feld zeigt den Störfall in einem einzelnen Bereich sowohl die Beschreibung des akuten Störfalls. Ein Team ist nun damit beschäftigt, den Störfall zu beheben, so dass die Produktion weitergeführt werden kann.

7.4.4 Muda (無駄), Mura (無ら) und Muri (無理)

Muda, Mura und Muri stellen innerhalb der JIT-Produktionsphilosophie grundlegende Begriffe dar. Die Begriffe Muda (jap. 無駄), Mura (jap. 無ら) und Muri (jap. 無理) stellen die Grundlage für die Verlustphilosophie von Toyota dar. Muda ist japanisch und bedeutet Verschwendung und ist ein Teil der „drei Mu". Die Schwerpunkte werden auf die Identifizierung von Verschwendung gelegt. Das Lieferantenmanagement muss diese Philosophie auf die wichtigsten Lieferanten übertragen. Insgesamt gibt es sieben Verschwendungsarten, wie vorher bereits erörtert:

1. Verschwendung durch Überproduktion;
2. Verschwendung durch Wartezeiten;
3. Verschwendung durch Transport;
4. Verschwendung durch ineffiziente Arbeitsmethoden;
5. Verschwendung durch Lagerhaltung;
6. Verschwendung durch Ineffizienzen;
7. Verschwendung durch Produkt- und Produktionsfehler.

Abb. 7.41 zeigt das Beziehungsdreieck von Muda, Muri und Mura im Lieferantenmanagement.

Es gilt, Muda (Verschwendung), Mura (Unausgeglichenheit) und Muri (Überlastung) bei den Elementen Mitarbeiter, Technik, Methode, Zeit, Möglichkeit, Arbeitsmittel, Material, Produktionsvolumen, Umlaufbestände, Arbeitsplatz, Denkart etc. zu vermeiden. Im Einzelnen betrifft dies vor allem Verschwendung durch Überproduktion, hohe Bestände, unnötige Transporte, lange Wartezeiten, schlechte Nutzung der Betriebsmittel, unnötige Vorgänge, Fehler, unzureichende Organisation.

Muda kommt ebenso aus dem Japanischen und ist eng mit der Toyota-Philosophie verbunden (Ohno 1990). Verschwendung (engl. Waste) ist das Gegenteil von Wertschöpfung und kann in offene und versteckte Verschwendung unterteilt werden (Helmold 2010). Muri bedeutet „Unmöglichkeit" oder „Überlastung". Mura kommt ebenso aus der Toyota-Philosophie und kann als Unausgeglichenheit beschrieben werden. Der Begriff Mura bildet zusammen mit Muri große Verlustpotenziale (unausgeglichen, überlastet und unmöglich), deren Ursprünge in einem nicht optimal synchronisierten und abgestimmten Produktionsablauf zu finden sind (Helmold 2010). Während manche Operationen kapazitiv zu knapp bemessen sind und als Flaschenhals (engl. Bottleneck) die Produktion größerer Stückzahlen verhindern (Überlastung, Muri), befinden sich andere Produktionsabläufe weit unterhalb ihrer Auslastungsgrenze (Helmold 2010). Dieses führt zu den drei „Mu's (Muda, Muri, Muda)", nämlich Verschwendung, Unmöglichkeit/Überlastung oder Nichterreichbarkeit und Unausgeglichenheit im Ablauf der Fertigung (Helmold 2010). Nicht ausgelastete Maschinen oder Betriebsmittel stellen eine Verschwendung dar. Dem Lieferantenmanagement kommt hier die tragende Rolle zu, die Fertigungsabläufe und Logistikprozesse innerhalb der Lieferantenkette auf Muda, Muri und Mura zu untersuchen und diese zu eliminieren (Helmold 2010). Hierzu können Spezialisten des „Lean-Management" und der „schlanken Produktion"... des eigenen Unternehmens eingesetzt werden, die durch gezielte Schulungs- und Weiterqualifizierungsmaßnahmen die Prinzipien auf die Lieferanten übertragen (Helmold 2013). Obwohl diese Prinzipien stark mit der Toyota-Philosophie verknüpft sind, haben Unternehmen wie Porsche oder Audi diese wichtigen Aspekte ideal in ihr Lieferantenmanagement verankert (Freitag 2005). Autoren wie Liker und Choi berichten in ihrem Artikel „Fordernde Liebe" (2005) über die Konsequenzen, wenn diese Prinzipien nicht berücksichtigt werden und beschreiben signifikante Produktivitätsunterschiede zwischen japanischen Original Equipment Manufacturers (OEM) und amerikanischen.

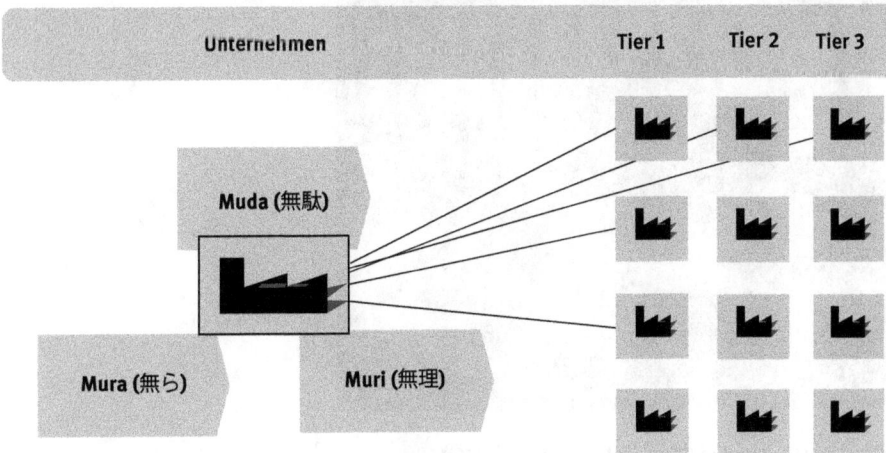

Abb. 7.41: Muda, Mura und Muri (Eigene Darstellung in Anlehnung an Ohno (1990) und Helmold (2010))

Abb. 7.42 zeigt die Anzeigetafel des chinesischen Unternehmens KTK in Changzhou, China. Im Rahmen der Lieferantenentwicklungsaktitivitäten wurden gemeinsame

Projekte mit dem Ziel der Eliminierung von Verschwendung und der Leistungsverbesserung von Bombardier und KTK durchgeführt. KTK ist einer der leistungsstärksten und schlanksten Lieferanten der Bahnindustrie in China.

Abb. 7.42: Lieferant in China (Foto: Helmold (2016))

7.4.5 Gemba (現場), Genjitsu (現実), Genchi (現地), Gembutso (現物)

Neben den vorher genannten Schlagwörtern gibt es drei weitere wichtige Begriffe, die ebenfalls zu den Grundlagen einer schlanken Produktion gehören.

Best-in-Class-Unternehmen wie Toyota, Porsche oder Panasonic arbeiten nach dem Prinzip **Gemba** (jap. 現場), **Genjitsu** (jap. 現実)**, Genchi** (jap. 現地) und **Gembutso** (jap. 現物). Der Begriff *Gemba* bedeutet auf Japanisch „Ort des Geschehens". Mit Gemba bezeichnet man den Arbeitsplatz im Sinne des Ortes, an dem wertschöpfende Prozesse im Unternehmen stattfinden und an dem die Probleme entstehen, z. B. am Arbeitsplatz in der Produktion. Gemba wird oft in Verbindung mit Kaizen angesprochen und entstammt der japanischen Begriffssammlung aus dem Toyota-Produktionssystem. *Genjitsu* bedeutet „die richtigen Fakten". Nur mit richtigen Fakten, die auf stabilen Daten einer soliden Leistungsdatenerhebung beruhen, lassen sich nachhaltige Verbesserungen erzielen. *Genchi, Genbutsu* bedeutet, vereinfacht gesagt, „Komm schneller zum Kern! Orientiere dich nicht am Hörensagen". Viele Unternehmen, so die Meinung der Anwender des Toyota-Systems, verbringen zu wenig Zeit mit der Formulierung des Problems und zu viel Zeit mit seiner Lösung. Der umgekehrte Weg ist der richtige. Das Lieferantenmanagement muss daher effizient und professionell die Prinzipien von Gemba, Genjitsu, Genchi und Gembutso bei Lieferantenentwicklungsmaßnahmen umsetzen. Nämlich durch schnelle, effektive Untersuchungen und Definitionen von nachhaltigen Korrekturmaßnahmen am Ort des Geschehens. Lieferantenmanager müssen sich daher auf das Kernproblem in der Lieferantenentwicklung fokussieren, dort wo die grundlegenden Störungen innerhalb der Lieferantenkette liegen. Meist beinhaltet dieses grundlegende Kernproblem die Frage, warum die richtigen Teile **nicht** zum richtigen Ort (innerhalb des Lieferanten oder zum eigenen Unternehmen) kommen, und das **nicht** zum richtigen Zeitpunkt in der richtigen Menge und Qualität.

Die Prinzipien sind Teil der japanischen Kultur und stark in Japan verankert, was bei Bräuchen und Aktivitäten zu sehen ist. So wird die Teezeremonie mit einer detaillierten Hingabe und einem standardisierten Ablauf durchgeführt (Helmold 2010).

7.5 Logistikketten aus und nach China

Logistikprozesse im Lieferantenmanagement umfassen alle Aktivitäten zur integrierten Planung, Koordination, Durchführung und Kontrolle der Güterflüsse sowie der güterbezogenen Informationen von den Entstehungssenken (Lieferanten) bis hin zu den Verbrauchssenken (Endkunden). Häufig findet auch die Seven-Rights-Definition Anwendung, die im Kapitel 7.4 Schlanke Produktion behandelt wird (Helmold 2011); danach sichert Logistik die Verfügbarkeit des richtigen Gutes, in der richtigen Menge, im richtigen Zustand, am richtigen Ort, zur richtigen Zeit, für den richtigen Kunden, zu den richtigen Kosten. Die Bewegung der externen Materialflüsse, also die Lieferung oder der Transport von Produkten vom Lieferanten zu Abnehmer kann in vier unterschiedliche Formen unterteilt werden:
1. Transport zu Wasser (Binnen oder Überseetransport)
2. Transport auf der Straße

3. Transport zu Luft (Luftfracht)
4. intermodaler Transport (Kombination von Transportmitteln)

Das Lieferantenmanagement steuert und lenkt die Logistikprozesse inklusive der Prozesse der Verpackung und der Verzollung im internationalen Warenverkehr (Helmold 2010). Logistikkosten können im internationalen Warenverkehr 5% bis 20% des Bezugspreises ausmachen (Japan, China), im europäischen Warenverkehr 1% bis 5% des Bezugspreises. Hauptziele des Lieferantenmanagements sind neben der pünktlichen Anlieferung die fortwährende Optimierung von Logistikprozessen und Logistikkosten. Darüber hinaus ist ein weiteres Ziel die Verbesserung der Flexibilität logistischer Systeme. Der Stellenwert der Logistik für den Unternehmenserfolg ist in den letzten Jahren kontinuierlich gewachsen. Ursachen dafür sind die Globalisierung der Märkte und Wertschöpfungsketten, die wachsende Durchdringung der logistischen Prozessketten mit digitalen Informations- und Kommunikationstechnologien und die Deregulierung von Märkten durch Freihandelszonen (Helmold 2010). Abb. 7.43 zeigt eine Logistikkette von Seetransporten mit dem Transport im Hinterland, dem Umschlag im Seehafen und der interkontinentalen oder kontinentalen Verschiffung (Dust 2009).

Neben dem Transport zu Wasser ist der Transport auf der Straße als Verkehrsträger mit vier Varianten möglich (Dust 2009):

1. zweistufiger Lagerprozess
2. Lieferanten-Logistik-Zentrum
3. lagerlose Direktanlieferung durch JIT
4. lagerlose Lieferung durch JIS

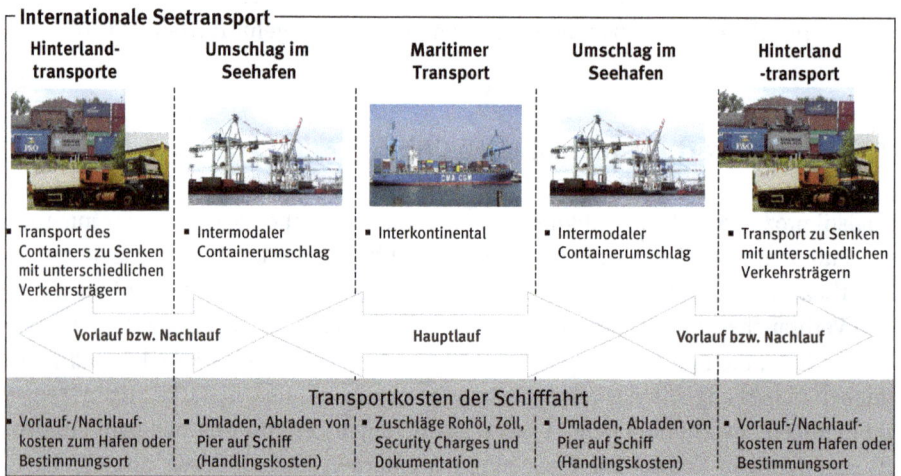

Abb. 7.43: Arten des Transports (Supply Chain Management. Intermodaler Verkehr. Dust (2010))

Bei der zweistufigen Logistik wird die Ware von einem Distributionslager zu einem Warenhaus oder Lager des Kunden transportiert (Dust 2009). Aufgrund zweier Läger wird der Prozess auch zweistufiger Lagerprozess genannt. Im einstufigen Prozess werden die Produkte an ein Logistikzentrum verteilt, von dem die Waren an die Endkunden verteilt werden. Bei der JIT- und JIS-Anlieferung erfolgt die direkte Lieferung der Produkte Just-in-Time oder Just-in-Sequence an die Kunden ohne den Einsatz einer Lagerstufe (Helmold 2010).

	Transportart	Transportdauer China-Europa	Kosten inkl. Verpackung und Verzollung	Bemerkung
Luftfracht	Luftfracht	3 bis 5 Tage	20.000 bis 30.000 EUR	Beliebiger Flughafen mit intermodalem Weitertransport
Schienenverkehr	Schienenverkehr	10 bis 15 Tage	10.000 bis 15.000 EUR	Beliebiger Bahnhof mit intermodalem Weitertransport
Seetransport	Seetransport	35 bis 50 Tage	5.000 bis 12.000 EUR	Über Seehäfen mit intermodalem Weitertransport
Luft & Seetransport	Kombinierter See- und Lufttransport	10 bis 15 Tage	15.000 bis 20.000 EUR	Kombinierter Verkehr

Abb. 7.44: Transportkosten (Beispiel von Automobilfahrzeugkomponenten. Stückgut, ca. ein 40-Fuß-Container. Geodis (2016))

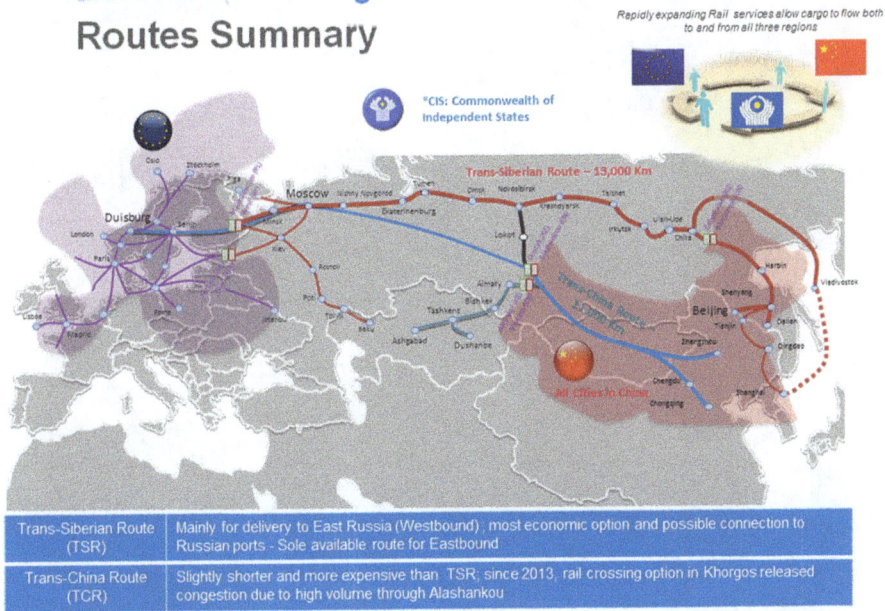

Abb. 7.45: Transportwege von China nach Europa (Geodis Präsentation. Eurasia Landbridges (2015))

Der intermodale Verkehr beinhaltet eine Kombination verschiedener Verkehrsträger mit der identischen Ladeeinheit (Dust 2009). Hierbei erfolgt ein Wechsel der Verkehrsträger, nicht aber der Umschlag der transportierten Güter (Dust 2009). Oft wird intermodaler Verkehr mit standardisierten Containern durchgeführt (Helmold 2010). Der Transport kann mit der Eisenbahn, dem Flugzeug oder auf der Straße erfolgen. Abb. 7.44 beschreibt die Möglichkeiten des intermodalen Verkehrs im Straßen-, Schienen-, Luft- und Seeverkehr sowie die jeweiligen Aktivitäten mit Vor-, Haupt und Nachlauf (Dust 2010).

Der intermodale Verkehr ist heute eine allgemeine Variante zur Optimierung der Logistikkosten und zur Reduzierung von Umweltbelastungen (Helmold 2010).

Im Straßenverkehr lassen sich Direktverkehr, die Gebietsspedition und der Milkrun unterscheiden. Im Direktverkehr werden Produkte direkt geliefert (Punkt-zu-Punkt-Anlieferung). Bei der Gebietsspedition werden Waren von einem Gebietsspediteur eingesammelt, umgeschlagen und an die Kunden ausgeliefert (Helmold 2010). Der Milkrun wurde ausführlich im Kapitel 7.4.3.3 beschrieben.

Abb. 7.45 zeigt die Landwege von China nach Europa. Mittlerweile gibt es mehrere Zugverbindungen von China nach Europa.

8 Digitalisierung, Industrie 4.0 und Trends

8.1 Digitalisierung im Lieferantenmanagement

Praktiker und Wissenschaftler wie die Autoren Dr. Brian Terry und Dr. Marc Helmold, Horst Wiedmann (Vorstand des BME), Prof. h. c. Dr. Guido Stannek (Vorstand im Lieferantenmanagement und Ehrenprofessor der Jilian Universität in Hangzhou) oder Prof. Dr.-Ing. Robert Dust (Technische Universität Berlin) betonen die Wichtigkeit der Digitalisierung und der Aspekte der Industrie 4.0 in zahlreichen Artikeln und Studien. Die Möglichkeiten der Digitalisierung sind immens laut herrschender Meinung von diesen Experten im Lieferantenmanagement (BME 2016). Industrie 4.0 wird als 4. Stufe der industriellen Revolution des 21. Jahrhunderts beschrieben und beinhaltet die Kommunikation von Maschine zu Maschine (Dust und Wilde 2016). Die vier Stufen lassen sich wie folgt beschreiben (Helmold und Terry 2016):

1. Stufe: Mechanisierung mit Hilfe von Wasserkraft und Dampfmaschinen;
2. Stufe: Massenfertigung auf Basis der Fließbandfertigung und elektrischer Energie;
3. Stufe: Einsatz von Elektronik und Informationstechnik;
4. Stufe: Zeitalter der Digitalisierung durch Maschine-zu-Maschine-Kommunikation.

Das Lieferantenmanagement umfasst in dieser Hinsicht mehrere Teilprozesse, die von der strategischen Ausrichtung über die Lieferantenauswahl bis hin zum Lieferantencontrolling reichen. Diese Teilprozesse werden in Anlehnung an die Studie von Bogaschewsky und Müller, durch die mit sich bringende Vernetzung und Digitalisierung verändert und geprägt werden (Bogaschewsky und Müller 2016; Helmold und Terry 2016). Die Digitalisierung, d. h. Maschine-zu-Maschine-Kommunikation und -Information, dient hier insbesondere zur Absicherung und Steuerung von Lieferketten (Helmold 2013).

Die Technologien der 3. Stufe sind überwiegend fokussiert auf die interne Wertschöpfungskette. Wohingegen Autoren konstatieren, dass der Schwerpunkt der 4. Stufe (Industrie 4.0) in der Steuerung und dem Management von übergreifenden Wertschöpfungsketten und −netzwerken liegt. Eines der Hauptziele unter Berücksichtigung der im Kapitel 2 beschriebenen Megatrends ist die Schaffung von Transparenz in der Supply Chain (BME 2016). Weltweite Prozesstransparenz erlaubt dem Lieferantenmanagement in allen Prozessschritten, Verbesserungen innerhalb der Lieferkette vorzunehmen oder präventiv einzugreifen (Dust und Wilde 2016). Bestehende Systeme konzentrieren sich bereits auf einzelne Transportprozesse, aber noch nicht ganzheitlich auf die gesamte Prozesslandschaft (Helmold und Terry 2016). Logistikanbieter haben durch digitale Technologien die Möglichkeit, Produkte auf dem Transport und Materialströme weltweit einzusehen (engl. Tracking) (DHL 2016). Abb. 8.1 zeigt die evolutionären Schritte der industriellen Revolution bis hin zur Industrie 4.0.

DOI 10.1515/9783110490336-008

Stufen

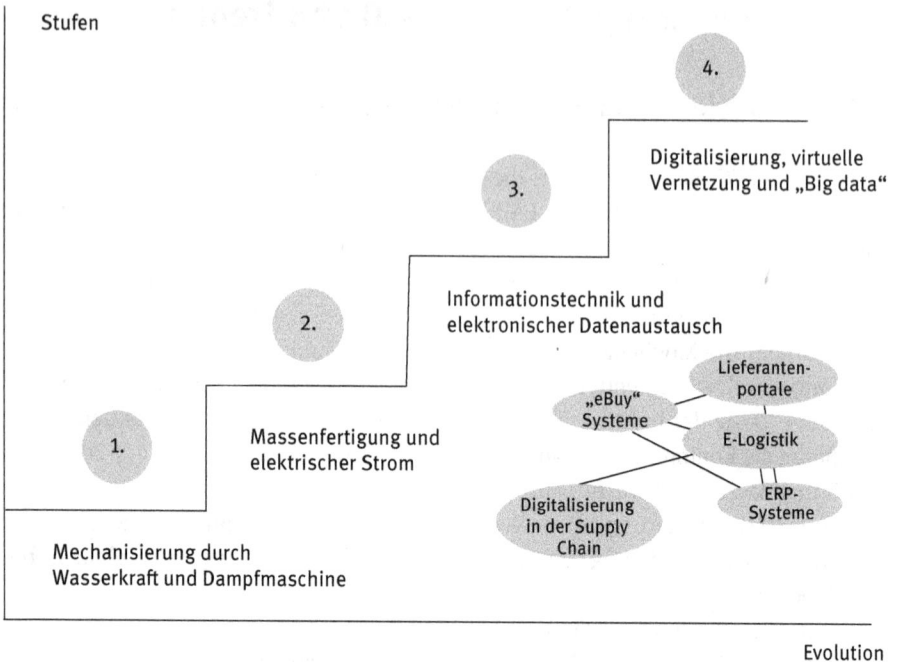

Abb. 8.1: Stufen der industriellen Revolution (Eigene Darstellung)

Helmold betont in seiner Forschungsarbeit, dass die digitalisierte Vernetzung zwingend über alle Wertschöpfungspartner hinaus geschaffen werden muss, um einen reibungslosen und transparenten Prozess zu ermöglichen (Helmold 2013). In einer digitalisierten Lieferkette sind Quellen (Lieferanten) und Senken (Abnehmer) inklusive der vor- und nachgelagerten Prozesse vernetzt (Helmold 2013). Die Verknüpfung beinhaltet E-Logistik Lieferantenportale, ERP-Systeme (engl. Enterprise Resource Planning) und andere Technologien (Helmold 2013). E-Logistik beinhaltet moderne digitale und elektronische Lösungen im Bereich der Logistikkette. Weiterhin lässt sich beobachten, dass die Ausrichtung einer digitalisierten Lieferkette immer von den Kundenanforderungen ausgeht. Das Lieferantenmanagement übernimmt innerhalb der Wertschöpfungskette und Prozesslandschaft die Steuerungs- und Kontrollfunktion (Helmold 2013). Logistikdienstleister werden oftmals in die Lieferkette mit eingebunden, so dass ein effizienter Transport gewährleistet ist (Helmold 2013). Eine der Herausforderungen innerhalb der Digitalisierung ist die Verwendung von großen Datenmengen (engl. Big Data). Daten stehen laut Dust und Wilde inflationär zur Verfügung und müssen durch intelligente Systeme im Lieferantenmanagement geeignet gefiltert werden (Dust und Wilde 2016). Hier ist der Einsatz von IT-Lösungen durch externe Anbieter und Stufenmodellen zu empfehlen (Dust und Wilde 2016). Eine besondere Herausforderung ist aber immer noch die Kompatibilität und Synchronisierung von „Enterprise Resource Planning-Systemen". National und international sind ERP-Systeme zwischen Kunden und Zulieferern i. d. R. noch nicht verzahnt, so dass es hier zu Verschwendungen im logistischen Sinne und Unterschieden bei den Produktionsmengen kommen kann (Helmold 2013). Im internationalen Warenverkehr kommen noch sprachliche Unterschiede der ERP-Systeme dazu wie Helmold (2013) beschreibt. Ein Beispiel der digitalisierten Lieferkette ist das EDIFACT-System in Abb. 8.2 (EDIFACT: Electronic Data Interchange for Administration, Commerce and Technology). EDIFACT ist ein standardisiertes Verfahren zum Datenaustausch in Lieferketten und anderen Prozessen (Dust 2009). Vorteile bestehen in der Integration des EDIFACT-Verfahrens in die vorhandenen IT-Systeme der Zulieferer und Abnehmer. Durch EDIFACT ist die Weiterentwicklung der organisatorischen Abläufe und Prozesse möglich. Ebenso ist das Ziel in diesem Sinne die Überwindung von Informationsbarrieren aller Partner innerhalb der Lieferkette. Durch die Berücksichtigung der wichtigsten Datenformate und -protokolle lassen sich Lieferketten, wie Abb. 8.2 zeigt, transparent abbilden und steuern. Ein anderes System, welches sich insbesondere in Deutschland etabliert hat, ist das SupplyOn-System (SupplyOn 2016). Autoren konstatieren, dass die Steuerung des Wissensmanagement durch Digitalisierung und Vernetzung von Liefer- und Wertschöpfungsketten eine Anforderung an das Lieferantenmanagement 2030 ist, um seine Wettbewerbsfähigkeit beizubehalten (Dust und Wilde 2016). In diesem Kontext werden digitale und standardisierte Lösungen wie SupplyOn helfen, Lieferketten im digitalen Zeitalter und Kundenwünsche effizienter und besser zu steuern (Helmold 2013; SupplyOn 2016).

Beispiel EDI-Nachrichten (EDIFACT)

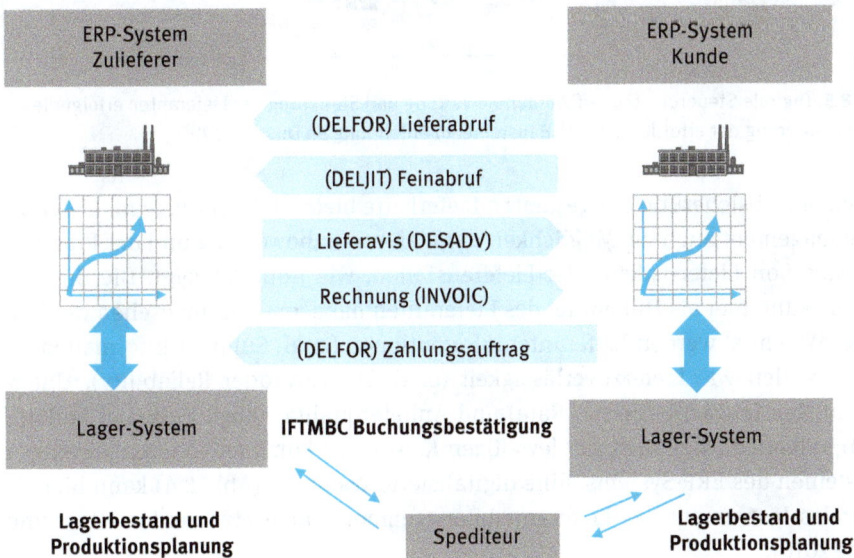

Abb. 8.2: Darstellung virtueller Warenströme (Eigene Darstellung in Anlehnung an Dust (2009))

Zur Steuerung von „big"-Datenmengen wird es als Ergebnis unabdingbar sein, ein intelligentes Verarbeitungssystem über die gesamte Wertschöpfungskette zu haben. Die Grafik zeigt, dass IT-Bausteine implementiert werden müssen, die innerhalb der Wertschöpfungskette kompatibel sein müssen. Eine Lösung kann hier das EDIFACT- oder EANCOM-System sein, welches in Abb. 8.2 zu finden ist. Diese Abbildung zeigt die Anforderungen und Voraussetzungen für die Möglichkeiten des Einsatzes von E-Logistik-Bausteinen in Bezug auf Datennetze, -formate und -übertragung. EDIFACT steht für den elektronischen Austausch von Daten innerhalb von Logistik- und Wertschöpfungsketten (Dust 2009). Eine zentrale Aufgabe des Lieferantenmanagements, der Lieferantenbewertung und des Lieferantencontrollings ist die stetige Erfassung von Leistungsdaten von Lieferanten (Helmold 2013), wie Abb. 8.3 zeigt.

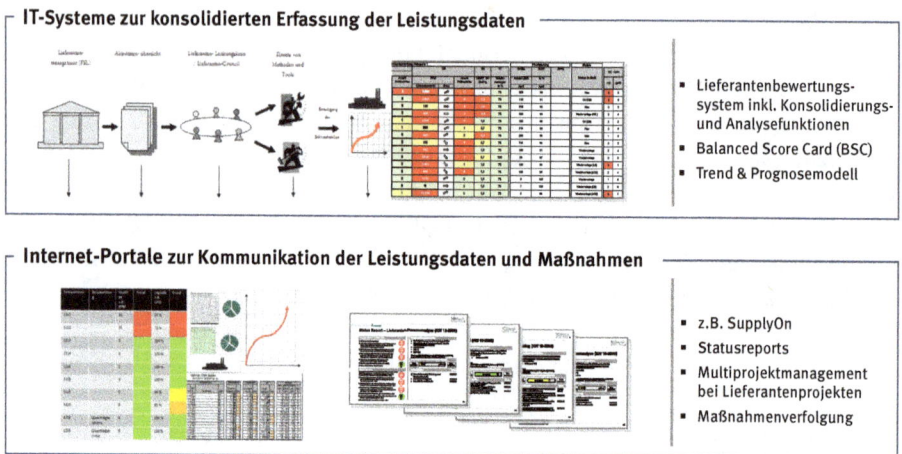

Abb. 8.3: Digitale Steuerung (Zur effizienten Bewertung und Steuerung der Lieferanten erfolgt die Implementierung der erforderlichen IT-Bausteine. In Anlehnung an Dust (2009))

Neben der Absicherung der gesamten Lieferkette bieten E-Werkzeuge im Lieferantenmanagement auch die Möglichkeit der Lieferantenbewertung und der Prognostizierung von Lieferrisiken oder Lieferausfällen, wie Abb. 8.3 zeigt. Die Digitalisierung kann hier als Hilfsmittel des Lieferantenmanagements angesehen werden. In der Watchlist werden Lieferanteninformationen (engl. Supplier Informationen) in Kategorien wie Lieferzuverlässigkeit (engl. Delivery oder Reliability), Unterbrechungen (engl. Disruption Rate) und Anlieferqualität (engl. Parts per Million, PPM) aufgeteilt, die Daten der jeweiligen Kategorien kommen von den jeweiligen Bausteinen des ERP-Systems. Eine digitalisierte Watchlist (Abb. 8.4) kann hier als zentrales Instrument des Lieferantenmanagements eingesetzt werden (Dust und Wilde 2016).

Teilenummer	Beschreibung	Qualität z.B. PPM	Trend	Logistik z.B. OTD	Trend
1111	Konsole	50		95 %	
1112	A-Säule	25		75 %	
1113	B-Säule	0		100 %	
1114	C-Säule	0		100 %	
1115	Innenteil	0		100 %	
1116	Schalttafel	0		100 %	
1118	Lenkrad	0		99 %	
1233	Mittelträger	0		95%	
1234	Querträger rechts	0		100 %	
1235	Querträger links	0		100 %	

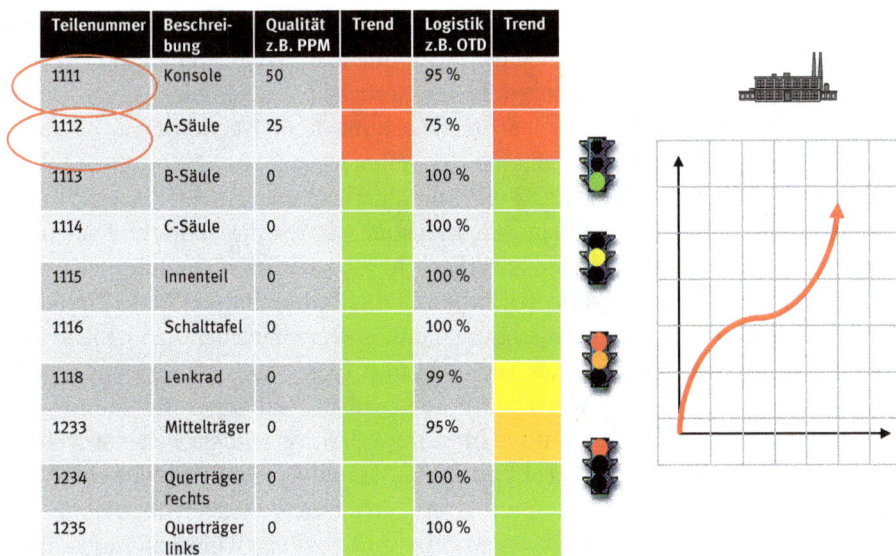

Abb. 8.4: Digitalisierte Watchlist im Lieferantenmanagement (Eigene Darstellung in Anlehnung an Dust (2009))

8.2 Industrie 4.0 im Lieferantenmanagement

In den vorherigen Kapiteln wurde die Verlagerung von Produktionsanteilen auf die Lieferanten beschrieben, was zu einer Verringerung der eigenen Fertigungstiefe und zu mehr Komplexität führt (Dust 2009; Helmold 2013; Emmett und Crocker 2009). Mathematische Modelle und eine stetige Digitalisierung über die komplette Lieferkette hinweg bieten hier Ansatzpunkte zur Planung, Steuerung und Vorhersagen der Bedarfe vom Endkunden bis zum Rohmateriallieferanten (Dust und Wilde 2016). In diesem Zusammenhang bezeichnet der Begriff „Industrie 4.0" (auch bekannt unter den Schlagwörtern „intelligente Produktion" oder „vierte industrielle Revolution") die Digitalisierung von Produktionsabläufen und Logistikprozessen bei der Maschine-zu-Maschine-Kommunikation (Helmold und Terry 2016). Industrie 4.0 ist wie in Kapitel 1 beschrieben die 4. Stufe der industriellen Revolution. Die Einführung von digitalen Medien und Werkzeugen ist laut Experten zwingend notwendig, um die Wettbewerbsfähigkeit national und international zu sichern (Helmold und Terry, 2016). Arbeitskreise bestehen aus Experten und Fachleuten aus Lehre, Forschung, Industrie und Regierung. Innovative Unternehmen haben die Digitalisierung in ihrem Leitbild und der Unternehmensvision integriert (Helmold und Terry, 2016). Im Herbst 2012 wurden der damaligen Bundesregierung Umsetzungs- und Handlungsempfehlungen für unterschiedliche Anwendungsbereiche übergeben. Die Empfehlungen wurden von der Arbeitsgruppe Kommunikation und Forschungsunion unter dem

Vorsitz von Führungskräften aus der Wirtschaft und Industrie erarbeitet und haben einen der Schwerpunkte im Bereich der Steuerung und Verbesserung von Lieferketten (Helmold und Terry 2016). Aufgrund der Wertigkeit und Komplexität von globalen Beschaffungswegen, ist die Transparenzmachung dieser Wege eine von mehreren Hauptaufgaben im Sinne von Industrie 4.0 (Helmold und Terry 2016). Im Frühling 2013 wurde auf der Hannover-Messe das Abschlussfazit mit dem Titel „Umsetzungsempfehlungen für das Zukunftsprojekt Industrie 4.0“ an die deutsche Regierung abgegeben. Die Arbeitsgruppe hat auch nach Abgabe seiner Empfehlungen an dem Projekt Industrie 4.0 weitergearbeitet. Neben der Digitalisierung von Prozessabläufen in der Produktion und der Logistik hat sich die Arbeitsgruppe der Standardisierung im Wissensmanagement gewidmet (Helmold und Terry 2016). Als Ergebnis erhofft man sich eine Stärkung der Wirtschaft in Deutschland und einen Wettbewerbsvorteil zu anderen Ländern. Die Plattform Industrie 4.0 wurde seitdem weiter ausgebaut und steht inzwischen unter der Leitung des BMWi und des BMBF (Internetseite des BME 2016). Zielsetzung der Plattform ist die fortwährende Weiterentwicklung des Begriffes der Industrie 4.0 im Dialog von Gewerkschaften, Wirtschaftsverbänden, Unternehmen, Wissenschaft und Politik. Aus der Sicht von führenden Managern in der Industrie ist der entscheidende Punkt im Wettbewerb mit den Unternehmen aus dem amerikanischen Silicon Valley (Google, Amazon) oder aus China (Alibaba), die Schnittstellen zwischen Kunden und Lieferanten durch ein digitalisiertes Lieferantenmanagement zu „verteidigen“ (BME 2016). Die Einsatzmöglichkeiten im Lieferantenmanagement der Anwendungen von Industrie 4.0 sind mannigfaltig, wie Abb. 8.5 zeigt. Durch die standardisierte Vernetzung werden periodisch die Bedarfe ermittelt und mit der automatischen Erzeugung eines Abrufs an den Lieferanten versandt (Appelfeller und Buchholz 2011). Im Rahmen dieser periodischen Bedarfsermittlung planen die Lieferanten ihre Produktion und versenden die Produkte (Appelfeller und Buchholz 2011). Die Fakturierung erfolgt ebenso automatisch (Appelfeller und Buchholz 2011). Die Grundlage aller Überlegungen im Rahmen der Industrie 4.0 Szenarien ist der unternehmensübergreifende Austausch von Daten und Informationen entlang der Wertschöpfungskette. Diesen Austausch ermöglichen Online-Portale wie „SupplyOn“ bereits in unterschiedlichen Branchen mit diskreter Fertigung, wie zum Beispiel in der Automobilindustrie, der Luft- und Raumfahrtindustrie oder im Maschinen- und Anlagenbau. Auch die europäische Bahnindustrie digitalisiert zunehmend ihre Wertschöpfungskette (Siebenmorgen 2015). Das Portal kann übergreifend in mehreren Sprachen benutzt werden und wird bereits von mehr als 12.000 Unternehmen in den zuvor genannten Branchen eingesetzt (SupplyOn 2016).

Eine Führungskraft kommentierte, „noch habe man über diese Abläufe und Schnittstellen die Hoheit“, doch nur durch die Weiterführung der Digitalisierung könne das so bleiben. Kundenbedürfnisse und Verhaltensmuster werden heute im globalen Maßstab geprägt. Nur wer direkt mit seinen Kunden zeitnah kommuniziert, wird deren Wünsche verstehen; und nur wer sich konsequent an diesen Wünschen orientiert und für die entsprechenden Bedürfnisse die beste Lösung anbietet, wird letztlich im Wettbewerb bestehen können. Als Konsequenz arbeiten zahlreiche Unternehmen an der Weiterführung und Verbesserung der Plattform Industrie 4.0 (BME 2016). Amerikanische (Apple, Google, Facebook, Amazon) und auch chinesische Plattformanbieter (Alibaba) sind mittlerweile weltweit als Pioniere der Digitalisierung bekannt und haben einen sehr großen heimischen Markt (BME 2016). Zu verstehen ist dies als Mahnung an europäische Unternehmen, sich nicht amerikanischen Plattformanbietern wie zum Beispiel Facebook, Apple oder Google auszuliefern, die danach über sämtliche Kundendaten verfügen und die europäischen Anbieter nur noch als Lieferanten von Inhalten oder Produkten ohne die dazugehörigen Serviceangebote nutzen (BME 2016). Das würde in der Folge zu einem erheblichen Margenverfall führen und ist in der Welt der Medien, der Musik oder auch des Tourismus und der Mobilität schon zu beobachten.

Periodische Bedarfsermittlung mit automatischer Erzeugung eines Abrufs durch ERP-System und digitale Vernetzung

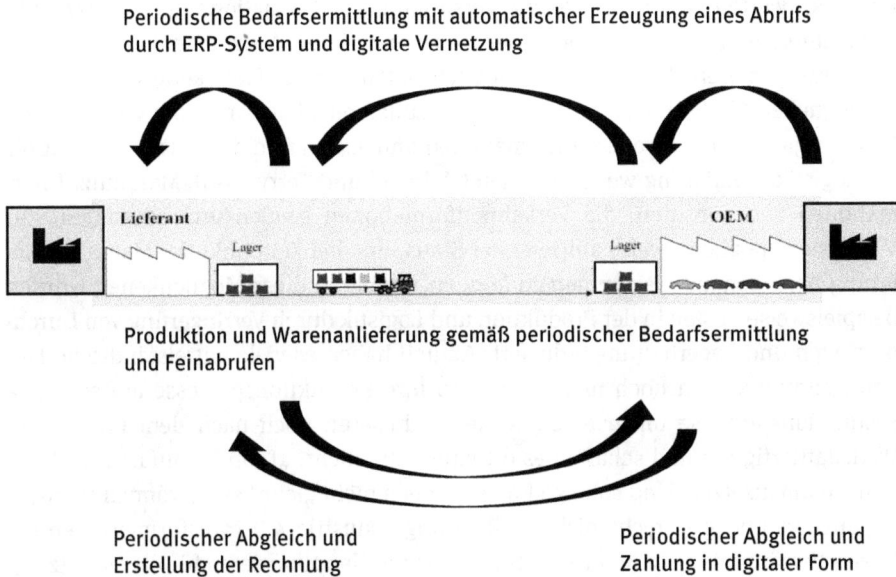

Produktion und Warenanlieferung gemäß periodischer Bedarfsermittlung und Feinabrufen

Periodischer Abgleich und Erstellung der Rechnung

Periodischer Abgleich und Zahlung in digitaler Form

Abb. 8.5: Industrie 4.0 Anwendungen im Lieferantenmanagement (Eigene Darstellung in Anlehnung an Siebenmorgen (2015) und SupplyOn (2016))

In der empirischen Studie von Bogaschewsky und Müller ist jedoch zu erkennen, dass fast die Hälfte aller Unternehmen, insbesondere KMU, noch über keine Industrie 4.0 Strategie verfügen (47,8 %) (Bogaschewsky und Müller 2016). Ebenso ist der Einkauf bzw. das SCM in den wenigsten Unternehmen in die Strategie mit eingebunden. Außerdem konstatieren beide Autoren, dass die Zielsetzung der befragten Unternehmen nur in ca. 50 % der Fälle zur Verbesserung der Kundenzufriedenheit dienen soll (Bogaschewsky und Müller 2016). Als Schlussfolgerung ist zu erkennen, dass einige Unternehmen (engl. First Movers, Best Practice) den Zögerern (Zauderern oder engl. Laggards) weit voraus sind und sich so einen Wettbewerbsvorteil sichern werden (Bogaschewsky und Müller 2016). Neben dem Produktentstehungsprozess und der Produktionsplanung können Anwendungen in der synchronen Planung von virtuellen Produktionssystemen oder in der Kollaboration in der Lieferkette eingesetzt werden. Insbesondere in der Produktentstehung sehen zahlreiche Autoren immense Einsparpotenziale in der Zukunft für Hersteller und Schlüssellieferanten. (Dust 2009; Helmold und Terry 2016). Für die Hebung dieser Potenziale sind sogenannte „intelligente" Fabriken (oder Produktionssysteme) und Lieferketten notwendig (Helmold und Terry 2016). In einer intelligenten Fabrik (engl. Smart Factory) werden große Mengen an Daten erfasst (z. B. Informationen von Maschinen, Computern, Werkzeugen, Lagersystemen, Anlagen etc.), die zur Prognose des konkreten Bedarfszeitpunkts an Material bzw. Produktkomponenten verarbeitet werden können. Hier besteht die Herausforderung darin, die richtigen Daten zu identifizieren und auszuwerten, um mit diesen die Versorgung der Produktion mit den notwendigen Materialien und Produktkomponenten zu optimieren. Nutzt man dafür nicht nur die intern generierten Daten, sondern auch Daten aus der Lieferkette von externen Datenquellen (z. B. Auslieferungsläger und Zulieferer), kann man die vorhandenen Daten sogar noch um weitere Informationen anreichern und damit ihre Qualität für die Logistikoptimierung weiter erhöhen (Helmold und Terry 2016). Man nutzt Informationen von Sensoren, die Verkehrsinformationen senden und auswerten, zur Vorhersage möglicherweise auftretender Staus, um den Zeitpunkt der Materialanlieferung noch genauer bestimmen zu können. Durch all diese Möglichkeiten würden beispielsweise Kosten in der Produktion und Logistik durch Verringerung von Durchlaufzeiten und Lagerhaltung reduziert. Aktuell haben es viele mittelständische Fertigungsunternehmen noch nicht geschafft, ihre Produktionsprozesse auf schlanke Produktionsprozesse umzustellen. Viele produzieren noch nach dem Prinzip der Werkstattfertigung und schaffen es oft langfristig nicht, „Lean Manufacturing"-Initiativen umzusetzen. Und solange Prozesse noch nicht „lean" sind, können sie nicht digitalisiert und erst recht nicht in Richtung Industrie 4.0 transformiert werden. Dieses Versäumnis stellt laut Herrn Hofer eine der Hauptbarrieren für die Umsetzung von Optimierungsmaßnahmen dar. Auch gibt es aktuell nicht viele Unternehmen, die ihre Produktstammdaten gut gepflegt haben. Wenn man allerdings die Produktion weiter in Richtung Automatisierung bzw. Industrie 4.0 entwickeln will, brauchen die Produktionssysteme valide, konsistente Daten und Informationen, damit die IT automatische Entscheidungen treffen kann. Dabei bedarf es nicht nur gut gepflegter, stimmiger Stammdaten, sondern auch detaillierter Angaben über bestehende Produktbeziehungen, Arbeitspläne und auch alternative Arbeitspläne, für die Fälle, dass ein bestimmter Produktionsprozess nicht funktioniert oder ein bestimmtes Teil nicht lieferbar ist, so dass Ersatzpläne angewandt oder andere Teile verbaut werden können. Ein weiterer Grund, warum sich viele Fertigungsunternehmen schwer tun, ihre Produktionsprozesse zu automatisieren, besteht in der mangelnden Modularität,

d. h. Baukastenstruktur, ihrer Produkte. Um aber den Kunden und ihren Forderungen nach immer größerer Produktvielfalt gerecht zu werden (Stichwort: Losgröße 1) ist es notwendig, Produkte in sauber definierte Standardkomponenten zu zerlegen, damit diese möglichst (produktionskosten-)effizient und kundenindividuell konfiguriert werden können. Da für eine Automatisierung der Produktion ohnehin exakt definierte Produktbestandteile sowie Prozessabläufe Voraussetzung sind, braucht es für das Aufsetzen der Produkte in Baukastenstruktur beherzte Entwicklungschefs, die bereit sind, den hohen Aufwand zu investieren. Denn ohne exakt definierte Produktbestandteile kein Industrie 4.0.

8.3 Die 10 Zukunftstrends im Lieferantenmanagement in China

Zukunftstrend 1: China wird sich als globaler Beschaffungsmarkt bis 2030 behaupten

Obwohl makroökonomische Entwicklungen zeigen, dass die wirtschaftliche Leistung in China in den kommenden Jahren nur noch moderat steigt, sind die Prognosen und Rahmenbedingungen für die Zukunft noch sehr positiv (AHK 2016). Chinesische Unternehmen und Zulieferer haben verstanden, dass sie sich auf dem Weltmarkt behaupten müssen (Helmold und Terry 2016). Daher haben viele Zulieferer in China Aktivitäten veranlasst, um sich in globalen Märkten zu behaupten. Diese Trends und Aktivitäten sind:

- Spezialisierung
- Technologisierung
- Diversifizierung von Abnehmern
- Automatisierung
- Lokalisierung in der Beschaffung
- Optimierung von Logistikketten
- Modernisierung
- Digitalisierung

Chinesische Zulieferer möchten durch Spezialisierung in der Produkt- und Prozesskompetenz Innovationsführer und Pionier sein, so dass sich hieraus Wettbewerbsvorteile ergeben (Helmold und Terry 2016).

Zukunftstrend 2: Spezialisierung der Lieferanten und Angebotsoligopole

Ein Trend in Industrien wie der Automobil-, Luftfahrt- und Bahnindustrie ist die zunehmende Spezialisierung von Zulieferern. In komplexen und diffizilen Produktbereichen (z. B. Tür- oder Bremssysteme) gibt es meist nicht mehr als zwei oder drei Anbieter über Ländergrenzen hinweg. Parallel werden die Lieferanten- und

Materialgruppenstrategien dazu genutzt, sich auf wenige und partnerschaftliche Lieferanten auszurichten. Zusätzlich werden Kompetenzen an Zulieferer weiter abgegeben. Aufgrund dieses Trends findet in zahlreichen Liefermärkten eine Konsolidierung statt. Die zunehmende Konzentration auf wenige Partner führt automatisch zu einer Trio-, Duo- und Monopolisierung in bestimmten Produktsegmenten und in ihren Lieferketten. Auch werden Lieferanten durch Plattformkonzepte und Modulbaukästen früh in den Produktentstehungsprozess mit eingebunden, so dass der Trend zu Angebotsoligopolen gehen wird (Helmold 2010, 2013).

Zukunftstrend 2: Virtuelle, übergreifende und digitalisierte Netzwerke
Im Lieferantenmanagement 2030 sind Lieferantenmanager virtuell vernetzt und verarbeiten Informationen und umfangreiche Datenmengen in Echtzeit und virtuell. Lieferantenmanager werden daher neue Kompetenzen erlernen müssen, um die virtuellen Netzwerke effizient zu steuern. Darüber hinaus wird es unternehmensübergreifende Kooperationen und Einkaufsverbunde geben, insbesondere in Projekten mit hohen Investitionen (z. B. Einkaufskooperationen von Siemens und Stadler für die SB-Bahn Berlin, Einkaufsverbund von Fiat und Chrysler), in denen globale Strategien regional exekutiert werden. Das Lieferantenmanagement 2030 wird daher folgende Kriterien erfüllen müssen:
- Das Lieferantenmanagement der Zukunft ist über Regionen, Kontinente und Zeitzonen vernetzt.
- Das Lieferantenmanagement 2030 ist virtuell vernetzt und nutzt intelligente und digitale Werkzeuge (z. B. unter Nutzung von SupplyOn).
- Die globale Vernetzung findet intra- und interunternehmensseitig statt, d. h. innerhalb eines Unternehmens aber auch übergreifend.

Zukunftstrend 4: Das Lieferantenmanagement wird in die Unternehmensstrategie eingebunden – das Lieferantenmanagement übernimmt eine zentrale Rolle
Wie in Kapitel 1 beschrieben findet in vielen Unternehmen im Bereich des Einkaufs und der Beschaffung momentan ein Umdenken und eine Neuausrichtung statt (Hofbauer et al. 2012). Obwohl dieser Paradigmenwechsel noch nicht von allen Unternehmensführern verstanden und umgesetzt worden ist, wird sich dieser Trend massiv auf die Wettbewerbsfähigkeit des eigenen Unternehmens auswirken (Helmold 2013). Das Lieferantenmanagement 2030 steuert in der Regel 80 % der Wertschöpfung (durch Lieferanten), so dass ihm eine tragende und zentrale Rolle innerhalb der Unternehmung zugeschrieben werden muss (Dust 2009). Viele Unternehmen verschreiben sich dem Leitbildwechsel, haben dem Lieferantenmanagement aber noch nicht die zentrale Führungsrolle zugeschrieben. Zwar wird neben der Implementierung wirkungsvoller Supply Chain Prozesse das Einkaufsmanagement verstärkt als Lieferantenmanagement betrachtet, jedoch haben die meisten Unternehmen noch nicht verstanden, dass ein Leitbildwandel mit den notwendigen Veränderungen notwendig ist (Helmold

2013). Das Lieferantenmanagement wird laut Wirtschaftsexperten in einigen Jahren als wichtiger Bestandteil des Innovationsmanagement innerhalb der Produktentstehung fungieren, welches sich durch immer kürzere Projektzyklen und variierten Kundenwünschen auszeichnet. D. h., strategische Lieferanten erhalten immer mehr den Status von gleichwertigen Partnern, die zum Erfolg eines Unternehmens beitragen. Unternehmen der Zukunft verstehen, dass ein innovatives Lieferantenmanagement ein Differenzierungsmerkmal ist und die Wettbewerbsfähigkeit sichert (Dust 2009; Helmold 2013).

Zukunftstrend 5: Nachhaltigkeit und Corporate Social Compliance (CSR) in der Lieferantenkette als Grundlage für Entscheidungsgrundlagen und der Bindung von Kunden

Unternehmen der Zukunft verpflichten sich zu einem nachhaltigen Wirtschaften (Helmold 2010). Dieses zielt u. a. auf die Einhaltung von Gesetzen, ökologischen Standards, der Einhaltung von Menschenrechten und einer nachhaltigen Beschaffung. Galt der Begriff der „ökologischen oder grünen Beschaffung" (engl. Green oder Clean Procurement) in den frühen Jahren des Lieferantenmanagements unter den Führungskräften noch als Zielvorgabe, hat er sich mittlerweile zu einem unaufhaltsamen Trend entwickelt. Unternehmen, die nicht nachhaltig wirtschaften und einkaufen, werden von den Kunden bestraft wie Beispiele aus der Textil- und Spielzeugindustrie zeigen (Helmold 2010). Kein Kunde in der Welt möchte sehen, dass seine Kleidung durch minderjährige Kinder gefertigt worden ist (Helmold 2010). Nachhaltigkeit ist eine Notwendigkeit und muss von Lieferanten berücksichtigt werden. Dies geschieht nicht zuletzt aufgrund von Normen, staatlicher Auflagen bzw. des Drucks seitens der Kunden. Unternehmen wie Siemens, Volkswagen oder Bosch haben einen „Code of Conduct oder Ethics", der mit einer starken Gewichtung in die Lieferantenbewertung fällt. Unternehmen wie Bombardier führen Audits durch, um Nachhaltigkeit in der Lieferantenkette zu gewährleisten (Helmold 2013). Diese Determinanten führen dazu, dass Nachhaltigkeit einer der Trends des Lieferantenmanagements der Zukunft sein wird (Helmold 2013).

Zukunftstrend 6: Kompetenzanspruch an Lieferantenmanager und Fachkräftebedarf

Schon seit einigen Jahren ist der Fachkräftemangel im Lieferantenmanagement, Einkauf und der Beschaffung sichtbar. Darüber hinaus führen Veränderungen in Unternehmen zu einem partnerschaftlichen Leitbild im Lieferantenmanagement automatisch zu einer Aufwertung der Einkaufsfunktion (Helmold 2013). Insbesondere durch die Verlagerung interner Produktionsprozesse auf die Lieferkette muss der Lieferantenmanager von morgen Kompetenzen in diversen Bereichen haben. Dieses führt automatisch zu einer Aufwertung des Lieferantenmanagers. Hochschulen wie die FOM Hochschule oder der BME haben diese Notwendigkeit verstanden und bieten spezifische Seminare bzw. Studiengänge an, um den Mangel an Fachkräften zu beseitigen (Helmold 2013). Neben diesen Kompetenzen spielen internationale Kompetenzen sprachlich und kulturell eine größere Rolle im Lieferantenmanagement, insbesondere bei der Beschaffung in Märkten wie China oder Japan (Helmold 2016).

Zukunftstrend 7: Mit dem Leitbildwechsel verändert sich die Rolle des Einkäufers zum Lieferanten- und Risikomanager

Für die Sicherstellung der Wettbewerbsfähigkeit in den Bereich Q-K-L-E hat der Lieferantenmanager von morgen eine tragende Verantwortung im Bereich des Lieferantenmanagements. In einer zunehmenden digitalen und globalisierten Wirtschaft und der Spezialisierung von Lieferantennetzwerken wird die präventive Vermeidung von Lieferausfällen und Störungen eine zentrale Rolle spielen. In diesem Spannungsumfeld ist das Lieferantenmanagement immer mehr als Risikomanagement zu betrachten wie Dust konstatiert (2009). Mögliche Störfälle, Zukunftsprognosen und potenzielle Risiken müssen mit der Unterstützung von digitalen Instrumenten und geeigneten Kennzahlen analysiert, detektiert, vermieden und korrigiert werden (Dust 2009; Gürtler und Spinler 2013; Helmold 2013).

Zukunftstrend 8: Digitalisierung im Lieferantenmanagement

Das Lieferantenmanagement der Zukunft steht vor einer zunehmenden Digitalisierung und Informatisierung wie Dust und Wilde (2016) in ihrem Artikel über Wissensmanagement beschreiben. Wertschöpfungsketten werden in Zukunft digital, online und dezentral gesteuert werden. Dieser Trend wirkt sich auf die gesamte Lieferkette aus. Der Trend im Lieferantenmanagement 2030 geht

–   in die Richtung einer digitalisierten und vernetzten Lieferkette;
–   hin zu Online-Portalen wie SupplyOn und Industrie 4.0;
–   hin zu vernetzten Lieferantenmanagern, die weltweit die Lieferkette digital und in Echtzeit einsehen können;
–   hin zu neuen Anbietern wie Alibaba.

Unternehmen, die diesen Trend nicht berücksichtigen, werden früher oder später aus dem Markt gedrängt werden.

Zukunftstrend 9: Fokus auf Wertschöpfung

Wertschöpfend sind die Aktivitäten und Prozesse, für die der Kunde bereit ist eine Leistung oder einen Preis zu zahlen (Helmold 2010). Das Gegenteil von Wertschöpfung (engl. Value Add) ist Verschwendung, die in offene und versteckte Wertschöpfung unterschieden wird (Helmold und Terry 2016). Ziel eines innovativen Lieferantenmanagements ist es, die Aktivitäten so zu steuern, dass verschwendende Aktivitäten innerhalb der Wertschöpfungsnetzwerke eliminiert werden. Insbesondere bei chinesischen Lieferanten lassen sich aufgrund von langen Logistikketten meist zahlreiche Ansatzpunkte zur Optimierung in diesem Feld identifizieren (Helmold und Terry 2016). Darüber hinaus lässt sich in dem Fertigungsprozess sowie in der Beschaffung Verbesserungspotenzial identifizieren (Helmold 2016). Durch die lokale Beschaffung von Rohprodukten und Halberzeugnissen können Importkosten vermieden werden. Ebenso führt die Lokalisierung meist zu einer stabileren Logistikkette (Helmold und Terry 2016). Werden Wertschöpfungsanteile schon innerhalb der Produktentwicklung abgegeben, so erhöhen sich die wertschöpfenden Aktivitäten um ein vielfaches (Helmold und Terry 2016). Auch innerhalb der Produktion sind Fortschritte durch Eliminierung der Verschwendung und durch eine zunehmende Automatisierung sichtbar. Trotz steigender Lohnkosten und anderer demographischer Faktoren sind die Faktorkosten noch vorteilhafter als in Europa oder anderen westlichen Industrienationen. Eine stark ansteigende Maturität in Bereichen wie die Automobilindustrie, den Maschinenbau, dem Bahnsektor oder der Luftfahrt werden Unternehmen noch mehr dazu bewegen, Produkte und Systeme in China zu beziehen (Helmold und Terry 2016).

Zukunftstrend 10: Traditionell denkende Unternehmen werden aus dem Markt gedrängt

Schon heute zeigt sich ein Trend, dass Unternehmen, die im Lieferantenmanagement rein kurzfristig agieren und rein kostengesteuert handeln signifikante Marktanteile verlieren (Dust 2015). Außerdem zeigt sich, dass Unternehmen ohne eine langfristige und nachhaltige Chinastrategie ebenso Marktanteile verlieren (Helmold 2016). Es lässt sich in vielen Sektoren beobachten, dass sich zahlreiche Unternehmen am Scheideweg befinden und die Weiterführung der Chinaaktivitäten in Frage stellen (Helmold und Terry 2016). Auch wenn die Kosten für Chinaoperationen im Lieferantenmanagement relativ hoch sind, ist es zwingend notwendig, den Beschaffungsmarkt weiterhin zu analysieren und aktiv zu nutzen (Helmold und Terry 2016). Dazu muss das Lieferantenmanagement partnerschaftliche und langfristige Geschäftsbindungen mit chinesischen Zulieferern aufbauen und pflegen. Unternehmen, die in jedem Projekt ihre Lieferanten vordergründig auf Basis der niedrigsten Bezugskosten neu selektieren, werden in der Zukunft nicht überleben (Helmold und Terry 2016). Aufgrund der Spezialisierung von Lieferanten und der Bildung von Angebotsoligopolen sind langfristige Partnerschaften eine unabdingbare Notwendigkeit wie mehrere Autoren prognostizieren (Helmold und Terry 2016; Hofbauer et al. 2012; Emmett und Crocker 2009). Innerhalb dieser Wertschöpfungsbeziehung müssen Teilfunktionen der Leistungserstellung wie Beschaffung, Fertigung und Logistik stetig reflektiert und verbessert werden (Helmold 2016). Insbesondere chinesische Lieferanten zeigen in diesem Kontext eine extrem hohe Kundenbindung und Kollaboration (Helmold 2016).

Abb. 8.6: Dr. Marc Helmold und CPO von Bombardier in China (Foto: Helmold (2016))

Abb. 8.6 zeigt den Chief Procurement Officer, Benedict Lannoye, von Bombardier Transportation und den Leiter des Einkaufsbüros in China, Dr. Marc Helmold, bei einem Besuch des Joint Ventures Bombardier Sifang Transportation in Qingdao.

Literaturverzeichnis

Aberdeen Group (2005). Assuring Supply and Mitigating Risks in an Uncer-tain Economy. *Supply Risk Management Benchmark*. Boston. 11/2005.

Adenso-Diaz, B., Mena, C. H., Garcia, S., Liechty, M. (2012). Supply Chain Management: The Impact of Supply Network Characteristics on Reliability. *An International Journal*, 17 (3), 1–36.

AHK (2016). *Economic and demographic data. German Chamber of Industry and Commerce.* Retrieved April 8, 2016, from www.china.ahk.de/.

Ahmadjian, Ch. & Lincoln, E. J. (1997). *Changing firm boundaries in Japanese auto parts supply networks*. Academic Commons by Columbia University Libraries. Working Paper, 5–8.

Ahmadin, Ch. & Lincoln, E. J. (2001). *Keiretsu, Governance, and Learning: Case Studies in Change from the Japanese Automotive Industry*. Organization Science, 12 (6), 683–701.

Automobilproduktion (2012). 11. Fachtagung Einkauf für Fach- und Führungskräfte. 11.–12. März 2012.

Behrendt, J. W. (1996). Strategische Allianzen. Allianzen im Einkauf bisher wenig gefragt. Beschaffung aktuell, 11, 8–9.

(Blank und Seider, 2016). Basis eines erfolgreichen Total-Cost-Managements. Abgerufen am 15.9.2016. http://www.beschaffung-aktuell.de/home/-/article/16537505/26951402/Basis-eines-erfolgreichen-Total-Cost-Management/art_co_INSTANCE_0000/maximized/

Blackhurst, J. V., Scheibe, K. P. & Johnson, D. J. (2008) Supplier risk assessment and monitoring for the automotive industry. *International Journal of Physical Distribution & Logistics Management*, 38 (2), 143–165.

Blokdijk, G. & von Emero, I. M. (2008). *Supplier Management Best Practice Handbook: Evaluating, Sourcing, Managing and Delivering Supplier Excellence in Relationships, Quality and Costs – Ready to Use Bringing Theory into Action*. Brisbane, Australia: Emero Publishing.

Böhler, J. (2012). *ICE-Lieferprobleme: War der Zeitplan zu ambitioniert? Abgerufen am 28.* Dezember 2012 von www.produktion.de/unternehmen-maerkte/ice-lieferprobleme-war-der-zeitplan-zu-ambitioniert.

Bogaschewsky, R. & Müller, H. (2016). *Industrie 4.0: Wie verändern sich die IT-Systeme in Elnkauf und SCM? Universität Würzburg und HTWK Leipzig mit den Partnern BME, BMÖ*. 03/2016.

Bombardier Transportation (2010). Presentation to the Assembly of Bombardier Executives. 06/2010.

Bombardier Transportation (2012). Business critical suppliers 01/2013, Internal business critical report.

Bombardier Transportation (2013). Business critical suppliers 07/2012, Internal business critical report.

Bombardier Transportation (2012). Report on LCCS cost reduction potentials in China and Eastern Europe.

Bombardier Transportation (2015). Bombardier in China. Company Brochure China.

Bothard, C. C., Warsing, D. P., Flynn, B. B. & Flynn, E. J. (2009). The impact of supply chain complexity on manufacturing plant performance. *Journal of Operations Management*, 27, 78–93.

Buscher, R. (1999). *Management in Einkauf und Logistik. Automobil- und Zuliefererindustrie. Zulieferer für partnerschaftliche Gestaltung der Prozesskette. Wie identifiziert man die leistungsfähigsten Zulieferer*. Beschaffung aktuell, 10, 8–10.

Wang, Qun (2016). Businesslawyer. Dispute Resolution in China. Retrieved September, 16th, 2016 from www.businesslawyerinchina.com/Dispute Resolution in China./.

Cantos, P. & Maudos, J. (2001). Regulation and efficiency: The case of European railways. *Transportation Research Part A: Policy and Practice*, 35 (5), 459–472.

Christopher, M. & Peck, H. (2004). Building the resilient chain. *International Journal of Logistics Management*, 15 (2), 1–5.

Christopher, M. (2005). *Logistics and Supply Chain Management. Creating Value-Adding Networks*. London: Financial Times Prentice Hall.

Christopher, M. & Mangan, J. (2005). Developing the Supply Chain Manager of the Future. *The international Journal of Logistics Management*; 16 (2), 135–152.

Choi, T. Y., Dooley, K. J. & Rungtusanatham, M. (2001). Supply networks and complex adaptive systems: control versus emergence. *Journal of Operations Management*, 19 (3), 351–366.

Chongvilaivan, A. (2012). Thailand's 2011 flooding: Its impact on direct exports and global supply chains, *Working Paper 11312, Asia-Pacific Research and Training Network on Trade (ARTNeT)*. Retrieved December 31, 2012, from www.unescap.org/tid/artnet/pub/wp11312.pdf.

Chopra, S. & Sodhi, M. S. (2004). Managing risk to avoid supply chain breakdown. *MIT Sloan Management Review*, 46 (1), 53–61.

Choy, K. L., Lee, W. B. & Lo, V. (2003). *Design of a case based intelligent supplier relationship management system – the integration of supplier rating system and product coding system*. Expert Systems with Applications, 25, 87–100.

CNN (2016). *Lagarde´s comments on China´s volaitility of stock markets. IMF gives out a warning on China´s stock markets*. Retrieved February 2, 2016, from www.money.cnn.com/2016/01/21/news/economy/china-volatility-christine-lagarde-markets-economy/index.html.

Colicchia, C. & Strozzi, F. (2012) Supply chain risk management: A new methodology for a systematic literature review, Supply Chain Management. *An International Journal*, 17 (4), 403–418.

Connor, M. (2010). *Toyota Recall: Five Critical Lessons. The Magazine of Corporate Responsibility*. Retrieved October 28, 2010, from www.business-ethics.com/2010/01/31/2123-toyota-recall-five-critical-lessons/.

DHL (2016). IncoTerms 2010. Abgerufen am 30. März 2016 von www.dhl.de.

Duddenhöfer, F. (2009). *Autoverkaufsfront steht 2010 ein düsteres Szenario bevor. Absatzwirtschaft online*. Abgerufen am 28. Oktober 2012 von www.uni-due.de/car/publikationen_2009.php.

Dust, R. (2009). *Process and cost potentials through Total Supplier Management. A study of the degree of implementation and the contribution of supplier management to safeguarding competitiveness and corporate success*, 11/2009, 1–35.

Dust, R. (2010). *Vorlesungsmanuskript Supply Chain Management. Intermodaler Verkehr der Hochschule Heilbronn*.

Dust, R., Gleiser, M. & Gürtler, B. (2010). *Total Supplier Risk Monitoring. Lieferfähigkeit präventiv absichern. MQ, Magazine for Quality and Management*, 1–2, 27–29.

Dust, R., Goldschmidt, J. P. & Gürtler, B. (2011). *Total Supplier Risk Monitoring – Datenqualität als zwingende Grundlage einer effektiven Lieferantenbewertung. Qualität und Umweltmanagement*, 10/2011, 10–11.

Dust, R. (2015). *Theorie- und Praxis-Erfahrungen aus der erfolgreichen Umsetzung eines modernen Lieferanten- und Risikomanagements*. BMENet Guide, 06/2015.

Dust, R. & Wilde, M. (2016). *Wissensmanagement im Lieferantenmanagement. Beschaffung aktuell*, 02/2016, 12–13.

Dyer, J. H. (1996). Specialized Supplier Networks as a Source of Competitive Advantage: Evidence from the Auto Industry. *Strategic Management Journal*, 17 (4), 271–291.

Dyer, J. H. (2000). *Collaborative Advantage. Winning through extended Enterprise Supplier Networks*. New York, Oxford University Press, 21, 71–87.

Ellram, L. M. & Liu, B. (2002). The financial Impact of Supply management. *Supply Chain Management Review*, 6 (6), 30–36.

Ellram, L. M. & Cooper, M. C. (1990). The Relationship between Supply Chain Management and Keiretsu. *International Journal of Logistics Management Review*, 4 (1), 1–12.

Emmett, St. & Crocker, B. (2009). *Excellence in Supplier Management. How to better manage contracts with suppliers and add value. Best practices in Supplier Relationship and Supplier Development*. Cambridge: Cambridge Academic.

Esa (2014). *United Nations Department of Economic and Social Affairs/Population Division: World Urbanization Prospects*: The 2014 Revision. Retrieved Abgerufen am 16.9.2016, from http://esa.un.org/unpd/wup/Highlights/WUP2014-Highlights.pdf.

Eyholzer, K., Kuhlmann, W., Münger, T. (2002). *Wirtschaftlichkeitsaspekte eines partnerschaftlichen Lieferantenmanagements*. In: Hildebrand, K. (2002). Heidelberg: Gabler.

Freitag, M. (2004). *Toyota. Formel Toyota. Manager Magzin*, 12, 12–14.

Geodis (2016). *Eurasische Transportlogistik. Präsentation von Geodis*. Logistikkanäle von China nach Europa. Präsentation von dem Logistikunternehmen Geodis in Shanghai.

Glickman, T. S. & White, S. C. (2006). Security, visibility and resilience: The keys to mitigating supply chain vulnerabilities. *International Journal of Logistics Systems and Management*, 2 (2), 107–119.

Grant, D. (2010). *Honda recall airbags: Recall expands to another 438,000 vehicles. The Christian Science Monitor*. Retrieved October 28, 2012, from www.csmonitor.com/Business/2010/0210/Honda-recall-airbags-Recall-expands-to-another-438-000-vehicles.

Greer, B. M., Maltbia, T. E. & Scott, Ch. L. (2006). Supplier diversity: A missing link in human resource development. Human Resource Developmentt, 17 (3), 325–341.

Greiml, H. (2010). *The Toyota recall crisis. Toyota recalls 1.1 m vehicles to fix floor mats*. Automotive News, 12–15.

Gürtler, B. & Spinler, S. (2010). A network oriented investigation of Supply Risk and Implications to Supply Risk Monitoring. *International Journal of Production*, 12, 1–27.

Gunasekaran, A., Patel, C. & McGaughey, R. E. (2004). A framework for supply chain performance measurement. *International Journal of Production*, 87, 333–347.

Hamm, V. (1998). *Management in Einkauf und Logistik. Bedeutungszuwachs durch Globalisierung und reduzierte Fertigungstiefe. Zukunftsperspektiven des Einkaufs*. Beschaffung aktuell, 7, 13–16.

Harland, C., Brenchley, R. & Walker, H. (2003). Risk in supply networks. *Journal of Purchasing and Supply management*, 9 (2), 51–62.

Haslett, E. (2011). *Eurostar back on the rails despite snow outage*. Retrieved October 28, 2012, from http://www.managementtoday.co.uk/eurostar-back-rails-despite-snow-outage/article/1049498.

Helmold, M. (2011). *Handbuch der strategischen Lieferantenentwicklung. Wettbewerbsvorteile durch ein wertschöpfendes, integratives und Best-in-Class Lieferantenmanagement*. Aachen: Shaker.

Helmold, M. & Klumpp, M. (2012). *Schlanke Prinzipien im Lieferantenmanagement. Institut für Logistik der Hochschule für Ökonomie und Management (FOM)*. Schriftenreihe Logistik-forschung, 22. November 2011.

Helmold, M. (2013). *Claim-Management in der Praxis. FM Logistik-Magazin*, 1–2, 75–76.

Helmold, M. (2014a). *Erfahrungen aus der Bahnindustrie. Lieferantenmanagement in China*. Beschaffung aktuell, 03/2014, 22–25.

Helmold, M. (2014b). *Establishing a best-practice model of supplier relationship management (SRM) in multinational companies in the European transportation industry*. Berlin: Wissenschaftlicher Verlag.

Helmold, M. (2016). *Geht dem Drachen die Puste aus. Ausnutzung von Kosten- und Nutzenvorteilen in China. In: Best in Procurement (BIP). Offizielles Magazin des Bundesverbandes für Material-wirtschaft, Einkauf und Logistik (BME)*. II/2016.

Helmold, M. & Terry, B. (2016b). *Lieferantenmanagement 2030. Wertschöpfung und Sicherung der Wettbewerbsfähigkeit in digitalen und globalen Märkten*. Wiesbaden: Springer Verlag.

Helmold, M. & Terry, B. (2016a). *Global Sourcing and Supply Management Excellence in China*. Singapur: Springer Verlag.

Hendricks, K. B. & Singhal, V. R. (2005). An empirical analysis of the effect of supply chain disruptions on long-run stock price performance and equity risk of the firm. *Production Operations Management*, 21 (5), 501–522.

Hittle, B. & Leonard, K. M. (2011). Decision making in advance of a supply chain crisis. *Management Decision*, 49 (7), 1182–1193.

Hofbauer, G. et al. (2012). *Lieferantenmanagement. Die wertorientierte Gestaltung der Lieferbeziehung* (2. Aufl.). München: Oldenbourg Verlag.

Holtmann, J. (2003). *Trendanalyse: die wachsende Bedeutung von Einkauf und Beschaffung*. Einkaufsmanager. Abgerufen am von 16.09.2016 www.einkaufsmanager.net/lieferantenmanagement/trendanalyse-die-wachsende-bedeutung-von-einkauf-und-beschaffung-6915.html.

Hulfish, H. & Smith, P. (1961). *Reflective Thinking. The method for education*. New York: Dodd, Mead.

ICC (2013). *China Portal für Wirtschaft und Kultur. Business-Knigge in China. Vitamin B in China?* Guanxi. Abgerufen am 16.09.2016 von http://interculturecapital.de/business-knigge-fur-china-vitamin-b-auf-chinesisch-guanxi.

Imai, M. (1986). *Kaizen. Der Schlüssel zum Erfolg der Japaner im Wettbewerb*. Frankfurt: Ullstein.

CNN (2016). CNN-Homepage. Abgerufen am 16.9.2016 von www.cnn.com.

James R., Lincoln, M. L., Takahashi, G. & Takahashi, P. (1997). Keiretsu Networks in the Japanese Economy: A Dyad Analysis of Intercorporate Ties. *American Sociological Review*, 57 (5), 561–585.

Jaspers, F. (2007). Case study research: Some other applications besides theory building. *Journal of Purchasing & Supply Management*, 13 (3), 210–212.

JD Power (2011). *Quality report of brands. JD Power Report 2011*. Retrieved October 15, 2011, from www.jdpower.com/autos/ratings/quality-ratings-by-brand/.

Jing, J. (2011). *China's new high-Speed rail plagued by power outages. Epoch Times*. Retrieved October 28, 2012, from

http://www.theepochtimes.com/n3/1495970-chinas-new-high-speed-rail-plagued-by-power-outages/?utm_expvariant=D001_01&utm_expid=21082672-11.b4WAd2xRR0ybC6ydhoAj9w.1&utm_referrer=http%3A%2F%2Fwww.theepochtimes.com%2Fn3%2Fsearch%2F%3Futm_expvariant%3DD001_01%26q%3Dchinas-new-high-speed-rail-plagued-by-power-outages.

Johnson, P. F., Leenders, M. R. & Fearon, H. E (2006). Supply´s Growing Status and Influence: A Sixteen-Year Perspective. *Supply Chain Management: An International Journal*, 42 (2), 33–43.

Jüttner, U. & Maklan, St. (2011). Supply chain resilience in the global financial crisis: An empirical study. *Supply Chain Management: An International Journal*, 16 (4), 246–259.

Kalkowsky, M. (2004). *Nur Porsche hat das Lean Management begriffen*: Interview with Prof. D. Jones. Produktion, 31, 16.

Kersten, W., Hohrath, Ph. & Winter, M. (2008). *Supply Chain Risk Management. Wirtschaft und Management. Schriftenreihe zur wirtschaftswissenschaftlichen Forschung und Praxis*. FH des BFI Wien, 8, 13–15.

Kim, D. (2006). *Process chain: A new paradigm of collaborative commerce and synchronized supply chain*. Business Horizons, 49, 359–367.

King, P. & Kitchener, K. (1994). *Developing Reflective Judgement*. San Fransisco: Jossey Bass.

KraussMaffei. Internetseite. Abgerufen am 16.9.2016 von www.krausmaffei.de.

Kuerble, P., Helmold, M., Bode, O. H., Scholz, U. (2016). *Beschaffung-Produktion-Marketing*. Marburg: Tectum.

Kumar, A. (2001, May 23). *Ford recalls Wilderness AT Firestone tires. The automaker will spend $ 2.1 billion to replace tires it says are flawed on Explorers and other models.* St. Petersburg Times. Retrieved from http://www.sptimes.com/News/052301/Worldandnation/Ford_recalls_Wilderne.shtml.

Lambert, D. M. & Schwieterman, M. L. (2012). *Supplier relationship management as a macro business process, Supply Chain Management: An International Journal,* 17 (3), 337–352.

Lee, H. L. (2006). The Triple-A Supply. *Harvard Business Review,* 12, 1–39.

Liker, J. K. & Choi, Th. (2005). *Fordernde Liebe: Supply Chain Management. Harvard Business Manager,* 3, 60–72.

Liker, J. K. (2004). *The Toyota Way.* Madison: Mc Graw-Hill.

Lockström, M. & Moser, R. (2009). Erfolgsfaktoren des richtigen Beschaf-fungskanals. Internationale Einkaufbüros. Beschaffung aktuell, 2009, http://www.beschaffung-aktuell.de

Logistikverband Deutschland (2010). *Homepage of the German Freightforwarders and Logistics Association.* Abgerufen am 30. Januar 2015 von http://dslv.org/.

McDermott, E., Graham, H. & Hamilton, V. (2004). Experiences of Being a Teenage Mother in the UK: A Report of a Systematic Review of Qualitative Studies. *Glasgow: MRC Social an Public Health Sciences Unit – University of Glasgow.* Retrieved October 28, 2012, from http://www.sphsu.mrc.ac.uk/Evidence/Research/Review%2010/SR%20Executive%20Summary.pdf.

Mercer Consulting (2011). *Mercer Management Consulting sowie der Frauenhofer Gesellschaft: Future Automotive Industry Structure (FAST) 2015.* München: Veröffentlicht durch Mercer Management Consulting.

Middleton, R. (2015). *China explosion: Major disruption expected at Tianjin port.* Retrieved February 2, 2016, from http://www.ibtimes.co.uk/china-explosion-major-disruption-expected-tianjin-port-1515428.

Narasimhan, R. & Talluri, S. (2009). Perspectives on risk management in supply chains. *Journal of Operations Management,* 272 (2), 114–118.

Nishat, M. F. & Ravi, B. S. (2006). *Supply chain risk mitigation: modeling the enablers, Business Process Management Journal,* 12 (4), 535–552.

Odell, M. & Pickard, J. (2012). *Cuts and delays hit train building project. Financial Times.* Retrieved January 28, 2012, from http://www.ft.com/cms/s/0/d16106ec-a691-11e1-968b-00144feabdc0.html#axzz2GSWNtQLJ.

Ohno, T. (1990). *Toyota Production System. Beyond large Scale Production.* New York: Productivity Press.

Pathak, S. D., Day, J. M., Nair, A. et al. (2007). *Complexity and Adaptivity in Supply Networks: Buidling Supply Network Theory.* Using a Complex Adaptive Systems Perspective. Decision Sciences, 38 (4), 547–580.

Puschmann, T. & Alt, R. (2005). Successful use of e-procurement in supply chains. *Supply Chain Management: An International Journal,* 10 (2), 122–133

Rao, S. & Goldsby, T. J. (2009). Supply chain risks: a review and typology. *International Journal of Logistics Management,* 20 (1), 97–123.

Remenyi, D., Williams, B., Money, A. & Swartz, E. (2003). *Doing Research in Business Management. An Introduction to Process and Method.* London: Sage Publications.

Revans, R. (1980). *Action learning: New techniques for management.* London: Blond & Briggs.

Revans, R. W. (1998). *ABC of action learning.* London: Lemos and Crane.

Rondinelli, D. & Berry, M. (2000). Multimodal transportation, logistics, and the environment: managing interactions in a global economy. *European Management Journal,* 18 (4), 398–410.

Ruppik, D. (2014). *Die stählernde Seidenstrasse.* Beschaffung aktuell, 03/2014, 2–25.

Ruske, K.-D. (2012). *China Logistics. An all inclusive Market. China Logistics Study.* Veröffentlicht durch Price Waterhouse Coopers (PWC). Bielefeld.

Schmidt, W. & Raman, A. (2012). *When supply disruptions matter. Working Paper. Harvard Business Manager*, 13 (6), 1–33.

Schmitz, J. & Platts, K. W. (2003). *Roles of supplier performance measurement: indication from a study in the automotive industry. Management Decision*, 41 (8), 711–721.

Schwartz, J, Gould, J, & Woodwall, B. (2012, March 26). *BMW recalls 1.3 million cars worldwide*. Reuters. Retrieved from www.reuters.com/article/2012/03/26/us-bmw-recall-idUSBRE82P0U320120326.

Siebenmorgen, F. (2015). *Industrie 4.0. Das Erfolgspotenzial schon heute nutzen. Supply Chain Management*, 2/2015, 21–24.

Simatupang, T. M. & Sridharan, R. (2005). An integrative framework for supply chain collaboration. *International Journal of Logistics Management*, 16 (2), 257–274.

Slack, N. et al. (1995). *Operations Management*. London: Pitman Publishing.

Srai, J. S. & Gregory, M. F. (2008). A supply network configuration perspective on international supply chain development. *International Journal of Operations & Production Management*, 28 (5), 386–411.

SupplyOn (2016). *SupplyOn Portal verschiedener Industrien*. Abgerufen am 16.09.2016 von www.supplyon.de.

Tan, C. T. (2001). *A framework of supply chain management, European Journal of Purchasing & Supply Management*, 7 (39), 39–48.

Tang, Ch. S. (2006). Robust strategies for mitigating supply chain disruptions. *International Journal of Logistics*, 9 (1), 33–45.

Taylor, A. (2007). *Learning to Become Researching Professionals. The Case of the Doctorate Education*. International Journal of Teaching and *Learning* in Higher Education 19 (2), 154–166.

Tomlin, B. (2006). *On the Value of Mitigation and Contingency Strategies for Managing Supply Disruption Risks. Management Science*, 52 (5), 639–657.

Trkman, P. & McCormack, K. (2009). Supply chain risks in turbulent environments – a conceptual model for supply chain network risk. *International Journal of Production Economics*, 119 (2), 247–258.

Trochim, W. (1989). *Outcome pattern matching and program theory. Evaluation and Program Planning*, 12, 355–366.

Wieland, A. & Wallenburg, C. M. (2012). Dealing with supply chain risks: Linking risk management practices and strategies to performance. *International Journal of Physical Distribution & Logistics Management*, 42 (10), 887–905.

Witwer, J. (2012). *SBB: Bombardier drohen wegen Lieferverzug hohe Strafzahlungen. Handelsnachrichten*. Abgerufen am 29. Dezember 2013 von http://www.handelszeitung.ch/unternehmen/sbb-Bombardier-drohen-wegen-lieferverzug-hohe-strafzahlungen.

Wu, B. & Knott, A. (2006). Entrepreneurial risk and market entry. *Management Science*, 52 (9), 1315–1330.

Yin, R. K. (2003). *Application of Case Study Research (2nd edn)*. Thousand Oaks: Sage Publications.

Yin, R. K. (2009). *Case Study Research (4th edn)*. London: Sage Publications.

Zsidisin, G. A. (2003). Managerial perceptions of supply risk. *Journal of Supply Chain Management*, 39 (1), 14–25.

Index

Die Autoren

Dr. Marc Helmold hat Erfahrung in verschiedenen Führungspositionen in der Automobil- und Bahnindustrie in namhaften Unternehmen im Lieferantenmanagement sammeln können. Er war von 2002 bis 2006 in Japan und von 2013 bis 2016 in China beschäftigt. Während dieser Zeit war er Leiter des internationalen Einkaufsbüros in China, Shanghai. Insbesondere in China konnte er Just-in-Time-Methoden anwenden und die schlanken Prinzipien der Produktion bei Lieferanten einführen.

Neben dem Abschluss Master of Business Administration (MBA) und Bachelor of Arts der Buckinghamshire/Brunel Universität wurde ihm der Titel Diplomkaufmann an der Hochschule Osnabrück verliehen. Seine Promotion hat er an der Universität zu Gloucestershire in Cheltenham und Gloucestershire im Bereich des Lieferantenmanagements abgeschlossen. Seine Doktorarbeit wurde 2013 mit dem Emerald-Wissenschaftspreis in der Kategorie Supply Chain Management und Logistik ausgezeichnet.

Nebenberuflich ist er Lehrbeauftragter an der Gloucestershire Universität und der FOM Hochschule in Berlin. Ferner betreut er Doktoranden als Doktorvater. In 2016 wurde Dr. Marc Helmold zum Professor an der Internationalen Universität Bad Honnef in Berlin berufen. Er hat diverse Bücher und Artikel verfasst, seine Schwerpunkte liegen in den Bereichen Lieferantenmanagement in China, Japan und Asien sowie Produktion, Logistik, Qualitätsmanagement und Marketing.

Dr. Brian Terry hat in den 1980er- und 1990er-Jahren eine weltweit etablierte und renommierte Forschungsgruppe mit 16 Doktoranden (PhD-Studenten) und vier Postdoktoranden im Bereich der Materialproduktion und Materialverarbeitung am Imperial College in London geführt. In dieser Position sind Forschungsergebnisse in renommierten Publikationen veröffentlicht worden. Dr. Terry hat Forschungsergebnisse in Konferenzen in England, Chile, Japan, Australien, den USA und Deutschland präsentieren können. Er hat mehr als 90 Artikel in Magazinen und zwei Lehrbücher über diese Forschungsergebnisse veröffentlicht. Nach dieser Position wurde er zum Direktor und Professor an der Universität Sunderland ernannt. Er hat Erfahrungen als Berater und Experte in mehreren Bereichen wie Supply Chain Management und konnte von der Europäischen Union gesponserte Projekte mit Unternehmen wie Samsung oder Nissan durchführen. Dr. Brian Terry betreut momentan mehrere Doktoranden an der Gloucestershire Universität und lehrt an der Regents Universität in London, UK. Seine Schwerpunkte liegen in den Bereichen Lieferantenmanagement, Werkstoffkunde, Supply Chain Management und digitale Medien.

www.ingramcontent.com/pod-product-compliance
Lightning Source LLC
Chambersburg PA
CBHW061814210326
41599CB00034B/7003